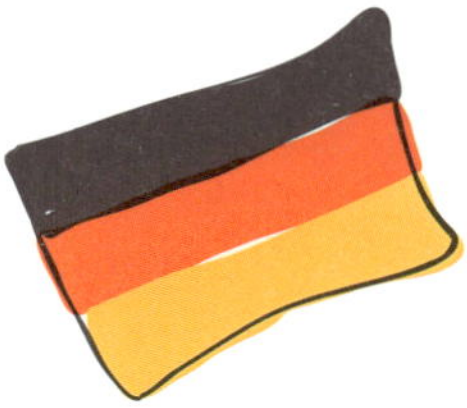

독일어를 사용하는 나라들

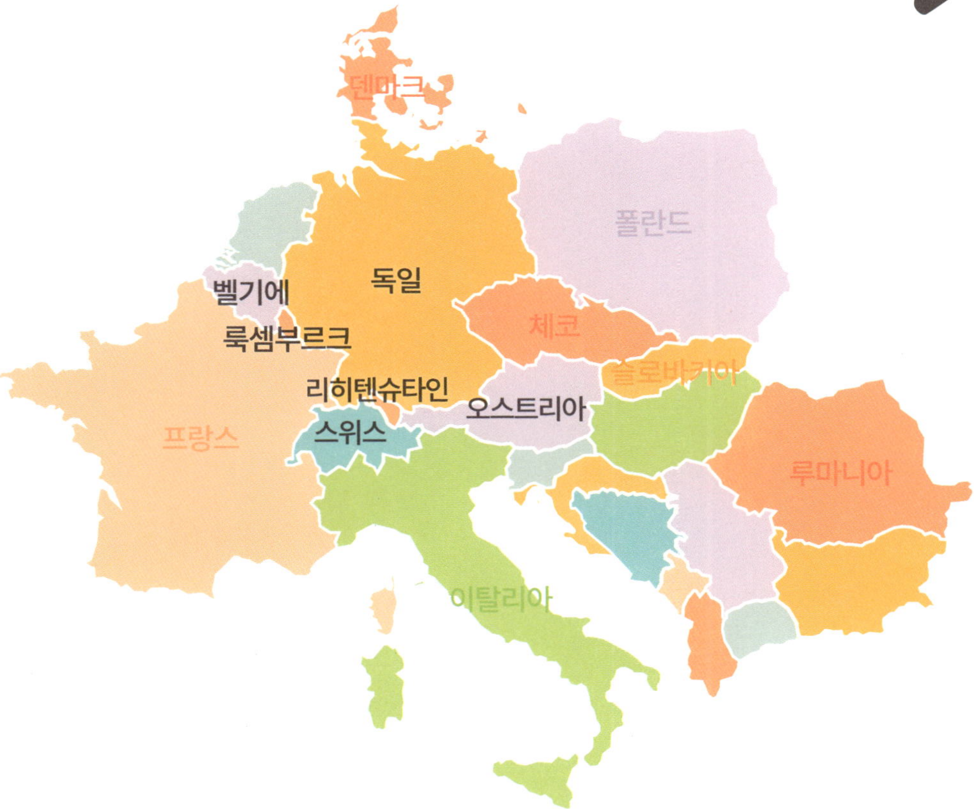

Deutschland   Österreich   Luxemburg
Belgien   Liechtenstein   Schweiz
Frankreich   Italien   Polen
Dänemark   Rumänien   Slowakei

독일어 **패턴 728** 독일어 **문장 795**

2판　1쇄 2020년 2월 1일

저　　자　Mr. Sun 어학연구소, 윤성민
펴 낸 곳　OLD STAIRS
출판 등록　2008년 1월 10일 제313-2010-284호
이 메 일　oldstairs@daum.net

가격은 뒷면 표지 참조
ISBN 978-89-97221-68-4
　　　978-89-97221-52-3 (세트)

이 책의 전부 또는 일부를 재사용하려면 반드시 OLD STAIRS의 동의를 받아야 합니다.
잘못 만들어진 책은 구매하신 서점에서 교환하여 드립니다.

독일어 학습의 **완벽한 시작**

독일어 패턴 728
독일어 문장 795

Deutsch auf einen Blick

이 책이 마음에 드는 **12** 가지 이유

1 단어와 문장 패턴으로 더 쉽게 익히는
필수 728 패턴

그들은 독일어를 배우니?

they	learn	German?
Sie	**lernen**	**Deutsch?**
지	을래어낸	도잇취?
그들은	배우다	독일어를?

Französisch 프란쪄지쉬 / 프랑스어를   French

Koreanisch 코레아니쉬 / 한국어를   Korean

2 지금 당장 외워두자
필수 795 표현

너는 정말 운이 좋구나.
Sie haben Glück.
지 / 하벤 / 글뤽크.
당신 / 가지고 있다 / 운.

3 그림으로 한눈에 보는
기초 3,000단어

Milch　Kaffee　Winter　Herbst　Frühling

Bier　Wein　Wasser　lernen　tanzen

Mann　Frau　Ärztin　Polizist　Schauspieler

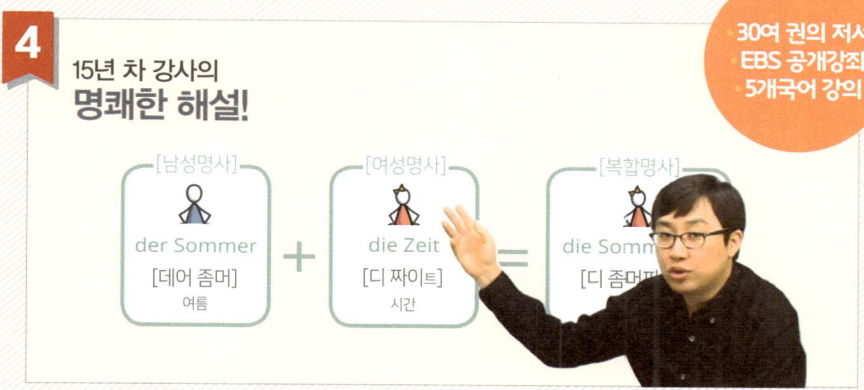

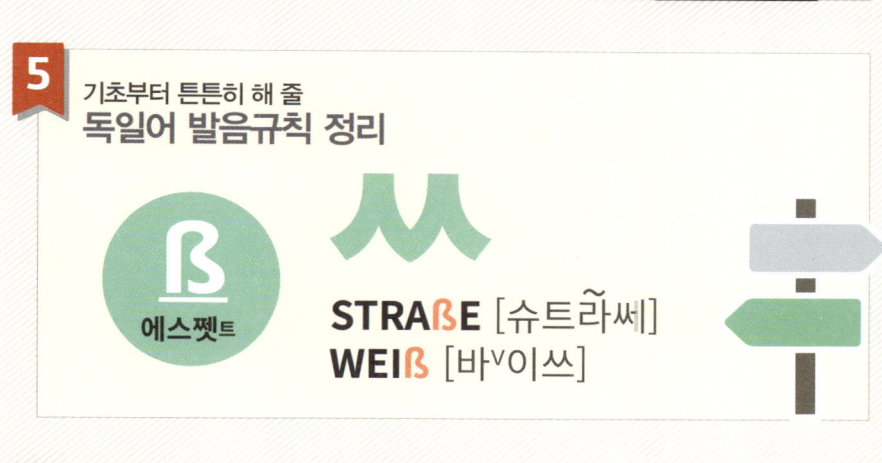

7 일단 소리 내 읽는다
모든 문장에 한글 발음

Es | ist | interessant.
에스 | 이스트 | 인터레쌍트.

그거 재미있네!

8 사전이 필요 없다
단어마다 별도의 해석

Es | ist | interessant.
그것은 | ~이다 | 흥미로운.

그거 재미있네!

9 독일어와 영어의 어순은 80% 일치
단어마다 별도의 영어 해석

Es | ist | interessant.
It | is | interesting.

그거 재미있네!

이 책이 마음에 드는 **12**가지 이유

10 차곡차곡 쌓아가는
커리큘럼

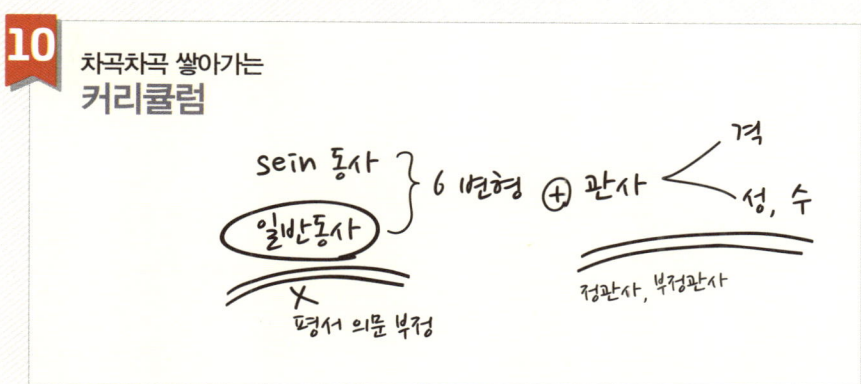

11 영어와의 비교를 통해
문장의 구조를 더욱 쉽게!

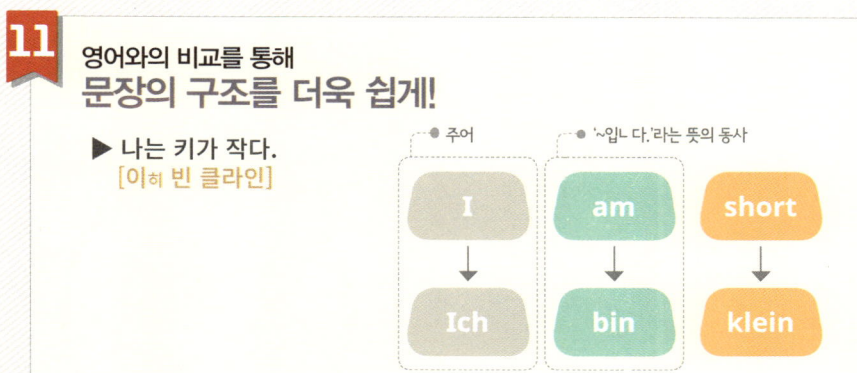

12 독일어의 특성을 한눈에 보여주는
인포그래픽 성·수 표기

Inhaltsverzeichnis

독일어 패턴 728 독일어 문장 795

- **알파벳과 발음** ·· 10–14
  - 발음이 영어와 비슷한 글자들
  - 새롭게 배워야 하는 발음의 글자들

- **숫자 세는 법** ··· 15–19
  - 기수사
  - 서수사

1 영어는 Be 동사 독일어는 Sein 동사

목표 문법 ································ 22–35
- 독일어는 세 토막
- 남자는 코레아너, 여자는 코레아너린
- Sein 동사 부정문
- Sein 동사 의문문
- 비교, 최상비교
- 명령문

패턴 연습 1-68 ···················· 36–53

문장 연습 1-190 ·················· 54–77

목표 문법 ································ 80–95
- 독일어의 특성1 '성·수 구분'
- 독일어의 특성2 '격 표시'
- 영어는 The, 독일어는?
- 영어는 A, 독일어는?
- 형용사의 변형

패턴 연습 69-124 ············· 96–109

2 명사의 성·수·격을 따른다! 관사

3 6가지 모양의 일반 동사

목표 문법 ······························ 112–123
- Sein Vs. 일반동사
- 규칙 변화 동사
- 불규칙 변화 동사
- 일반동사 부정문
- 접속사

패턴 연습 125-260 ········· 124–157

문장 연습 191-432 ········· 158–189

목표 문법   192–209

지시대명사 Das
지시형용사 두 가지
나를, 너를, 우리를
목적어가 대명사일 때 부정문
나의, 너의, 우리의
나에게, 너에게, 우리에게
4격 같은데 3격을 쓰는 경우

패턴 연습 261 - 364   210–235

목표 문법   238–253

동사를 도와주는 조동사
조동사 부정문 만들기
독일어의 복합동사
재귀대명사, 재귀동사

패턴 연습 365 - 456   254–277

문장 연습 433 - 512   278–287

목표 문법   290–293

의문사 적용 의문문
격변화를 하는 의문사

패턴 연습 457 - 588   294–327

문장 연습 513 - 658   328–347

목표 문법   350–361

전치사
시간 말하는 방법

패턴 연습 589 - 728   362–397

문장 연습 659 - 795   398–415

독일어의 발음
알파벳과 발음

독일어의 발음은 영어보다 규칙적입니다.
각각의 알파벳이 고유의 소리를 가지며,
또 앞뒤 소리의 조합에 따라 변화하는 일이 많지 않습니다.
따라서 지금부터 설명하는 글자별 발음 규칙을 외워놓으면
쉽게 독일어를 읽을 수 있게 될 것입니다. 먼저 각 글자의 이름입니다.
실제 발음이 영어와 달라지는 것들은 다른 색으로 표시했으니
눈여겨봐 두시기 바랍니다.

영어와 **비슷한** 발음 , 영어와 **다른** 발음

움라우트(Umlaut)
변모음을 만드는 특수기호

발음이 영어와 **비슷한** 글자들

한글은 항상 일정한 발음을 갖습니다.
예를 들어 'ㄱ'은 항상 'ㄱ' 소리를 내고, '아'는 항상 '아' 소리를 내죠.
독일어도 이와 마찬가지입니다.
특히, 모음마저도 일정한 소리를 갖는 언어는 많지 않은데,
독일어는 모음마저도 대부분 일정한 소리를 냅니다.
그 중에서도 '아에이오우' 소리의 다섯 모음을 먼저 보겠습니다.

A a 아 Abend 아벤트 : 저녁	**E** e 에 Korea 코레아 : 한국어
I i 이 Tisch 티쉬 : 식탁, 책상	**O** o 오 Mond 몬트 : 달
U u 우 Blume 블루매 : 꽃	

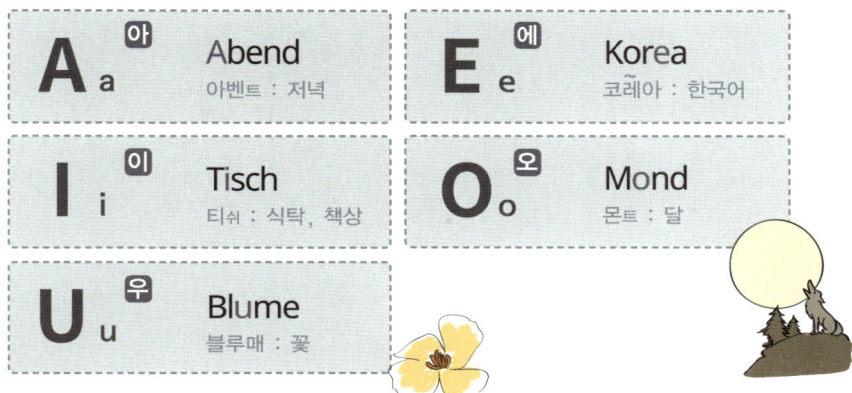

이번에는 쉬운 자음들입니다.
이 자음들 역시 소리가 일정하고 영어와 비슷합니다.

F f Freund 프f로인트 : 친구	**N** n Name 나매 : 이름
K k kalt 칼트 : 추운	**P** p Papier 파피어 : 종이
L l leben 을래벤 : 살다	**T** t Teller 탤러 : 접시
M m Mai 마이 : 5월	**X** x Box 복스 : 상자

새롭게 **배워야 하는** 발음과 글자들

다음은 '움라우트'가 붙은 모음들입니다.
움라우트가 각각의 모음을 변화시키는 방향은 일정하지 않습니다.
이 발음들이 독일어에서 가장 어려운 발음들입니다.

Ä ä 애
A 움라우트가 붙으면 '아'가
아닌 '애' 소리가 납니다.

Mädchen
매디히엔 : 소녀

Diät
디애트 : 다이어트

Sänger
쟁어 : 가수

Gepäck
게패크 : 수화물, 짐

Ö ö 외
혀는 '애'라고 말한 채,
입술로는 '오'라고 말합니다.

Öl
욀 : 기름

Möbel
뫼벨 : 가구

Körper
쾨어퍼 : 몸

öffnen
외프낸 : 열다

Ü ü 위
혀는 '이'라고 말한 채,
입술로는 '우'라고 말합니다.

Tür
튀어 : 문

Menü
메뉘 : 메뉴

Grün
그륀 : 녹색

Parfüm
퍼퓜f : 향수

독일어의 2중 모음은 원래 각각의 모음을 차례차례 말하면 되지만,
아래 세 가지 경우는 발음이 엉뚱하게 변화합니다.

EI ei 아이

Ei
아이 : 계란

Eis
아이스 : 얼음

EU eu 오이

heute
호이테 : 오늘

Freund
프로인트 : 남자친구

ÄU äu 오이

Käufer
코이퍼f : 구매자

Fräulein
프로일라인 : 아가씨

ß[에스쩻트]는 독일어에만 있는 독특한 글자입니다.
오래전 독일어에서는 S가 두 번 연속되어 SS가 되는 경우 ß[에스쩻트]를 사용해야만 했습니다. 하지만 지금은 단어에 따라 나뉘어 쓰입니다.
또 어떤 단어들은 ß[에스쩻트]와 SS가 모두 허용되기도 합니다.

ß ß 에스쩻트
SS와 같은 'ㅆ' 소리입니다.

Straße
슈트라쎄 : 거리

Fuß
푸ˢ쓰 : 발

꼭 암기해야 할 발음의 자음들입니다.

S s 에스
'ㅅ'이나 'ㅈ' 발음 사이라고 생각하면 되지만 단어에 따라 'ㅅ'이나 'ㅈ' 발음에 더 가깝게 발음됩니다.

Sommer
좀머 : 여름

Sonne
존내 : 태양

Pers**on
페어존 : 사람

Situation
시투아치온 : 상황

D d 데
'ㄷ' 발음이지만, 'ㅌ'으로 발음 되는 경우도 있습니다. 맨 끝에 사용될 때, 혹은 nd의 조합일 때 'ㅌ'으로 발음합니다.

Hand
한트 : 손

Mond
몬트 : 달

Diesel
디젤 : 디젤

Süd
쉬드 : 남쪽

H h 하
'ㅎ' 발음이지만, 모음 뒤에 사용 되면 대부분 묵음이 되면서 모음 을 길게 말해줍니다.

Hamburger
함부어거 : 햄버거

Uh**r
우어 : 시간

Stuh**l
슈투울 : 의자

Oh**rring
오어링 : 귀걸이

J j 요트
'J'는 자음으로 분류되지만 소리는 마치 모음인 것처럼 들립니다.

Jacke
약케 : 자켓

Jahr
야아 : 년(날짜)

Junge
융에 : 소년

Y y 입실론
첫 글자로 등장할 땐 'ㅣ' 발음, 중간에 등장할 땐 '유+이' 발음 입니다. Y는 독일어 모음 중, 유일 하게 두 개의 소리를 갖습니다.

Yoga
요가 : 요가

Sy**mptom
쉼톰 : 증세

Yoghurt
요구어트 : 요구르트

My**thologie
뮈톨로기 : 신화

R r 에어르
독일어의 'R' 발음은 혀 끝이 아 닌 혀 뒤와 목젖이 떨리면서 울 리는 소리입니다. 영어식 'R' 발 음은 독일어에는 없습니다.

Reise
라이제 : 여행

Fr**ucht
푸ᶠ루흐트 : 과일

Br**oschüre
브로쉬레 : 안내책자

Ko**rea
코레아 : 한국

V v 파f우
영어의 'F'처럼 발음하지만, 외래어인 경우는 해당 외래어의 'V' 발음을 따릅니다.

Vater
파f터 : 아버지

Vogel
포f겔 : 새

Vergangenheit
페f어강엔하이트 : 과거

Visum
비v줌 : 사증(비자)

W w 베v
영어의 'V' 처럼 발음하지만, 외래어인 경우는 해당 외래어의 'W' 발음을 따릅니다.

Wasser
바v써 : 물

Whiskey
위스키 : 위스키

Sandwich
샌드비v취 : 샌드위치

Waffel
바v플f : 와플

Z z 쩨트
쌍지읒 'ㅉ' 발음이 납니다.

Salz
잘쯔 : 소금

Zucker
쭈커 : 설탕

CH ch 체, 하
'C'와 'H'가 연속되면 보통 'ㅎ'로 발음됩니다. 외래어인 경우는 해당 외래어의 발음이 납니다.

Buch
부흐 : 책

Milch
밀히 : 우유

Ich
이히 : 나

Chor
코어 : 합창단

IG ig 이, 게
단어의 끝이 'IG'로 끝나면 '히'라고 발음됩니다.

Honig
호니히 : 벌꿀

lustig
을루스티히 : 즐거운, 유쾌한

salzig
잘찌히 : 짠맛의

hungrig
훙그리히 : 배고픈

SP sp 에스, 페
'S'와 'P'가 연속되면 '슈프'라고 발음합니다.

Spielzeug
슈피일쪼이그 : 장난감

Spitze
슈핏쩨 : 꼭대기

Spiegel
슈피이겔 : 거울

Spiel
슈피일 : 게임

ST st 에스, 테
'S'와 'T'가 연속되면 '슈트'라고 발음합니다.

Stuhl
슈투울 : 의자

Stäbchen
슈탭히엔 : 젓가락

Stufe
슈투페f : 계단

Steuer
슈토이어 : 세금

PF pf 페, 에프f
'P'는 거의 묵음처럼 살짝 발음한 후 'F'를 주된 발음으로 말합니다.

Apfel
앞펠f : 사과

Kopf
콥프f : 머리

Pfeffer
프페f퍼 : 후추

Kampf
캄프프f : 싸움

QU qu 쿠, 우
'Q'와 'U'는 대부분 함께 등장합니다. 'ㅋㅂv'라고 발음합니다.

bequem
베크벰v : 편한

Qualität
크발v리태트 : 품질

수를 쉽게 암기하는 법
독일어의 숫자

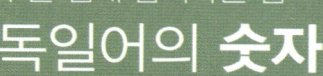

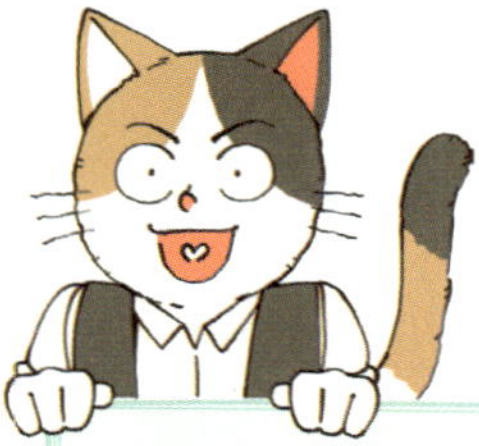

사물의 수량이나 순서를 나타내는 말을 '수사'라고 부릅니다. 어떤 숫자들은 그냥 외우는 수밖에 없습니다. 어떤 숫자들은 외우는 대신 규칙을 이해하는 것이 좋습니다.

1 ~ 12

고유한 철자의 아이들이니 그냥 외워줍니다.

그냥 외운다

13 ~ 19

13이라고 쓰지만 읽을 땐 거꾸로 3부터 읽습니다.

13 = 3 ~ 10
드라이 첸

20 ~ 90

21 ~ 99

역시 한자리 수부터 읽습니다.
다만 21부터는 [운트]를 넣어줍니다.

21 = 1 und 20
아인운   아인 운 쯔반V찌히
쯔반V찌히

운트[und]는 영어의 'and' 입니다.

* 1은 eins입니다. 하지만 21과 그 이후에 사용되는 1은 ein입니다.

100 ~ ∞

거꾸로 읽는 것은 99까지만입니다.
100의 자리 이상은 써있는 대로 왼쪽부터 읽습니다.

4 321 = 4 000   300   1 und 20
피f어   타우젠트 드라이훈더트 아인운쯔반V찌히

'일, 이, 삼'과 '하나, 둘, 셋'은 모두 기수사입니다.
반면 '첫째, 둘째, 셋째'는 서수사입니다.
기수사와 서수사 모두 이 규칙을 따릅니다.

기수사

하나 · 둘 · 셋

0	1	2	3	4	5
null 눌	eins 아인스	zwei 쯔바ᵛ이	drei 드라이	vier 피ᶠ어	fünf 퓐ᶠㅍᶠ
10 zehn 첸	**11** elf 엘프ᶠ	**12** zwölf 쯔뷀ᵛㅍᶠ	**13** dreizehn 드라이첸	**14** vierzehn 피ᶠ어첸	**15** fünfzehn 퓐ᶠㅍᶠ첸
20 zwanzig 쯔반ᵛ찌히	**21** einund zwanzig 아인운 쯔반ᵛ찌히	**22** zweiund zwanzig 쯔바ᵛ이운 쯔반ᵛ찌히	**23** dreiund zwanzig 드라이운 쯔반ᵛ찌히	**24** vierund zwanzig 피ᶠ어운 쯔반ᵛ찌히	**25** fünfund zwanzig 퓐ᶠㅍᶠ운 쯔반ᵛ찌히
30 dreißig 드라이씨히	**31** einund dreißig 아인운 드라이씨히	**32** zweiund dreißig 쯔바ᵛ이운 드라이씨히	**33** dreiund dreißig 드라이운 드라이씨히	**34** vierund dreißig 피ᶠ어운 드라이씨히	**35** fünfund dreißig 퓐ᶠㅍᶠ운 드라이씨히
40 vierzig 피ᶠ어찌히	**41** einund vierzig 아인운 피ᶠ어찌히	**42** zweiund vierzig 쯔바ᵛ이운 피ᶠ어찌히	**43** dreiund vierzig 드라이운 피ᶠ어찌히	**44** vierund vierzig 피ᶠ어운 피ᶠ어찌히	**45** fünfund vierzig 퓐ᶠㅍᶠ운 피ᶠ어찌히
50 fünfzig 퓐ᶠㅍᶠ찌히	**51** einund fünfzig 아인운 퓐ᶠㅍᶠ찌히	**52** zweiund fünfzig 쯔바ᵛ이운 퓐ᶠㅍᶠ찌히	**53** dreiund fünfzig 드라이운 퓐ᶠㅍᶠ찌히	**54** vierund fünfzig 피ᶠ어운 퓐ᶠㅍᶠ찌히	**55** fünfund fünfzig 퓐ᶠㅍᶠ운 퓐ᶠㅍᶠ찌히
60 sechzig 제히찌히	**61** einund sechzig 아인운 제히찌히	**62** zweiund sechzig 쯔바ᵛ이운 제히찌히	**63** dreiund sechzig 드라이운 제히찌히	**64** vierund sechzig 피ᶠ어운 제히찌히	**65** fünfund sechzig 퓐ᶠㅍᶠ운 제히찌히
70 siebzig 집찌히	**71** einund siebzig 아인운 집찌히	**72** zweiund siebzig 쯔바ᵛ이운 집찌히	**73** dreiund siebzig 드라이운 집찌히	**74** vierund siebzig 피ᶠ어운 집찌히	**75** fünfund siebzig 퓐ᶠㅍᶠ운 집찌히
80 achtzig 아흐찌히	**81** einund achtzig 아인운 아흐찌히	**82** zweiund achtzig 쯔바ᵛ이운 아흐찌히	**83** dreiund achtzig 드라이운 아흐찌히	**84** vierund achtzig 피ᶠ어운 아흐찌히	**85** fünfund achtzig 퓐ᶠㅍᶠ운 아흐찌히
90 neunzig 노인찌히	**91** einund neunzig 아인운 노인찌히	**92** zweiund neunzig 쯔바ᵛ이운 노인찌히	**93** dreiund neunzig 드라이운 노인찌히	**94** vierund neunzig 피ᶠ어운 노인찌히	**95** fünfund neunzig 퓐ᶠㅍᶠ운 노인찌히

6 sechs 젝스	7 sieben 지이벤	8 acht 아흐트	9 neun 노인	100 hundert 훈더트	200 zwei hundert 쯔바V이훈더트
16 sechzehn 제히첸	17 siebzehn 집첸	18 achtzehn 아흐첸	19 neunzehn 노인첸	300 drei hundert 드라이훈더트	400 vier hundert 피f어훈더트
26 sechsund zwanzig 젝스운 쯔반V찌히	27 siebenund zwanzig 지벤운 쯔반V찌히	28 achtund zwanzig 아흐트운 쯔반V찌히	29 neunund zwanzig 노인운 쯔반V찌히	500 fünf hundert 퓐f프훈더트	600 sechs hundert 젝스훈더트
36 sechsund dreißig 젝스운 드라이씨히	37 siebenund dreißig 지벤운 드라이씨히	38 achtund dreißig 아흐트운 드라이씨히	39 neunund dreißig 노인운 드라이씨히	700 sieben hundert 지벤훈더트	800 acht hundert 아흐트훈더트
46 sechsund vierzig 젝스운 피f어찌히	47 siebenund vierzig 지벤운 피f어찌히	48 achtund vierzig 아흐트운 피f어찌히	49 neunund vierzig 노인운 피f어찌히	900 neur hundert 노인훈더트	1,000 tausend 타우젠트
56 sechsund fünfzig 젝스운 퓐f프찌히	57 siebenund fünfzig 지벤운 퓐f프찌히	58 achtund fünfzig 아흐트운 퓐f프찌히	59 neunund fünfzig 노인운 퓐f프찌히	10,000 zehntausend 첸타우젠트	
66 sechsund sechzig 젝스운 제히찌히	67 siebenund sechzig 지벤운 제히찌히	68 achtund sechzig 아흐트운 제히찌히	69 neunund sechzig 노인운 제히찌히	100,000 hunderttausend 훈더트타우젠트	
76 sechsund siebzig 젝스운 집찌히	77 siebenund siebzig 지벤운 집찌히	78 achtund siebzig 아흐트운 집찌히	79 neunund siebzig 노인운 집찌히	1,000,000 Million 밀리온	
86 sechsund achtzig 젝스운 아흐찌히	87 siebenund achtzig 지벤운 아흐찌히	88 achtund achtzig 아흐트운 아흐찌히	89 neunund achtzig 노인운 아흐찌히	10,000,000 zehn Millionen 첸 밀리오낸	
96 sechsund neunzig 젝스운 노인찌히	97 siebenund neunzig 지벤운 노인찌히	98 achtund neunzig 아흐트운 노인찌히	99 neunund neunzig 노인운 노인찌히	100,000,000 hundert Millionen 훈더트 밀리오낸	

서수사

첫 번째 · 두 번째

	1 erste 에어스테	2 zweite 쯔바ᵛ이테	3 dritte 드릿테	4 vierte 피f어테	5 fünfte 퓐f프f테
10 zehnte 첸테	11 elfte 엘프f테	12 zwölfte 쯔뷀ᵛ프f테	13 dreizehnte 드라이첸테	14 vierzehnte 피f어첸테	15 fünfzehnte 퓐f프f첸테
20 zwanzigste 쯔반ᵛ찌히스테	21 einund zwanzigste 아인운 쯔반ᵛ찌히스테	22 zweiund zwanzigste 쯔바ᵛ이운 쯔반ᵛ찌히스테	23 dreiund zwanzigste 드라이운 쯔반ᵛ찌히스테	24 vierund zwanzigste 피f어운 쯔반ᵛ찌히스테	25 fünfund zwanzigste 퓐f프f운 쯔반ᵛ찌히스테
30 dreißigste 드라이씨히스테	31 einund dreißigste 아인운 드라이씨히스테	32 zweiund dreißigste 쯔바ᵛ이운 드라이씨히스테	33 dreiund dreißigste 드라이운 드라이씨히스테	34 vierund dreißigste 피f어운 드라이씨히스테	35 fünfund dreißigste 퓐f프f운 드라이씨히스테
40 vierzigste 피f어찌히스테	41 einund vierzigste 아인운 피f어찌히스테	42 zweiund vierzigste 쯔바ᵛ이운 피f어찌히스테	43 dreiund vierzigste 드라이운 피f어찌히스테	44 vierund vierzigste 피f어운 피f어찌히스테	45 fünfund vierzigste 퓐f프f운 피f어찌히스테
50 fünfzigste 퓐f프f찌히스테	51 einund fünfzigste 아인운 퓐f프f찌히스테	52 zweiund fünfzigste 쯔바ᵛ이운 퓐f프f찌히스테	53 dreiund fünfzigste 드라이운 퓐f프f찌히스테	54 vierund fünfzigste 피f어운 퓐f프f찌히스테	55 fünfund fünfzigste 퓐f프f운 퓐f프f찌히스테
60 sechzigste 제히찌히스테	61 einund sechzigste 아인운 제히찌히스테	62 zweiund sechzigste 쯔바ᵛ이운 제히찌히스테	63 dreiund sechzigste 드라이운 제히찌히스테	64 vierund sechzigste 피f어운 제히찌히스테	65 fünfund sechzigste 퓐f프f운 제히찌히스테
70 siebzigste 집찌히스테	71 einund siebzigste 아인운 집찌히스테	72 zweiund siebzigste 쯔바ᵛ이운 집찌히스테	73 dreiund siebzigste 드라이운 집찌히스테	74 vierund siebzigste 피f어운 집찌히스테	75 fünfund siebzigste 퓐f프f운 집찌히스테
80 achtzigste 아흐찌히스테	81 einund achtzigste 아인운 아흐찌히스테	82 zweiund achtzigste 쯔바ᵛ이운 아흐찌히스테	83 dreiund achtzigste 드라이운 아흐찌히스테	84 vierund achtzigste 피f어운 아흐찌히스테	85 fünfund achtzigste 퓐f프f운 아흐찌히스테
90 neunzigste 노인찌히스테	91 einund neunzigste 아인운 노인찌히스테	92 zweiund neunzigste 쯔바ᵛ이운 노인찌히스테	93 dreiund neunzigste 드라이운 노인찌히스테	94 vierund neunzigste 피f어운 노인찌히스테	95 fünfund neunzigste 퓐f프f운 노인찌히스테

6	7	8	9	100	200
sechste	siebte	achte	neunte	hundertste	zwei hundertste
젝스테	집테	아흐테	노인테	훈더츠테	쯔바V이 훈더츠테

16	17	18	19	300	400
sechzehnte	siebzehnte	achtzehnte	neunzehnte	drei hundertste	vier hundertste
제ㅎ첸테	집첸테	아흐첸테	노인첸테	드라이 훈더츠테	피f어 훈더츠테

26	27	28	29	500	600
sechsund zwanzigste	siebenund zwanzigste	achtund zwanzigste	neunund zwanzigste	fünf hundertste	sechs hundertste
젝스운 쯔반V찌히스테	지벤운 쯔반V찌히스테	아흐트운 쯔반V찌히스테	노인운 쯔반V찌히스테	퓐f프f 훈더츠테	젝스 훈더츠테

36	37	38	39	700	800
sechsund dreißigste	siebenund dreißigste	achtund dreißigste	neunund dreißigste	sieben hundertste	acht hundertste
젝스운 드라이씨히스테	지벤운 드라이씨히스테	아흐트운 드라이씨히스테	노인운 드라이씨히스테	지벤 훈더츠테	아흐트 훈더츠테

46	47	48	49	900	1,000
sechsund vierzigste	siebenund vierzigste	achtund vierzigste	neunund vierzigste	neur hundertste	tausendste
젝스운 피f어찌히스테	지벤운 피f어찌히스테	아흐트운 피f어찌히스테	노인운 피f어찌히스테	노인 훈더츠테	타우젠스테

56	57	58	59	10,000	
sechsund fünfzigste	siebenund fünfzigste	achtund fünfzigste	neunund fünfzigste	zehntausendste	
젝스운 퓐f프f찌히스테	지벤운 퓐f프f찌히스테	아흐트운 퓐f프f찌히스테	노인운 퓐f프f찌히스테	첸타우젠즈테	

66	67	68	69	100,000	
sechsund sechzigste	siebenund sechzigste	achtund sechzigste	neunund sechzigste	hunderttaussendste	
젝스운 제ㅎ찌히스테	지벤운 제ㅎ찌히스테	아흐트운 제ㅎ찌히스테	노인운 제ㅎ찌히스테	훈더트타우젠즈테	

76	77	78	79	1,000,000	
sechsund siebzigste	siebenund siebzigste	achtund siebzigste	neunund siebzigste	millionste	
젝스운 집찌히스테	지벤운 집찌히스테	아흐트운 집찌히스테	노인운 집찌히스테	밀리온스테	

86	87	88	89	10,000,000	
sechsund achtzigste	siebenund achtzigste	achtund achtzigste	neunund achtzigste	zehnmillionste	
젝스운 아흐찌히스테	지벤운 아흐찌히스테	아흐트운 아흐찌히스테	노인운 아흐찌히스테	첸밀리온스테	

96	97	98	99	100,000,000	
sechsund neunzig	siebenund neunzigste	achtund neunzigste	neunund neunzigste	hundertmillionste	
젝스운 노인찌히스테	지벤운 노인찌히스테	아흐트운 노인찌히스테	노인운 노인찌히스테	훈더트밀리온스테	

Chapter 01

영어는 Be 동사
독일어는 Sein 동사

Sein동사 긍정문, 부정문, 의문문

01. 영어는 Be 동사 독일어는 Sein 동사
독일어는 세 토막

여러분, 혹시 처음 영어를 배웠던 때를 기억하시나요?
영어의 어순이 '주어 + 동사'로 시작한다는 문법부터 배웠었지요.
우리말과 일본어 외에는, 대부분의 언어가 '주어 + 동사' 어순으로 시작한답니다.
그렇다면 독일어도 마찬가지겠지요?

네, 그렇답니다. 꼭 기억하세요, 주어 + 동사로 시작!

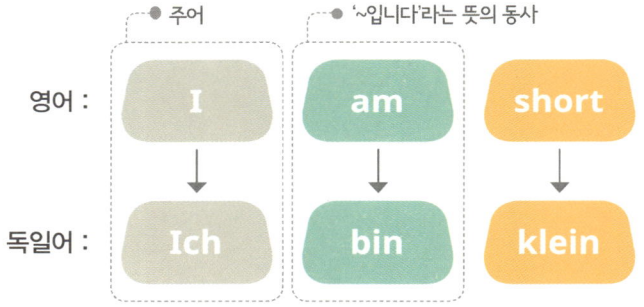

영어에서 I am... You are... 라고 할 때의 am, are, is를 아시나요?
이들을 합쳐서 Be 동사라고 부릅니다.
그런데 부를 때만 Be 동사라고 하고,
실제로는 주어에 맞춰서 am, are, is를 사용합니다.
다음과 같이 말이죠.

독일어의 Sein[자인] 동사는 영어의 Be 동사와 같습니다.
Be 동사가 am, are, is로 사용되듯이
Sein 동사도 6가지로 변화하죠.

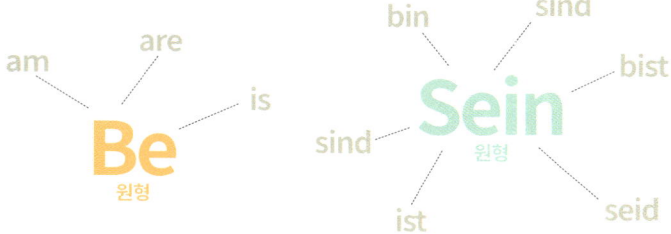

독일어의 존칭 Sie

'너'를 의미하는 'du'는 일종의 반말이고,
'당신'을 의미하는 'Sie'는 일종의 존댓말입니다.

처음 보는 사람이나 공적인 관계에 있는 사람, 친하지 않은 사람에게 말을 걸 때는
존칭 Sie(당신)를 써야 합니다.
시간이 지나 사이가 더 가까워진 후에야 du(너)라고 부를 수 있겠죠?

존칭의 'Sie'는 문장의 가운데에 오더라도 항상 첫 글자를 대문자로 써 주어야 합니다.
소문자로 쓰면 '그들', '그녀'를 뜻하는 'sie'가 되어버리니 조심하세요.

더 알아봅시다

TIP Be 동사란?

세상의 모든 문장은 두 가지 의미로 나뉩니다.
'똑같다'는 의미이거나 아니면 '한다'는 의미가 그것입니다.
영어를 기준으로 말하자면 'Be 동사 문장'과 '일반 동사 문장'입니다.

영어 문장의 두 가지 종류

1. Be 동사 문장은 '무엇과 무엇이 똑같다' 고 말할 때 사용합니다.

   ↘ Be 동사
   I am tall.   (I = tall)

2. 일반 동사 문장은 그 동사의 내용을 '한다'고 말할 때 사용합니다.

   ↘ 일반 동사
   I eat pizza. (eat 한다)

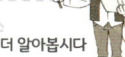

독일어는 세 토막

I am = Ich bin

남성 여성 중성 성별무관

1인칭

Ich bin~
[이히 빈]
나는 ~입니다

Wir sind~
[비V어 진트]
우리는 ~입니다

2인칭

Du bist~
[두 비스트]
너는 ~이다

Ihr seid~
[이어 자이트]
너희는 ~이다

Sie sind~
[지 진트]
님께서는 ~입니다

Sie sind~
[지 진트]
여러분께서는 ~입니다

3인칭

Er ist~
[에어 이스트]
그는 ~입니다

Sie ist~
[지 이스트]
그녀는 ~입니다

Es ist~
[에스 이스트]
(중성) ~입니다

Sie sind~
[지 진트]
그들은 ~입니다

Chapter 01

나는 ~입니다		
Ich bin	**gesund** 게준트	건강한
	krank 크랑크	아픈

우리는 ~입니다		
Wir sind	**fett** 펫f트	뚱뚱한
	schlank 슐랑크	마른

너는 ~이다		
Du bist	**hübsch** 휩쉬	잘생긴
	hässlich 해쓸리히	못생긴

너희는 ~이다		
Ihr seid	**jung** 융	젊은
	alt 알트	늙은, 오래된

님께서는 ~입니다		
Sie sind	**stark** 슈타아크	강한
	schwach 슈바v흐	약한

여러분께서는 ~입니다		
Sie sind	**stark** 슈타아크	강한
	schwach 슈바v흐	약한

그는 ~입니다		
Er ist	**hübsch** 휩쉬	잘생긴
	hässlich 해쓸리히	못생긴

그들은 ~입니다		
Sie sind	**gut** 구트	착한
	schlecht 슐래히트	나쁜

그녀는 ~입니다		
Sie ist	**niedlich** 니이들리히	귀여운
	hübsch 휩쉬	예쁜

그는(중성) ~입니다		
Es ist	**sauber** 자우버	깨끗한
	schmutzig 슈뭇찌히	더러운

01. 영어는 Be 동사 독일어는 Sein 동사
남자는 코레아너, 여자는 코레아너린

직업을 나타내는 영어 단어 중에,
간혹 성별에 따라 단어를 나눠서 쓰는 경우가 있습니다.

waiter
웨이터

waitress
웨이트리스

영어에서는 이런 일이 간혹 일어날 뿐입니다. 하지만, 놀라지 마세요,
독일어는 사람의 신분이나 직업을 말하는 명사를
항상 성별에 따라 두 단어로 구분해 사용합니다.
여성인 경우 단어 끝에 in을 붙여주는 방식입니다.

Koreaner
코레아너

Koneaner in
코레아너린

Kellner [켈너] : 남자 웨이터		**Kellnerin** [켈너린] : 여자 웨이터	
Italiener [이탈리에너] : 이탈리아 남자		**Italienerin** [이탈리에너린] : 이탈리아 여자	
Student [슈투덴트] : 남자 대학생		**Studentin** [슈투덴틴] : 여자 대학생	
Schüler [쉴러] : 남자 초·중·고생		**Schülerin** [쉴러린] : 여자 초·중·고생	
Pianist [피아니스트] : 남자 피아니스트		**Pianistin** [피아니스틴] : 여자 피아니스트	
Sänger [쟁어] : 남자 가수		**Sängerin** [쟁어린] : 여자 가수	
Lehrer [올래에러] : 남자 선생님		**Lehrerin** [올래에러린] : 여자 선생님	
Fußballspieler [푸f쓰발슈피일러] : 남자 축구선수		**Fußballspielerin** [푸f쓰발슈피일러린] : 여자 축구선수	

하지만 여성에 in을 붙여주는 규칙적인 방식 외에,
불규칙적으로 변화하는 신분·직업 명사들도 있습니다.

Deutscher
도이춰 (독일 남자)

Deutsche
도이췌 (독일 여자)

Anwalt [안발v트] : 남자 변호사		**Anwältin** [안밸v틴] : 여자 변호사	
Franzose [프f란쪼제] : 프랑스 남자		**Französin** [프f란쮀진] : 프랑스 여자	

▶ 나는 웨이터입니다. [이히 빈 아인 켈너]

Ich   bin   ein (관사)   Kellner (남자 웨이터)

TIP 남성명사, 여성명사

우리는 지금 직업과 신분을 나타내는 명사에 대해서 배우고 있습니다
이 명사들은 전체 명사 중에서 일부에 불과하죠.

그렇다면 나머지 명사들은 어떨까요?
나머지 명사들은 남성, 여성 그리고 중성 중 한 가지로 정해져 있습니다.
'책은 중성, 책상은 남성'하는 식이죠.

신분 명사 ··· 명사

1 신분명사:
　　남성형 and 여성형

2 나머지 명사:
　　남성형 or 여성형 or 중성형
　　연필은 남성, 굳은 여성, 창문은 중성

모든 명사에 이처럼 셋 중 하나의 성을 정해주는 이유는 그에 맞는 관사나 형용사를 붙여주기
위함입니다. 이에 관해서는 2단원에서 배우도록 하겠습니다.

TIP 동물의 성 구분

동물도 종에 따른 성을 가지고 있습니다. 다음과 같이 말이죠.

1 모든 코끼리:
　　남성명사 (Elefant)

2 모든 다람쥐:
　　중성명사 (Eichhörnchen)

동물에는 암컷과 수컷이 있습니다. 하지만 대부분의 동물은 기를 구분하지 않습니다.
코끼리는 엄마 코끼리나 아빠 코끼리 모두 남성입니다.
그리고 다람쥐는 엄마 다람쥐나 아빠 다람쥐 모두 중성이죠.
하지만 사자나 고양이와 같이 인간에게 친숙한 몇몇 동물들은
암, 수를 구분해서 말할 수도 있습니다. 다음과 같이 말이죠.

1 사자
- 성을 모를 때　: der Löwe
- 수컷일 때　　: der Löwe
- 암컷일 때　　: die Löwin

2 고양이
- 성을 모를 때　: die Katze
- 수컷일 때　　: der Kater
- 암컷일 때　　: die Katze

01. 영어는 Be 동사 독일어는 Sein 동사
Sein 동사 부정문

'나는 행복하지 않아'라는 표현을 영어로 한번 말해볼까요?
not을 이용해서 손쉽게 만들 수 있습니다.

I am not happy.

am에 not을 붙여주면 간단히 부정문이 되지요.
독일어에도 영어의 not에 해당하는 부정 표현이 있는데,
sein[자인] 동사 뒤에 nicht[니히트]를 넣어주기만 하면 부정문이 됩니다. 간단하죠?

▶ 나는 행복하지 않아.

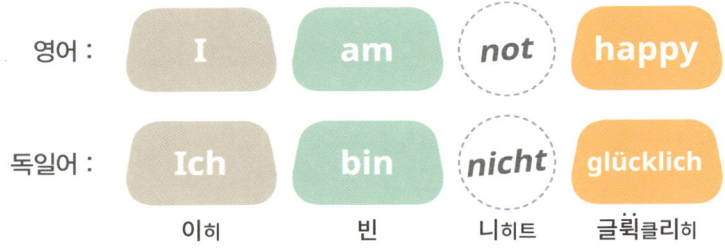

nicht는 영어의 not에 해당합니다. not과 nicht는 모두 부사입니다.
부사는 동사를 꾸미는 역할을 하기 때문에
nicht는 동사의 바로 뒤에 주로 위치하게 됩니다.

이 방법은 sein + 형용사 문형에서만 사용됩니다.
이후에 배우게 될 sein + 명사 문형, 혹은 일반동사 문형에서는
kein[카인]이라는 관사를 이용해 부정문을 만들게 됩니다.

I am not = Ich bin nicht

남성 / 여성 / 중성 / 성별무관

Ich bin nicht~
[이히 빈 니히트]
나는 ~이 아닙니다

Wir sind nicht~
[비어 진트 니히트]
우리는 ~이 아닙니다

1인칭

Du bist nicht~
[두 비스트 니히트]
너는 ~이 아니다

Ihr seid nicht~
[이어 자이트 니히트]
너희는 ~이 아니다

Sie sind nicht~
[지 진트 니히트]
님께서는 ~이 아닙니다

Sie sind nicht~
[지 진트 니히트]
여러분께서는 ~이 아닙니다

2인칭

Er ist nicht~
[에어 이스트 니히트]
그는 ~이 아닙니다

Sie ist nicht~
[지 이스트 니히트]
그녀는 ~이 아닙니다

Es ist nicht~
[에스 이스트 니히트]
(중성) ~이 아닙니다

Sie sind nicht~
[지 진트 니히트]
그들은 ~이 아닙니다

3인칭

TIP nicht와 kein

독일어에서 부정 표현을 만드는 데에는 nicht를 사용하는 방법 외에 kein을 사용하는 방법도 있습니다.
kein은 일종의 관사이기 때문에
명사의 앞에 사용됩니다.

 +

'나는 ~하지 않아'라는 말을 할 때와, '이것은 ~이 아니야'라는 말을 할 때 각각 다른 방법이 사용되는 셈입니다. 영어에서는 not으로 모두 해결할 수 있었던 것고는 다르게 말이죠. 관사를 이용해 부문문을 만드는 것은 독일어의 특이한 점입니다.

01. 영어는 Be 동사 독일어는 Sein 동사
Sein 동사 의문문

이번에는 '너는 행복하니?'라는 의미의 의문문 문장을 만들어 보려고 합니다.
독일어로 도전하기 전에 우선 영어로 한 번 살펴보겠습니다.

영어의 Be 동사 문장에서는
주어와 동사의 자리를 서로 바꿔주는 것으로 의문문 문장을 만들 수 있습니다.
독일어에서도 마찬가지입니다.

TIP 남성, 여성, 중성

er [에어]   sie [지]   es [에스]

독일어에는 성 구분이 있어 명사가 남성과 여성, 그리고 중성으로 나뉩니다.
중성은 원래 중성으로 정해진 사물에도 사용하지만,
남성인지 여성인지를 쉽게 알 수 없을 때에도 사용합니다.
성 구분에 관해서는 이후 단원에서 자세히 배우겠습니다.

의문문을 말할 때는 끝을 올려서 말해야 합니다.
전 세계 모든 언어가 말꼬리만 올리면 의문문이 되지요.
독일어도 마찬가지입니다.

Bist du glücklich?

어순을 바꾸지 않고도 의문문을 만들 수 있습니다.
단지 평서문의 끝을 올려서 말해주는 것만으로 의문문을 만들 수 있지요.

Du bist glücklich?

심지어는 어순을 바꾸거나 끝을 올려 말하지 않고,
평서문 뒤에 의문을 나타내는 표현을 덧붙이는 간단한 방법으로
의문문을 만들 수 있습니다.
우리말로 '그렇지?', '그렇지 않니?'라고 되묻는 것과 같습니다.

Du bist glücklich. Oder?
　　　　　　　　　　[오더]
Du bist glücklich. Nicht wahr?
　　　　　　　　　　　　[바ᵛ아]

말꼬리만 올리면 의문문!

TIP 맞지? Right?

'맞지?'하는 의미로 문장의 맨 뒤에 붙여주는 표현이 있습니다.
영어의 Right?에 해당하죠.

oder	**nicht**	**wahr**
영어의 or	영어의 not	영어의 right

01. 영어는 Be 동사 독일어는 Sein 동사
비교, 최상비교

'빠른, 더 빠른, 가장 빠른'이라고 말해보겠습니다. 우선 영어의 예를 볼까요?

빠른	fast [패f스트]
더 빠른	faster [패f스터r]
가장 빠른	the fastest [더 패f스티스트]

형용사 뒤에 무언가 붙어서 표현하는군요.
특이한 점은 '최상급'에는 항상 the를 붙여준다는 것입니다.
하나밖에 없다는 강조의 의미죠. 이번에는 독일어의 예를 보겠습니다.
영어와 똑같습니다.

빠른	schnell [슈낼]
더 빠른	schneller [슈낼러]
가장 빠른	am schnellsten [암 슈낼스텐]

am은 an(전치사)과 dem(관사)이 합쳐진 표현입니다.
독일어의 최상급에는 항상 am이 사용되므로 복잡하게 생각하지 말고 우선 외워주세요.

비교급 만들기 연습이 다 끝나셨다면 한 걸음 더 나아가보겠습니다.
영어도 마찬가지이지만 독일어의 비교급에도 불규칙변화가 있습니다.
하지만 불규칙은 흔하지 않으므로,
gut(좋은) / viel(많은) / groß(큰), 이렇게 3개만 외워놓으시면 됩니다.

좋은	gut [구트]
더 좋은	besser [베써]
가장 좋은	am besten [암 베스텐]

▶ 비행기는 자동차보다 더 빨라.

영어 : Airplane is faster than car

독일어 : Flugzeug ist schneller als Auto
플f룩쪼이그 이스트 슈낼러 알스 아우토

(영어 than의 역할)

여기서 독일어의 특징인 형용사의 변형에 대해서 생각해볼 필요가 있습니다.
'빠른, 더 빠른, 가장 빠른', 이 모든 것은 형용사입니다.
그래서 명사와 만났을 때 이 형용사들 역시 격과 명사의 성수에 따라 변화합니다.

TIP 규칙 비교급와 불규칙 비교급

1 규칙 비교급

• 예쁜
schön [쉔]
schöner [쉐너]
am schönsten [암 쉔스텐]

• 느린
langsam [을랑잠]
langsamer [을랑잠어]
am langsamsten [암 을랑잠스텐]

• 잘생긴
hübsch [휩쉬]
hübscher [휩셔]
am hübschesten [암 휩쉐스텐]

2 불규칙 비교급

• 많은
viel [피f일]
mehr [매어]
am meisten [암 마이스텐]

• 큰
groß [그로쓰]
größer [그뢰써]
am größten [암 그뢰쓰텐]

01. 영어는 Be 동사 독일어는 Sein 동사

명령문

명령문은 누군가에게 지시할 때 사용합니다.
그러므로 명령문의 주어는 항상 '당신' 혹은 '당신들'입니다.
이처럼 주어가 한 가지로 정해지는 문형은 많지 않습니다.
따라서 명령문은 당연한 주어인 '당신'을 생략합니다.

평서문 :

▶ 너는 공부한다. [두 을레언스트]

| Du | lernst |

명령문 :

▶ (너) 공부해! [을레어내]

-Du- Lern(e) !

▶ 너희는 공부한다. [이어 을레언트]

▶ (너희들) 공부해! [을레언트]

존댓말을 사용하고 싶을 때, 인칭대명사 Sie를 사용합니다.
그런데 명령문을 만들면 주어가 생략되니 존댓말을 표현하기 곤란해졌네요.
그래서 주어가 Sie일때는 생략하지 않고 Sie를 맨 뒤로 보내줍니다.
그 자리에 있으면 평서문과 같기 때문이겠지요.

평서문 :

▶ 당신은 공부한다. [지 을레어낸]

| Sie | lernen |

명령문 :

▶ (당신) 공부하세요! [을레어낸 지]

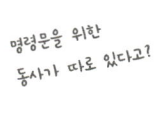

● Sein 동사 명령문 ●

이번에는 sein 동사를 활용하여 연습해 보겠습니다.

평서문 :

▶ 너는 조심한다. [두 비스트 포f어지히티히]

명령문 :

▶ (너) 조심해! [지 포f어지히티히]

▶ (너희들) 조심해! [자이트 포f어지히티히]

▶ (당신) 조심하세요! [자이엔 지 포f어지히티히]

TIP 명령형 동사 만드는 방법

1 규칙동사의 경우

2 불규칙동사의 경우

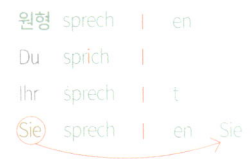

35

01. 영어는 Be 동사 독일어는 Sein 동사   728 "패턴"

1. 나는 키가 작다.

I	am	short.
Ich	**bin**	**klein.**
이히	빈	클라인.
나는	~이다	키가 작은.

groß		**laut**		**durstig**	
그로쓰		을라우트		두어스티히	
키가 큰 / 큰	big	소리가 큰	loud	목마른	thirsty

2. 너는 나이가 적다.

you	are	young.
Du	**bist**	**jung.**
두	비스트	융.
너는	~이다	어린.

alt		**frisch**		**original**	
알트		프리쉬		오리기날	
나이가 많은 / 오래된	old	신선한 / 시원한	fresh	독창적인	original

3. 그는 뚱뚱하다.

he	is	fat.
Er	**ist**	**fett.**
에어	이스트	펫트.
그는	~이다	뚱뚱한.

schlank		**hungrig**		**leise**	
슐랑크		훙그리히		을라이제	
날씬한	slim	배고픈	hungry	조용한	quiet

4. 그녀는 건강하다.

she	is	healthy.
Sie	**ist**	**gesund.**
지	이스트	게순트.
그녀는	~이다	건강한.

ungesund		**traurig**		**glücklich**	
운게준트		트라우리히		글뤽클리히	
건강하지 않은	unhealthy	슬픈	sad	행복한	happy

우리는 시끄럽다.

we	are	loud.
Wir	**sind**	**laut .**
비ᵛ어	진트	을라우트.
우리는	~이다	시끄러운.

hungrig
홍그리히
배고픈 **klein** 클라인
키가 작은 / 작은 **jung** 융
젊은 / 나이가 적은 small young

너희는 옳다.

you	are	right.
Ihr	**seid**	**richtig .**
이어	자이트	리히티히.
너희는	~이다	옳은.

hässlich 해쓸리히 못생긴 ugly **groß** 그로ᵛ쓰 키가 큰 / 큰 big **alt** 알트 나이가 많은 / 오래된 old

당신은 배고프다.

you	are	hungry.
Sie	**sind**	**hungrig .**
지	진트	훙그리히.
당신은	~이다	배고픈.

durstig 두어스티히 목마른 thirsty **gesund** 게순트 건강한 healthy **lustig** 을루스티히 즐거운 funny

TIP 존대 '당신(Sie)'은 문장 내 위치에 관계없이 대문자로 쓰입니다.

그들은 잘생겼다.

they	are	handsome.
Sie	**sind**	**hübsch .**
지	진트	휩쉬.
그들은	~이다	잘생긴.

hässlich 해쓸리히 못생긴 ugly **anders** 안더스 다른 different **laut** 을라우트 소리가 큰 loud

01. 영어는 Be 동사 독일어는 Sein 동사 728"패턴"

나는 매우 부자다. 9

I	am	very	rich.
Ich	**bin**	**sehr**	**reich.**
이히	빈	제어	라이히.
나는	~이다	매우	부자인.

| **arm**
 아암
 불쌍한 / 가난한 | poor | **groß**
 그로쓰
 키가 큰 / 큰 | big | **normal**
 노어말
 정상인 / 보통인 | normal |

그는 매우 재미있다. 10

he	is	very	funny.
Er	**ist**	**sehr**	**lustig.**
에어	이스트	제어	을루스티히.
그는	~이다	매우	재미있는.

| **langweilig**
 을랑바ᵛ일리히
 지루한 | bored | **traurig**
 트라우리히
 슬픈 | sad | **wütend**
 뷔ᵛ텐트
 화가 난 | angry |

우리는 너무 게으르다. 11

we	are	too	lazy.
Wir	**sind**	**zu**	**faul.**
비ᵛ어	진트	쭈	파ᶠ울.
우리는	~이다	너무	게으른.

| **fleißig**
 플ᶠ라이씨히
 성실한 | diligent | **einsam**
 아인잠
 외로운 / 하나의 | lonely | **gesund**
 게순트
 건강한 | healthy |

TIP sehr: 매우, 아주   zu: 너무 (부정적 의미를 지닌 부사이지만 '너무 예쁜'과 같이 강조의 의미로도 쓰입니다.)

그들은 너무 빠르다. 12

they	are	too	fast.
Sie	**sind**	**zu**	**schnell.**
지	진트	쭈	슈넬.
그들은	~이다	너무	빠른.

| **langsam**
 을랑잠
 느린 | slow | **interessant**
 인터레싼트
 재미있는 | Interesting | **fett**
 페ᶠ트
 뚱뚱한 | fat |

너는 키가 작지 않다. 13

you	are	not	short.
Du	**bist**	**nicht**	**klein**.
두	비스트	니히트	클라인.
너는	~이다	부정	키가 작은 / 작은.

groß
그로오쓰
키가 큰 / 큰
big

jung
융
젊은 / 나이가 적은

young

fett
펫트
뚱뚱한
fat

그녀는 시끄럽지 않다. 14

she	is	not	loud.
Sie	**ist**	**nicht**	**laut**.
지	이스트	니히트	을라우트.
그녀는	~이다	부정	시끄러운.

leise
을라이제
조용한
quiet

fett
펫트
뚱뚱한
fat

anders
안더스
다른
different

너희는 뚱뚱하지 않다. 15

you	are	not	fat.
Ihr	**seid**	**nicht**	**fett**.
이어	자이트	니히트	펫트.
너희는	~이다	부정	뚱뚱한.

schlank
슐랑크
날씬한
slim

faul
파울
게으른
lazy

normal
노어말
정상의 / 보통의
normal

당신은 기쁘지 않다. 16

you	are	not	happy.
Sie	**sind**	**nicht**	**glücklich**.
지	진트	니히트	글뤼클리히.
당신은	~이다	부정	기쁜.

traurig
트라우리히
슬픈

sad

hässlich
해쓸리히
못생긴

ugly

laut
을라우트
스리가 큰

loud

01. 영어는 Be 동사 독일어는 Sein 동사   728 "패턴"

준비되었니?   17

are	you	ready?
Bist	**du**	**bereit?**
비스트	두	베라이트?
~이다	너는	준비된?

müde 뮈데 / 피곤한   tired   **aufgeregt** 아우프게렉트 / 신이 난   excited   **einsam** 아인잠 / 외로운 / 하나의   lonely

시간 되세요?   18

are	you	free?
Sind	**Sie**	**frei?**
진트	지	프라이?
~이다	당신은	자유로운?

beschäftigt 베쉐프티히트 / 바쁜   busy   **langweilig** 을랑바일리히 / 지루한   bored   **glücklich** 글뤼클리히 / 행복한   happy

그는 똑똑하니?   19

is	he	smart?
Ist	**er**	**klug?**
이스트	에어	클룩?
~이다	그는	똑똑한?

dumm 둠 / 어리석은   stupid   **einsam** 아인잠 / 외로운 / 하나의   lonely   **lustig** 을루스티히 / 즐거운   funny

그들이 만족스러워 하니?   20

are	they	satisfied?
Sind	**sie**	**zufrieden?**
진트	지	쭈프리이덴?
~이다	그들은	만족스러운?

unzufrieden 운쭈프리이덴 / 불만족스러운   dissatisfied   **faul** 파울 / 게으른   lazy   **fleißig** 플라이씨히 / 성실한   diligent

나는 못생겼어. 그렇지? 21

I	am	ugly.	Or?
Ich	**bin**	**hässlich.**	**Oder?**
이히	빈	해쓸리히.	오더?
나는	~이다	못생긴.	또는?

fett
펫트
뚱뚱한 — fat

anders
안더스
다른 — different

laut
을라우트
소리가 큰 — loud

너는 슬퍼. 그렇지? 22

you	are	sad.	Or?
Du	**bist**	**traurig.**	**Oder?**
두	비스트	트라우리히.	오더?
너는	~이다	슬픈.	또는?

glücklich
글뤼클리히
행복한 happy

wütend
뷔V텐트
화나는 angry

aufgeregt
아우프!게렉트
신이 난 excited

그는 부자야. 그렇지? 23

he	is	rich.	Or?
Er	**ist**	**reich.**	**Oder?**
에어	이스트	라이히.	오더?
그는	~이다	부자인.	또는?

arm
아암
가난한 / 불쌍한 poor

weise
바V이제
현명한 wise

dumm
둠
어리석은 stupid

그녀는 예뻐. 그렇지? 24

she	is	pretty.	Or?
Sie	**ist**	**schön.**	**Oder?**
지	이스트	쇤.	오더?
그녀는	~이다	예쁜.	또는?

schlank
슐랑크
날씬한 slim

leicht
올라이히트
가벼운 / 쉬운 light

müde
뮈데
피곤한 tired

01. 영어는 Be 동사 독일어는 Sein 동사   728 "패턴"

내가 더 기쁘다. 25

I	am	happier.
Ich	**bin**	**glücklicher.**
이히	빈	글뤼클리히여.
나는	~이다	더 기쁜.

kleiner		**langsamer**		**ärmer**	
클라이너		을랑자머		애어머	
키가 더 작은 / 더 작은	shorter	더 느린	slower	더 가난한 / 더 불쌍한	poorer

네 키가 더 크다. 26

you	are	taller.
Du	**bist**	**größer.**
두	비스트	그뢰써.
너는	~이다	더 키가 큰.

schneller		**schwerer**		**leichter**	
슈낼러	quicker	슈베V어러	heavier	을라이히터	lighter
더 빠른		더 무거운 / 더 어려운		더 가벼운 / 더 쉬운	

그가 더 멍청하다. 27

he	is	stupider.
Er	**ist**	**dümmer.**
에어	이스트	뒴머.
그는	~이다	더 멍청한.

älter		**intelligenter**		**weiser**	
앨터		인텔리겐터		바V이저	
나이가 더 많은	older	더 똑똑한	more intelligent	더 현명한	wiser

그녀가 더 예쁘다. 28

she	is	prettier.
Sie	**ist**	**schöner.**
지	이스트	쇠너.
그녀는	~이다	더 예쁜.

klüger		**hübscher**		**kleiner**	
클뤼거		휩셔		클라이너	
더 똑똑한	smarter	더 잘생긴	more handsome	키가 더 작은 / 더 작은	shorter

나는 너보다 느리다. 29

I	am	slower	than	you.
Ich	**bin**	**langsamer**	**als**	**du.**
이히	빈	을랑자머	알스	두.
나는	~이다	더 느린	~보다	너.

älter 앨터 나이가 더 많은 / 더 오래된 older

fauler 파울러 더 게으른 lazier

hässlicher 하쓸리히여 더 못생긴 uglier

너는 나보다 어리다. 30

you	are	younger	than	I.
Du	**bist**	**jünger**	**als**	**ich.**
두	비스트	윙어	알스	이히.
너는	~이다	더 어린	~보다	나.

schlanker 슐랑커 더 날씬한 slimmer

dümmer 뒴머 더 멍청한 dumber

kleiner 클라이너 더 작은 smaller

TIP '~보다 - als' 다음에 나오는 목적어는 주어의 '격'에 따라 바뀝니다.
예) '나는 ~보다' 다음에 '너는' 1격 / '나를 ~보다' 다음에 '너를' 4격

그는 그녀보다 부유하다. 31

he	is	richer	than	she.
Er	**ist**	**reicher**	**als**	**sie.**
에어	이스트	라이히여	알스	지.
그는	~이다	더 부자인	~보다	그녀.

ärmer 애어머 더 가난한 / 더 불쌍한 poorer

glücklicher 글뤽클리히여 더 기쁜 happier

fauler 파울러 더 게으른 lazier

(당신의 목소리보다) 우리의 목소리가 더 크다. 32

we	are	louder	than	you.
Wir	**sind**	**lauter**	**als**	**Sie.**
비어	진트	을라우터	알스	지.
우리는	~이다	더 시끄러운	~보다	당신.

leiser 을라이저 더 조용한 quieter

lustiger 을루스티거 더 재밌는 funnier

schmutziger 슈뭇찌거 더 더러운 dirtier

01. 영어는 Be 동사 독일어는 Sein 동사   728 "패턴"

그녀가 가장 예쁘다.   33

she	is	at the	prettiest.
Sie	**ist**	**am**	**schönsten.**
지	이스트	암	쉔스텐.
그녀는	~이다	~에	가장 예쁜.

- **kleinsten** 클라인스텐 / 가장 키가 작은 / 가장 작은 — shortest
- **leichtesten** 을라이히테스텐 / 가장 가벼운 / 가장 쉬운 — lightest
- **ärmsten** 애엄스텐 / 가장 불쌍한 / 가장 가난한 poorest

네가 가장 재미있다.   34

you	are	at the	funniest.
Du	**bist**	**am**	**lustigsten.**
두	비스트	암	을루스티히스텐.
너는	~이다	~에	가장 웃긴.

- **jüngsten** 윙스텐 / 가장 어린 youngest
- **hübschesten** 휩쉐스텐 / 가장 잘생긴 prettiest
- **faulsten** 파울스텐 / 가장 게으른 laziest

그들은 가장 키가 크다.   35

they	are	at the	biggest.
Sie	**sind**	**am**	**größten.**
지	진트	암	그뢰쓰텐.
그들은	~이다	~에	가장 큰.

- **schnellsten** 슈낼스텐 / 가장 빠른 fastest
- **dümmsten** 튐스텐 / 가장 멍청한 stupidest
- **schwersten** 슈베ᵛ어스텐 / 가장 무거운 / 가장 어려운 heaviest

너희는 가장 나이가 많다.   36

you	are	at the	oldest.
Ihr	**seid**	**am**	**ältesten.**
이어	자이트	암	앨테스텐.
너희는	~이다	~에	가장 나이가 많은.

- **klügsten** 클뤽스텐 / 가장 똑똑한 smartest
- **weisesten** 바ᵛ이제스텐 / 가장 지혜로운 wisest
- **saubersten** 자우버스텐 / 가장 깨끗한 cleanest

나는 한국인이다. 37

I	am	Korean.
Ich	**bin**	**Koreaner.**
이히	빈	코레아너.
나는	~이다	한국인♂.

Deutscher		**Österreicher**		**Brite**	
도이춰		외스터라이히여		브리테	
독일인♂	German	오스트리아인♂	Austrian	영국인♂	Briton

너는 한국인이다. 38

you	are	Korean.
Du	**bist**	**Koreanerin.**
두	비스트	코레아너린.
너는	~이다	한국인♀.

Deutsche		**Österreicherin**		**Britin**	
도이춰		외스터라이히여린		브리틴	
독일인♀	German	오스트리아인♀	Austrian	영국인♀	Briton

그는 일본인이다. 39

he	is	Japanese.
Er	**ist**	**Japaner.**
에어	이스트	야파너.
그는	~이다	일본인♂.

Amerikaner		**Franzose**		**Inder**	
아메리카너		프란쪼제		인더	
미국인♂	American	프랑스인♂	French	인도인♂	Indian

그녀는 일본인이다. 40

she	is	Japanese.
Sie	**ist**	**Japanerin.**
지	이스트	야파너린.
그녀는	~이다	일본인♀.

Amerikanerin		**Französin**		**Inderin**	
아메리카너린		프란쩨진		인더린	
미국인♀	American	프랑스인♀	French	인도인♀	Indian

01. 영어는 Be 동사 독일어는 Sein 동사　728"패턴"

우리는 한국인이다. 41

we	are	Koreans.
Wir	**sind**	**Koreaner.**
비ᵛ어	진트	코레아너.
우리는	~이다	한국인들.

Deutschen
도이췐
독일인들　Germans

Österreicher
외스터라이히어
오스트리아인들　Austrians

Briten
브리텐
영국인들 Britons

그들은 독일 여자다. 42

they	are	Germans.
Sie	**sind**	**Deutschen.**
지	진트	도이췐.
그들은	~이다	독일인들(여).

Koreanerinnen
코레아너린낸
한국인들(여) Koreans

Österreicherinnen
외스터라이히여린낸
오스트리아인들(여)　Austrians

Britinnen
브리틴낸
영국인들(여) Britons

너희는 미국인이다. 43

you	are	Americans.
Ihr	**seid**	**Amerikaner.**
이어	자이트	아메리카너.
너희는	~이다	미국인들.

Franzosen
프ᶠ란쪼젠
프랑스인들　French people

Inder
인더
인도인들 Indians

Italiener
이탈리에너
이탈리아인들 Italians

우리는 미국 여자다. 44

we	are	Americans.
Wir	**sind**	**Amerikanerinnen.**
비ᵛ어	진트	아메리카너린낸.
우리는	~이다	미국인들(여).

Französinnen
프ᶠ란쩨진낸
프랑스인들(여) French people

Inderinnen
인더린낸
인도인들(여) Indians

Italienerinnen
이탈리에너린낸
이탈리아인들(여) Italians

그 한국인들은 어리다. 45

the Koreans	are	young.
Die Koreaner	**sind**	**jung** .
디 코레아너	진트	융.
그 한국인들은	~이다	어린.

freundlich
프로인틀리히
친절한

friendly

beschäftigt
베쉐프티히트
바쁜

busy

einsam
아인잠
외로운 / 하나의

lonely

TIP '그 한국인들'과 '그들'은 인칭대명사로서의 성질이 같아 문장 구조도 같아집니다.

그들은 어리다. 46

they	are	young.
Sie	**sind**	**jung** .
지	진트	융.
그들은	~이다	어린.

freundlich
프로인틀리히
친절한

friendly

froh
프로
기쁜

glad

zufrieden
쭈프리이덴
만족스러운

satisfied

그와 그녀는 독일인이다. 47

he and she	are	Germans.
Er und sie	**sind**	**Deutschen** .
에어 운트 지	진트	도이췐.
그와 그녀는	~이다	독일인들.

Japaner
야파너
일본인들
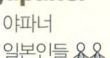
Japanese

Österreicher
뢰스터라이히어
오스트리아인들

Austrians

Inder
인더
인도인들

Indians

그들은 독일인이다. 48

they	are	Germans.
Sie	**sind**	**Deutschen** .
지	진트	도이췐.
그들은	~이다	독일인들.

Japaner
야파너
일본인들

Japanese

Briten
브리텐
영국인들

Britons

Brasilianer
브라질리아너
브라질인들

Brazilians

47

01. 영어는 Be 동사 독일어는 Sein 동사   728 "패턴"

너와 나는 친구다.   49

you	and	I	are	friends.
Du	**und**	**ich**	**sind**	**Freunde.**
두	운트	이히	진트	프로인데.
너	그리고	나는	~이다	친구들 👫.

Partner
파아트너
파트너들 👫
partners

Geschwister
게슈비스터
형제자매들 👫/👬
siblings

Freundinnen
프로인딘낸
여자친구들 👭
girlfriends

> **TIP** '우리는' 다음에는 대부분 '친구들'과 같은 복수 명사가 오지만, '가족'처럼 **한 단체를 의미하는 명사는 단수**로 씁니다.

우리는 친구다.   50

we	are	friends.
Wir	**sind**	**Freunde.**
비어	진트	프로인데.
우리는	~이다	친구들 👫.

Partner
파아트너
파트너들 👫
partners

Soldaten
솔다텐
군인들 👫
soldiers

Ärzte
애어쯔테
의사들 👫
doctors

> **TIP** 'Freund'와 'Freundin'은 부정관사와 함께 쓸 때는 '친구'의 뜻이지만 소유 대명사와 함께 쓸 때 '남자친구', '여자친구'의 뜻이 되니 주의해야 합니다.

그와 나는 가족이다.   51

he	and	I	are	family.
Er	**und**	**ich**	**sind**	**Familie.**
에어	운트	이히	진트	파밀리에.
그	그리고	나는	~이다	가족 👪.

Geschwister
게슈비스터
형제자매 👫/👬
siblings

Freunde
프로인데
친구들 👫
friends

Lehrer
을래에러
선생님들 👫
teacher

우리는 형제자매이다.   52

we	are	siblings.
Wir	**sind**	**Geschwister.**
비어	진트	게슈비스터.
우리는	~이다	형제자매 👫/👬.

Familie
파밀리에
가족 👪
family

Partner
파아트너
파트너들 / 동료 👫
partners

Kollegen
콜레겐
동료들 👫
colleagues

가만히 있어! 53

be	still!
Sei	**still!**
자이	슈틸!
~이다	고요한!

leise
을라이제
조용한

quiet

sauber
자우버
깨끗한

clean

gesund
게준트
건강한

healthy

(너희) 가만히 있어! 54

be	still!
Seid	**still!**
자이트	슈틸!
~이다	고요한!

leise
을라이제
조용한

quiet

sicher
지히여
안전한

safe

einfach
아인파흐
간단한

simple

조심해! 55

be	careful!
Sei	**vorsichtig!**
자이	포어지히티히!
~이다	조심하는!

wachsam
바ᵛ흐잠
경계하는
watchful

fleißig
플라이씨히
성실한

diligent

geduldig
게둘디히
인내심 있는

patient

(너희) 조심해! 56

be	careful!
Seid	**vorsichtig!**
자이트	포어지히티히!
~이다	조심하는!

wachsam
바ᵛ흐잠
경계하는

watchful

fair
페어
공정한

fair

mutig
무티히
용감한
brave

49

01. 영어는 Be 동사 독일어는 Sein 동사   728 "패턴"

그러지 마!   57

be	not	so!
Sei	**nicht**	**so!**
자이	니히트	소!
~이다	부정	그런!

laut
을라우트
소리가 큰

loud

unfair
운페어
불공평한

unfair

egoistisch
에고이스티쉬
이기적인

selfish

(너희) 그러지 마!   58

be	not	so!
Seid	**nicht**	**so!**
자이트	니히트	소!
~이다	부정	그런!

laut
을라우트
소리가 큰

loud

schüchtern
쉬히턴
수줍어하는
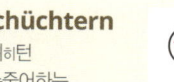
shy

faul
파울
게으른

lazy

제발 조심해!   59

be	please	careful!
Sei	**bitte**	**vorsichtig!**
자이	빝테	포ˇ어지히티히!
~이다	제발	조심하는!

wachsam
바ˇ흐잠
주의 깊은

watchful

leise
올라이제
조용한

quiet

ruhig
루이히
조용한

calm

TIP 'bitte(제발)'가 들어간 위치에 유의합시다.

(너희) 제발 조심해!   60

be	please	careful!
Seid	**bitte**	**vorsichtig!**
자이트	빝테	포ˇ어지히티히!
~이다	제발	조심하는!

wachsam
바ˇ흐잠
주의 깊은

watchful

geduldig
게둘디히
인내심 있는

patient

gesund
게준트
건강한

healthy

좋은 소년이 되어라!   61

be	a	good	boy!
Sei	**ein**	**braver**	**Junge!**
자이	아인	브라버	융에!
~이다	한	좋은	소년!

Sohn		**Hund**		**Mann**	
조온		훈트		만	
아들	son	개	dog	남자	man

(너희) 좋은 학생들이 되어라!   62

be	good	students
Seid	**gute**	**Schüler!**
자이트	구테	쉴러!
~이다	좋은	학생들!

Studenten		**Lehrer**		**Freunde**	
슈투덴텐		을래에러		프로인데	
대학생들	students	선생님들	teachers	친구들	friends

긍정적인 사람이 되어라!   63

be	a	positive	human!
Sei	**ein**	**positiver**	**Mensch!**
자이	아인	포지티버	맨쉬!
~이다	한	긍정적인	사람!

Freund		**Junge**		**Mann**	
프로인트		융에		만	
남자친구(친구)	friend	소년	boy	남자 / 남편	man

(너희) 긍정적인 사람이 되어라!   64

be	positive	people!
Seid	**positive**	**Menschen!**
자이트	포지티페	맨쉔!
~이다	긍정적인	사람들 /!

Freunde		**Jungen**		**Männer**	
프로인데		융엔		맨너	
친구들	friends	소년들	boys	남자들	men

51

01. 영어는 Be 동사 독일어는 Sein 동사   728 "패턴"

조용히 하세요!   65

be	you	quiet!
Seien	**Sie**	**leise!**
자이엔	지	을라이제!
~이다	당신은	조용한!

ruhig 루이히 침착한 — calm

sauber 자우버 깨끗한 — clean

fleißig 플라이씨히 성실한 — diligent

TIP '당신'에게 하는 명령문에는 항상 인칭대명사가 들어갑니다.

제발 조용히 하세요!   66

be	you	please	quiet!
Seien	**Sie**	**bitte**	**leise!**
자이엔	지	빝테	을라이제!
~이다	당신은	제발	조용한!

ruhig 루이히 침착한 — calm

fleißig 플라이씨히 성실한 — diligent

langsam 을랑잠 느린 — slow

시끄럽게 하지 마세요!   67

be	you	not	loud!
Seien	**Sie**	**nicht**	**laut!**
자이엔	지	니히트	을라우트!
~이다	당신은	부정	소리 큰!

geduldig 게둘디히 인내심 있는 — patient

krank 크랑크 아픈 — sick

müde 뮈데 피곤한 — tired

좋은 손님이 되세요!   68

be	you	a	good	guest!
Seien	**Sie**	**ein**	**guter**	**Gast!**
자이엔	지	아인	구터	가스트!
~이다	당신은	한	좋은	손님을!

Lehrer 을래에러 선생님을 — teacher

Patient 파치엔트 환자를 — patient

Besucher 베주허 방문객을 — visitor

01. 영어는 Be 동사 독일어는 Sein 동사   795 "문장"

001 나 여기 있어.

I *am* *here.* O
Ich bin hier.
이히 빈 이어.
나 ~이다 여기.

002 한가해요.

I *am* *free.* O
Ich bin frei.
이히 빈 프라이.
나 ~이다 자유로운.

003 늦었어요.

I *am* *late.* O
Ich bin spät.
이히 빈 슈패트.
나 ~이다 늦은.

004 준비됐어요.
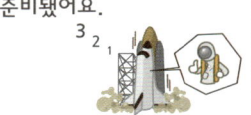
I *am* *ready.* O
Ich bin bereit.
이히 빈 베라이트.
나 ~이다 준비된.

005 화가 납니다.

I *am* *upset.* O
Ich bin wütend.
이히 빈 뷔텐트.
나 ~이다 화난.

006 아파요.

I *am* *sick.* O
Ich bin krank.
이히 빈 크랑크.
나 ~이다 아픈.

007 피곤해요.

I *am* *tired.* O
Ich bin müde.
이히 빈 뮈데.
나 ~이다 피곤한.

008 나 바빠.

I *am* *busy.* O
Ich bin beschäftigt.
이히 빈 베쉐프티히트.
나 ~이다 바쁜.

009 저 돌아 왔어요.

I	am	back. O
Ich	**bin**	**zurück.**
이히	빈	쭈뤽.
나	~이다	되돌아.

010 나야.

I	am	this. O
Ich	**bin**	**es.**
이히	빈	에스.
나	~이다	그것.

011 내 차례 입니다.

I	am	thereto. X
Ich	**bin**	**dran.**
이히	빈	드란.
나	~이다	그것에 다해.

012 저는 스무 살 이에요.

I	am	20	years	old. O
Ich	**bin**	**20**	**Jahre**	**alt.**
이히	빈	쯔반v찌히	야아레	알트.
나	~이다	20	살	나이 든.

013 배불러요.

I	am	full. O
Ich	**bin**	**voll.**
이히	빈	폴.
나	~이다	꽉 찬.

014 나 감기 걸렸어.

I	am	cold. O
Ich	**bin**	**erkältet.**
이히	빈	에어캘테트.
나	~이다	감기에 걸린.

015 나도 끼워 줘.

I	am	thereby! X
Ich	**bin**	**dabei!**
이히	빈	다바이!
나	~이다	그곳에!

016 나 긴장하고 있어요.

I	am	nervous. O
Ich	**bin**	**nervös.**
이히	빈	네어뵈v스.
나	~이다	긴장된.

01. 영어는 Be 동사 독일어는 Sein 동사   795 "문장"

---

017 너무 기대돼요.

I	*am*	*excited.* O
Ich	**bin**	**aufgeregt.**
이히	빈	아우프게렉트.
나	~이다	신난.

---

018 깜짝 놀랐어.

I	*am*	*surprised.* O
Ich	**bin**	**überrascht.**
이히	빈	위버라슈트.
나	~이다	놀란.

---

019 지겨워요.

I	*am*	*bored.* O
Ich	**bin**	**gelangweilt.**
이히	빈	겔랑바일트.
나	~이다	지루한.

---

020 감동했어요.

I	*am*	*moved.* O
Ich	**bin**	**gerührt.**
이히	빈	게뤼어트.
나	~이다	감동한.

---

021 실망했어요.

I	*am*	*disappointed.* O
Ich	**bin**	**enttäuscht.**
이히	빈	엔트토이쉬트.
나	~이다	실망한.

---

022 다쳤어요.

I	*am*	*hurt.* O
Ich	**bin**	**verletzt.**
이히	빈	페얼랫쯔트.
나	~이다	다친.

---

023 저 지금 가고 있어요.

I	*am*	*coming.* O
Ich	**bin**	**unterwegs.**
이히	빈	운터벡스.
나	~이다	도중에.

---

024 저는 미나입니다.

I	*am*	*Mina.*	*My*	*name*	*is*	*Mina.* O
Ich	**bin**	**Mina.**	**Mein**	**Name**	**ist**	**Mina.**
이히	빈	미나.	마인	나매	이스트	미나.
나	~이다	미나.	나의	이름	~이다	미나.

025
나 아니에요.

That	am	I	not. X
Das	**bin**	**ich**	**nicht.**
다스	빈	이히	니히트.
그것은	~이다	나	부정.

026
나 급해요!

I	am	in	hurry. O
Ich	**bin**	**in**	**Eile.**
이히	빈	인	아일러.
나	~이다	~안	서두름.

027
틀림없어요.

I	am	me	sure. X
Ich	**bin**	**mir**	**sicher.**
이히	빈	미어	지허여.
나	~이다	나에게	확실한.

028
저는 당신 편이에요.

I	am	on	your	side. O
Ich	**bin**	**auf**	**Ihrer**	**Seite.**
이히	빈	아우프	이어러	자이테.
나	~이다	~위에서	당신의	편.

029
가는 중이에요.

I	am	on	the way. O
Ich	**bin**	**auf**	**dem Weg.**
이히	빈	아우프	뎀 벡.
나	~이다	~위에서	그 길.

030
나는 네가 자랑스러워.

I	am	proud	on	you. △
Ich	**bin**	**stolz**	**auf**	**dich.**
이히	빈	슈톨쯔	아우프	디히.
나	~이다	자랑스러운	~위로	너를.

031
한국에서 왔어요.

I	am	out	Korea. △
Ich	**bin**	**aus**	**Korea.**
이히	빈	아우스	코레아.
나	~이다	~에서	한국.

032
큰일 났다.

I	am	in	troubles. △
Ich	**bin**	**in**	**Schwierigkeiten.**
이히	빈	인	슈비어리히카이텐.
나	~이다	~안	어려움들.

01. 영어는 Be 동사 독일어는 Sein 동사   795 "문장"

---

033 네가 틀렸어.

You	*are*	*wrong.* O
Du	**bist**	**falsch.**
두	비스트	팔쉬.
너	~이다	틀린.

---

034 당신 차례입니다.

You	*are*	*thereto.* X
Sie	**sind**	**dran.**
지	진트	드란.
당신	~이다	그것에 대해.

---

035 당신 정말 친절하군요!

You	*are*	*very*	*kind!* O
Sie	**sind**	**sehr**	**nett!**
지	진트	제어	넷트!
당신	~이다	매우	친절한!

---

036 당신은 정말 재미있어요.

You	*are*	*very*	*funny.* O
Sie	**sind**	**sehr**	**lustig.**
지	진트	제어	을루스티히.
당신	~이다	매우	재미있는.

---

037 당신은 거짓말쟁이예요.

You	*are*	*a liar.* O
Sie	**sind**	**ein Lügner.**
지	진트	아인 을뤼그너.
당신	~이다	하나의 거짓말쟁이.

---

038 제시간에 왔어요.

You	*are*	*punctual.* O
Sie	**sind**	**pünktlich.**
지	진트	퓡크틀리히.
당신	~이다	시간을 지키는.

---

039 당신은 아름다워요.

You	*are*	*very*	*beautiful.* O
Sie	**sind**	**sehr**	**schön.**
지	진트	제어	쉔.
당신	~이다	아주	아름다운.

---

040 좋아요.

It	*is*	*good.* O
Es	**ist**	**gut.**
에스	이스트	구트.
그것은	~이다	좋은.

041
흥미롭네요.

It	is	exciting. ○
Es	**ist**	**aufregend.**
에스	이스트	아우프레겐트.
그것은	~이다	흥분되는.

042
그건 쉽지요.

It	is	easy. ○
Es	**ist**	**leicht.**
에스	이스트	을라이히트.
그것은	~이다	쉬운.

043
그건 너무 많아요.

It	is	too	many. ○
Es	**ist**	**zu**	**viel.**
에스	이스트	쭈	피일
그것은	~이다	너무	많은.

044
이건 지나쳐요.

It	is	too	much. ○
Es	**ist**	**zu**	**viel.**
에스	이스트	쭈	피일
그것은	~이다	너무	많은.

045
이것은 당신 거예요.

It	is	yours. ○
Es	**ist**	**Ihres.**
에스	이스트	이어레스.
그것은	~이다	당신의 것.

046
재미있다!

It	is	interesting. ○
Es	**ist**	**interessant.**
에스	이스트	인터레싼트.
그것은	~이다	흥미로운.

047
힘들어요.

It	is	difficult. ○
Es	**ist**	**schwer.**
에스	이스트	슈베어.
그것은	~이다	힘든.

048
이건 어려워요.

It	is	hard. ○
Es	**ist**	**schwierig.**
에스	이스트	슈비리히.
그것은	~이다	어려운.

01. 영어는 Be 동사 독일어는 Sein 동사 795 "문장"

049 아무것도 아니에요.

It	is		anything. O
Es	**ist**		**nichts.**
에스	이스트		니히츠.
그것은	~이다		0개.

050 지루해요.

It	is		boring. O
Es	**ist**		**langweilig.**
에스	이스트		을랑바일리히.
그것은	~이다		지루한.

051 너무 매워요.

It	is	too	spicy. O
Es	**ist**	**zu**	**scharf.**
에스	이스트	쭈	샤아프.
그것은	~이다	너무	매운.

052 너무 달아요.

It	is	too	sweet. O
Es	**ist**	**zu**	**süß.**
에스	이스트	쭈	쒸쓰.
그것은	~이다	너무	단.

053 너무 짜요.

It	is	too	salty. O
Es	**ist**	**zu**	**salzig.**
에스	이스트	쭈	잘찌히.
그것은	~이다	너무	짠.

054 그건 무료입니다.

It	is		free. O
Es	**ist**		**gratis.**
에스	이스트		그라티스.
그것은	~이다		무료인.

055 화창한 날씨네요.

It	is		sunny. O
Es	**ist**		**sonnig.**
에스	이스트		존니히.
그것은	~이다		화창한.

056 구름이 많아요.

It	is		cloudy. O
Es	**ist**		**wolkig.**
에스	이스트		볼v키히.
그것은	~이다		구름 낀.

057 너무 더워요.

It **Es** / 에스 / 그것은
is **ist** / 이스트 / ~이다
too **zu** / 쭈 / 너무
hot. O **heiß.** / 하이쓰. / 더운.

058 너무 차가워요 (추워요).

It **Es** / 에스 / 그것은
is **ist** / 이스트 / ~이다
too **zu** / 쭈 / 너무
cold. O **kalt.** / 칼트. / 찬.

059 그건 간단해요.

It **Es** / 에스 / 그것은
is **ist** / 이스트 / ~이다
simple. O **einfach.** / 아인파흐. / 간단한.

060 위험해요.

It **Es** / 에스 / 그것은
is **ist** / 이스트 / ~이다
dangerous. O **gefährlich.** / 게패얼리히. / 위험한.

061 그건 중요해요.

It **Es** / 에스 / 그것은
is **ist** / 이스트 / ~이다
important. O **wichtig.** / 비ᵛ히트히. / 중요한.

062 이건 유용해요.

It **Es** / 에스 / 그것은
is **ist** / 이스트 / ~이다
useful. O **nützlich.** / 뉫쯜리히. / 유용한.

063 너무 비싸요.

It **Es** / 에스 / 그것은
is **ist** / 이스트 / ~이다
too **zu** / 쭈 / 너무
expensive. O **teuer.** / 토이어. / 비싼.

064 매우 싸요.

It **Es** / 에스 / 그것은
is **ist** / 이스트 / ~이다
so **so** / 소 / 매우
cheap. O **billig.** / 빌리히. / 싼.

01. 영어는 Be 동사 독일어는 Sein 동사   795 "문장"

---

065 너무 커요.

It	is	too	big. O
Es	**ist**	**zu**	**groß.**
에스	이스트	쭈	그'로오쓰.
그것은	~이다	너무	큰.

---

066 너무 작아요.

It	is	too	small. O
Es	**ist**	**zu**	**klein.**
에스	이스트	쭈	클라인.
그것은	~이다	너무	작은.

---

067 맛있다.

It	is	delicious. O	
Es	**ist**	**lecker.**	
에스	이스트	을래커.	
그것은	~이다	맛있는.	

---

068 이건 내 거예요.

It	is	mine. O	
Es	**ist**	**meins.**	
에스	이스트	마인스.	
그것은	~이다	나의 것.	

---

069 당신을 위한 거예요.

It	is	for	you. O
Es	**ist**	**für**	**Sie.**
에스	이스트	퓌'어	지.
그것은	~이다	~위해	당신을.

---

070 오랜만이야.

It	has	already	a while	now. X
Es	**ist**	**schon**	**eine Weile**	**her.**
에스	이스트	숀	아이내 바'일래	헤어.
그것은	~이다	벌써	한동안	지금.

---

071 점심시간 입니다.

It	is	lunchbreak. O	
Es	**ist**	**Mittagspause.**	
에스	이스트	밑탁스파우제.	
그것은	~이다	점심시간.	

---

072 그건 나쁘지 않아요.

It	is	not	bad. O
Es	**ist**	**nicht**	**schlecht.**
에스	이스트	니히트	슐래히트.
그것은	~이다	부정	나쁜.

073
나는 신경 안 써.

Me	*is*	*it*	*same.* X
Mir	**ist**	**es**	**egal.**
미어	이스트	에스	에갈.
나에게	~이다	그것은	같다.

074
역겨워.

It	*is*	*disgusting.* O
Es	**ist**	**ekelhaft.**
에스	이스트	에켈하프트.
그것은	~이다	역겨운.

075
실망스러워.

It	*is*	*disappointing.* O
Es	**ist**	**enttäuschend.**
에스	이스트	엔토이쉔트.
그것은	~이다	실망스러운.

076
그건 창피해 (쪽팔려).

It	*is*	*embarrassing.* O
Es	**ist**	**peinlich.**
에스	이스트	파인을리히.
그것은	~이다	창피한.

077
이 근처예요.

It	*is*	*here*	*ir.*	*the near.* X
Es	**ist**	**hier**	**in**	**der Nähe.**
에스	이스트	히어	인	데어 내에.
그것은	~이다	여기	~안	그 근처.

078
내 잘못이에요.

It	*is*	*my*	*fault.* O
Es	**ist**	**meine**	**Schuld.**
에스	이스트	마이내	슐트.
그것은	~이다	나의	잘못.

079
그건 불가능해요.

It	*is*	*impossible.* O
Es	**ist**	**unmöglich.**
에스	이스트	운뫼글리히.
그것은	~이다	불가능한.

080
그만큼 가치 있는 건 아녜요.

It	*is*	*not*	*the worth.* △
Es	**ist**	**nicht**	**das wert.**
에스	이스트	니히트	다스 베어트.
그것은	~이다	부정	그 가치.

01. 영어는 Be 동사 독일어는 Sein 동사   795 "문장"

081 그런 거 아니야.

It	is	not	so. X
Es	**ist**	**nicht**	**so.**
에스	이스트	니히트	소.
그것은	~이다	부정	이런.

082 별거 아니야.

It	is	no	big	stuff. △
Es	**ist**	**keine**	**große**	**Sache.**
에스	이스트	카이내	그로쎄	자헤.
그것은	~이다	부정	큰	것.

083 언제든지 좋아요.

It	is	me	right,	when	also	always. X
Es	**ist**	**mir**	**recht,**	**wann**	**auch**	**immer.**
에스	이스트	미어	레히트,	반ᵛ	아우흐	임머.
그것은	~이다	나에게	정당한.	언제	역시	항상.

084 이건 불공평해요!

It	is	unfair. O
Es	**ist**	**unfair.**
에스	이스트	운페어.
그것은	~이다	불공평한.

085 좀 이상하네요.

It	is	weird. O
Es	**ist**	**ungewöhnlich.**
에스	이스트	운게뵌ᵛ을리히.
그것은	~이다	이상한.

086 그건 불법이에요.

It	is	illegal. O
Es	**ist**	**illegal.**
에스	이스트	일래갈.
그것은	~이다	불법인.

087 이걸로는 부족해.

It	is	not	good	enough. O
Es	**ist**	**nicht**	**gut**	**genug.**
에스	이스트	니히트	구트	게눅.
그것은	~이다	부정	좋은	충분히.

088 말은 쉽지요.

It	is	easy	to say. O
Es	**ist**	**leicht**	**zu sagen.**
에스	이스트	을라이히트	쭈 자겐.
그것은	~이다	쉬운	말하기에는.

089 뭐라 말하면 좋을지 모르겠네요.

It	is	hard		to say. O
Es	**ist**	**schwierig**		**zu sagen.**
에스	이스트	슈비v리히		쭈 자겐.
그것은	~이다	어려운		말하기에는.

090 그게 최고의 방법이에요.

It	is	the	best	way. O
Es	**ist**	**der**	**beste**	**Weg.**
에스	이스트	데어	베스테	벡v.
그것은	~이다	그	최고인	길.

091 천만에요.

It	is	me	a	pleasure. X
Es	**ist**	**mir**	**ein**	**Vergnügen.**
에스	이스트	미어	아인	페어그뉘겐.
그것은	~이다	나에게	하나의	기쁨.

092 엉망진창이군요.

It	is	messy. O		
Es	**ist**	**unordentlich.**		
에스	이스트	운오어덴틀리히.		
그것은	~이다	난잡한.		

093 나는 처음이에요.

It	is	my	first	time. O
Es	**ist**	**mein**	**erstes**	**Mal.**
에스	이스트	마인	에어스테스	말.
그것은	~이다	나의	첫 번째	회.

094 모 아니면 도야.

It	is	all	or	nothing. O
Es	**ist**	**alles**	**oder**	**nichts.**
에스	이스트	알래스	오더	니히츠.
그것은	~이다	모든 것	또는	0개.

095 그게 다예요.

That	is	all. O
Das	**ist**	**es.**
다스	이스트	에스.
그것은	~이다	그것.

096 맞아요.

That	is	right. O
Das	**ist**	**richtig.**
다스	이스트	리히티히.
그것은	~이다	옳은.

01. 영어는 Be 동사 독일어는 Sein 동사   795 "문장"

097
그것은 틀렸어.

That	is	wrong. O
Das	**ist**	**falsch.**
다스	이스트	팔쉬.
그것은	~이다	틀린.

098
그거 재미있네.

That	is	funny. O
Das	**ist**	**lustig.**
다스	이스트	을루스티히.
그것은	~이다	재미있는.

099
그거면 충분해요.

That	is	enough. O
Das	**ist**	**genug.**
다스	이스트	게눅.
그것은	~이다	충분한.

100
좋아요.

That	is	super. O
Das	**ist**	**super.**
다스	이스트	수퍼.
그것은	~이다	대단한.

101
쟤 정말 짜증 난다.

He	is	very	annoying. O
Er	**ist**	**sehr**	**nervig.**
에어	이스트	제어	내어피히.
그	~이다	매우	귀찮은.

102
그는 너무 권위적이에요.

He	is	too	bossy. O
Er	**ist**	**zu**	**diktatorisch.**
에어	이스트	쭈	딕타토어리쉬.
그	~이다	너무	권위적인.

103
음식이 덜 익었어요.

It	is	half-cooked. O
Das	**ist**	**halbgar.**
다스	이스트	할브가.
그것은	~이다	설익은.

104
그녀는 정말 아름다워요.

She	is	very	beautiful. O
Sie	**ist**	**sehr**	**schön.**
지	이스트	제어	쇈.
그녀	~이다	매우	아름다운.

105
그는 정말 잘생겼어요.

He	is	very	handsome. O
Er	**ist**	**sehr**	**hübsch.**
에어	이스트	제어	휩쉬
그	~이다	매우	잘생긴.

106
그녀는 내 취향이에요.

She	is	my	type. O
Sie	**ist**	**mein**	**Typ.**
지	이스트	마인	튑.
그녀	~이다	나의	취향.

107
그것들은 서로 같아요.

They	are	same. △	
Sie	**sind**	**gleich.**	
지	진트	글라이히.	
그들은	~이다	똑같은.	

108
그것들은 서로 달라요.

They	are	different. O	
Sie	**sind**	**unterschiedlich.**	
지	진트	운터쉬들리히.	
그들은	~이다	다른.	

109
전화기가 고장 났어요.

That phone		is	broken O
Das Telefon		**ist**	**kaputt.**
다스 텔래폰		이스트	카풋트.
그 전화기		~이다	부서진.

110
모든 것이 정상이에요.

All	is	clear. △
Alles	**ist**	**klar.**
알래스	이스트	클라아.
모든 것은	~이다	맑은.

111
불가능한 것은 없어요.

Nothing	is	impossible. O
Nichts	**ist**	**unmöglich.**
니히츠	이스트	운뫼글리히.
0개는	~이다	불가능.

112
뭐든지 가능해요.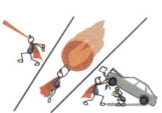

Everything	is	possible O
Alles	**ist**	**möglich.**
알래스	이스트	뫼글리히.
모든 것은	~이다	가능한.

01. 영어는 Be 동사 독일어는 Sein 동사   795 "문장"

113 뭐든지 좋아요.

Me	*is*	*all*	*right.* X
Mir	**ist**	**alles**	**recht.**
미어	이스트	알래스	레히트.
나에게	~이다	모든 것은	정당한.

114 헛소리!

That	*is*	*a bullshit!* O	
Das	**ist**	**ein Quatsch!**	
다스	이스트	아인 크밧ᵛ취!	
그것은	~이다	하나의 헛소리!	

115 좋은 생각이에요.

That	*is*	*a*	*good*	*idea.* O
Das	**ist**	**eine**	**gute**	**Idee.**
다스	이스트	아이내	구테	이데에.
그것은	~이다	하나의	좋은	아이디어.

116 그게 당신 문제예요.

That	*is*	*your*	*problem.* O
Das	**ist**	**Ihr**	**Problem.**
다스	이스트	이어	프로ᵇ블램.
그것은	~이다	당신의	문제.

117 그것 참 안됐네.

That	*is*	*too*	*pity.* △
Das	**ist**	**zu**	**schade.**
다스	이스트	쭈	샤데.
그것은	~이다	너무	유감스러운.

118 좋은 지적이에요.

That	*is*	*a*	*good*	*argument.* O
Das	**ist**	**ein**	**gutes**	**Argument.**
다스	이스트	아인	구테스	아구멘트.
그것은	~이다	하나의	좋은	주장.

119 그건 별개의 이야기예요.

That	*is*	*a*	*different*	*story.* O
Das	**ist**	**eine**	**andere**	**Geschichte.**
다스	이스트	아이내	안더레	게쉬히테.
그것은	~이다	하나의	다른	이야기.

120 지금 좋지 않은 시간이니?

Is	*now*	*a*	*bad*	*time*	*for*	*you?* O
Ist	**jetzt**	**ein**	**schlechter**	**Zeitpunkt**	**für**	**dich?**
이스트	옛쯔트	아인	슐래히터	짜이트풍크트	퓌어	디히?
~이다	지금	하나의	나쁜	시점	~위해	너를?

121
내가 잘못했어.

I	*was*	*wrong.* O
Ich	**war**	**falsch.**
이히	바ᵛ아	팔쉬.
나	~이었다	틀린.

122
내가 바보였어요.

I	*was*	*stupid.* O
Ich	**war**	**dumm.**
이히	바ᵛ아	둠.
나	~이었다	멍청한.

123
바빴어요.

I	*was*	*busy.* O
Ich	**war**	**beschäftigt.**
이히	바ᵛ아	베쉐프티히트.
나	~이었다	바쁜.

124
내가 그런 거 아니에요.

I	*was*	*it*	*not.* X
Ich	**war**	**es**	**nicht.**
이히	바ᵛ아	에스	니히트.
나	~이었다	그것이	부정.

125
그녀가 문제였어요.

She	*was*	*the problem.* O
Sie	**war**	**das Problem.**
지	바ᵛ아	다스 프로블램.
그녀	~이었다	그 문제.

126
바빴어요?

Were	*you*	*busy?* O
Waren	**Sie**	**beschäftigt?**
바ᵛ아안	지	베쉐프티히트?
~이었다	당신	바쁜?

127
괜찮았어요.

It	*was*	*okay.* O
Es	**war**	**nett.**
에스	바ᵛ아	넷트.
그것은	~이었다	괜찮은.

128
재미있을 거야!

It	*will*	*fun.* X
Es	**wird**	**lustig.**
에스	비ᵛ어트	을루스티히.
그것은	~일 것이다	재미있는.

01. 영어는 Be 동사 독일어는 Sein 동사   795 "문장"

129 대단했어요.

It	was	great. O
Es	**war**	**super.**
에스	바ᵛ아	수퍼.
그것은	~이었다	대단한.

130 그건 아무것도 아니었어요.

It	was	nothing. O
Es	**war**	**nichts.**
에스	바ᵛ아	니히츠.
그것은	~이었다	0개.

131 하마터면 큰일 날 뻔했어요.

It	was	close. O
Es	**war**	**knapp.**
에스	바ᵛ아	크납프.
그것은	~이었다	아슬아슬한.

132 좋았어요.

It	was	pretty. △	It	was	nice. △
Es	**war**	**schön.**	**Es**	**war**	**nett.**
에스	바ᵛ아	쇤.	에스	바ᵛ아	넷트.
그것은	~이었다	예쁜.	그것은	~이었다	괜찮은.

133 그건 충격적이었어요.

It	was	shocking. O
Es	**war**	**erschreckend.**
에스	바ᵛ아	에어슈렉켄트.
그것은	~이었다	충격적인.

134 힘든 하루였어요.

It	was	a	long	day. O
Es	**war**	**ein**	**langer**	**Tag.**
에스	바ᵛ아	아인	을랑어	탁.
그것은	~이었다	하나의	긴	날.

135 저도 즐거웠어요.

It	was	my	pleasure. O
Es	**war**	**meine**	**Freude.**
에스	바ᵛ아	마이내	프ᵠ로이데.
그것은	~이었다	나의	기쁨.

136 그것은 당신 실수가 아니에요.

It	is	not	your	fault. O
Es	**war**	**nicht**	**Ihre**	**Schuld.**
에스	바ᵛ아	니히트 [부정]	이어레 당신의	슐트. 잘못.

137
고의는 아니었어요.

This	*was*	*not*	*my*	*intention.* O
Das	**war**	**nicht**	**meine**	**Absicht.**
다스	바v아	니히트	마이내	압지히트.
그것은	~이었다	부정	나의	고의.

138
맞나요?

Am	*I*	*right?* O
Bin	**ich**	**richtig?**
빈	이히	리히티히?
~이다	나	옳은?

139
틀렸나요?

Am	*I*	*wrong?* O
Bin	**ich**	**falsch?**
빈	이히	팔쉬?
~이다	나	틀린?

140
이게 나야?

Am	*I*	*that?* △
Bin	**ich**	**das?**
빈	이히	다스?
~이다	나	이것은?

141
확실하니?

Are	*you*	*you*	*sure?* X
Bist	**du**	**dir**	**sicher?**
비스트	두	디어	지히여?
~이다	너	너에게	확신?

142
여보세요?

Are	*you*	*there?* O
Sind	**Sie**	**da?**
진트	지	다?
~이다	당신	거기?

143
너 미쳤어?

Are	*you*	*crazy?* O
Bist	**du**	**verrückt?**
비스트	두	페어뤽크트?
~이다	너	미친?

144
진심이야?

Are	*you*	*serious?* O
Bist	**du**	**ernst?**
비스트	두	에언스트?
~이다	너	심각한?

01. 영어는 Be 동사 독일어는 Sein 동사   795 "문장"

145 만족해?

Are	*you*	*satisfied?* O
Bist	**du**	**zufrieden?**
비스트	두	쭈프리이덴?
~이다	너	만족한?

146 준비됐어요?
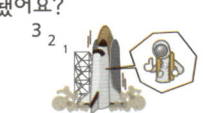

Are	*you*	*ready?* O
Sind	**Sie**	**bereit?**
진트	지	베라이트?
~이다	당신	준비된?

147 혼자예요?

Are	*you*	*alone?* O
Sind	**Sie**	**allein?**
진트	지	알라인?
~이다	당신	혼자인?

148 아파요?

Are	*you*	*sick?* O
Sind	**Sie**	**krank?**
진트	지	크랑크?
~이다	당신	아픈?

149 바쁘세요?

Are	*you*	*busy?* O
Sind	**Sie**	**beschäftigt?**
진트	지	베쉐프티히트?
~이다	당신	바쁜?

150 만나는 (사귀는) 사람 있어요?

Are	*you*	*in*	*a relationship?* O
Sind	**Sie**	**in**	**einer Beziehung?**
진트	지	인	아이너 베찌이웅?
~이다	당신	~안	하나의 관계에게?

151 당신도 할래요?

Are	*you*	*thereby?* X
Sind	**Sie**	**dabei?**
진트	지	다바이?
~이다	당신	거기에?

152 어려워?

Is	*it*	*hard?* O
Ist	**es**	**schwer?**
이스트	에스	슈베어?
~이다	그것은	어려운?

153
이거 공짜인가요?

Is	*it*	*free?* ○
Ist	**es**	**gratis?**
이스트	에스	그라티스?
~이다	그것은	무료인?

154
좋은 생각 같아요?

Is	*it*	*a*	*good*	*idea?* ○
Ist	**es**	**eine**	**gute**	**Idee?**
이스트	에스	아이내	구테	이데에?
~이다	그것은	하나의	좋은	아이디어?

155
이게 내 탓이에요?

Is	*it*	*my*	*fault?* ○
Ist	**es**	**meine**	**Schuld?**
이스트	에스	마이네	슐트?
~이다	그것은	나의	잘못?

156
이거 당신 거예요?

Is	*it*	*yours?* ○
Ist	**es**	**Ihres?**
이스트	에스	이어레스?
~이다	그것은	당신의 것?

157
그게 전부예요?

Is	*that*	*all?* ○
Ist	**das**	**alles?**
이스트	다스	알래스?
~이다	그것은	모두?

158
그래?

Is	*that*	*so?* ○
Ist	**das**	**so?**
이스트	다스	소?
~이다	그것은	그런?

159
이거 괜찮니?

Is	*that*	*in*	*order?* △
Ist	**das**	**in**	**Ordnung?**
이스트	다스	인	오어드눙?
~이다	그것은	~안	질서?

160
너무했나요?

Is	*that*	*too much?* ○
Ist	**das**	**zu viel?**
이스트	다스	쭈 피일?
~이다	그것은	너무 많은?

01. 영어는 Be 동사 독일어는 Sein 동사 795 "문장"

161 저한테 장난치시는 거예요?

This	is	not	your	severity,	or? △
Das	**ist**	**nicht**	**Ihr**	**Ernst,**	**oder?**
다스	이스트	니히트	이어	에언스트,	오더?
그것은	~이다	부정	당신의	진심.	또는?

162 이게 제대로 된 표현인가요?

Is	this	the	right	expression? O
Ist	**das**	**der**	**richtige**	**Ausdruck?**
이스트	다스	데어	리히티게	아우스드룩?
~이다	그것은	그	옳은	표현?

163 확실하진 않아요.

I	am	me	not	sure. O
Ich	**bin**	**mir**	**nicht**	**sicher.**
이히	빈	미어	니히트	지히여.
나	~이다	나에게	부정	확실한.

164 나는 배고프지 않아.

I	am	not	hungry. O
Ich	**bin**	**nicht**	**hungrig.**
이히	빈	니히트	훙그리히.
나	~이다	부정	배고픈.

165 나는 졸리지 않아.

I	am	not	sleepy. O
Ich	**bin**	**nicht**	**schläfrig.**
이히	빈	니히트	슐래프리히.
나	~이다	부정	졸린.

166 나는 바보가 아니에요.

I	am	no	idiot. △
Ich	**bin**	**kein**	**Idiot.**
이히	빈	카인	이디오트.
나	~이다	부정	바보.

167 저는 나쁜 사람이 아니에요.

I	am	no	bad	human. △
Ich	**bin**	**kein**	**schlechter**	**Mensch.**
이히	빈	카인	슐레히터	맨쉬.
나	~이다	부정	나쁜	사람.

168 그는 내 남자친구가 아니에요.

He	is	not	my	boyfriend. O
Er	**ist**	**nicht**	**mein**	**Freund.**
에어	이스트	니히트	마인	프로인트.
그	~이다	부정	나의	남자친구.

169
그녀는 여기에 없어요.

She	is	not	here. O
Sie	**ist**	**nicht**	**hier.**
지	이스트	니히트	히어.
그녀	~이다	부정	여기.

170
너답지 않은걸.

This	are	you	not. X
Das	**bist**	**du**	**nicht.**
다스	비스트	두	니히트.
그것은	~이다	너	부정.

171
이건 내 잘못이 아니에요.

This	is	not	my	fault. O
Das	**ist**	**nicht**	**mein**	**Fehler.**
다스	이스트	니히트	마인	페엘러.
그것은	~이다	부정	나의	잘못.

172
그건 좋지 않아요.

This	is	not	good. O
Das	**ist**	**nicht**	**gut.**
다스	이스트	니히트	구트.
그것은	~이다	부정	좋은.

173
꾸며낸 이야기가 아니에요.

This	is	no	nonsense. △
Das	**ist**	**kein**	**Quatsch.**
다스	이스트	카인	크밧ᵛ취.
그것은	~이다	부정	헛소리.

174
그건 좋은 생각이 아니에요.

This	is	no	good	idea. △
Das	**ist**	**keine**	**gute**	**Idee.**
다스	이스트	카이네	구테	이데에.
그것은	~이다	부정	좋은	아이디어.

175
그게 중요한 게 아니에요.

This	is	no	the problem. △
Das	**ist**	**nicht**	**das Problem.**
다스	이스트	니히트	다스 프로블램.
그것은	~이다	부정	그 문제.

176
늦지 마.

Be	not	late. X
Sei	**nicht**	**spät.**
자이	니히트	슈패트.
~이어라	부정	늦은.

01. 영어는 Be 동사 독일어는 Sein 동사 795 "문장"

177 화내지 마.

Be	*not*	*angry.* X
Sei	**nicht**	**böse.**
자이	니히트	뵈제.
~이어라	부정	화내는.

178 무례하게 굴지 마.

Be	*not*	*rude.* X
Sei	**nicht**	**unhöflich.**
자이	니히트	운회플리히.
~이어라	부정	무례한.

179 바보같이 굴지 마.

Be	*not*	*silly.* X
Sei	**nicht**	**dumm.**
자이	니히트	둠.
~이어라	부정	멍청한.

180 그러지 마.

Be	*not*	*like that.* X
Sei	**nicht**	**so.**
자이	니히트	소.
~이어라	부정	그렇게.

181 부끄러워하지 마세요.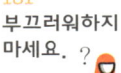

Be	*you*	*not*	*shy.* X
Seien	**Sie**	**nicht**	**schüchtern.**
자이엔	지	니히트	쉬히턴.
~이어라	당신	부정	부끄러운.

182 긴장하지 마세요.

Be	*you*	*not*	*nervous.* X
Seien	**Sie**	**nicht**	**nervös.**
자이엔	지	니히트	네어뵈스.
~이어라	당신	부정	긴장하는.

183 밑져야 본전이지.

It	*gives*	*nothing*	*to lose.* X
Es	**gibt**	**nichts**	**zu verlieren.**
에스	깁트	니히츠	쭈 페어리어렌.
그것은	주다	0개를	잃을 것.

184 아주 많은 것들이 있어요.

It	*are*	*too*	*many*	*things.* X
Es	**sind**	**zu**	**viele**	**Dinge.**
에스	진트	쭈	피일래	딩에.
그것은	~이다	너무	많은	것들.

185
사람들이
아주 많이
있어요.

It	*are*	*too*	*many*	*people.* X
Es	**sind**	**zu**	**viele**	**Menschen.**
에스	진트	쭈	피ᵛ일래	맨쉔.
그것은	~이다	너무	많은	사람들.

186
무슨 문제
있어요?

Gives	*it*	*problems?* X
Gibt	**es**	**Probleme?**
깁트	에스	프ᵛ로블래매?
주다	그것은	문제들을?

187
다른 색도
있나요?

Gives	*it*	*other*	*colors?* X
Gibt	**es**	**andere**	**Farbe?**
깁트	에스	안더레	파ᵛ아베?
주다	그것은	다른	색을?

188
문제없어요.

It	*gives*	*no*	*problem.* X
Es	**gibt**	**kein**	**Problem.**
에스	깁트	카인	프ᵛ로블램.
그것은	주다	부정	문제.

189
다른 방법이
없어요.

It	*gives*	*no*	*other way.* X
Es	**gibt**	**keinen**	**anderen Weg.**
에스	깁트	카이낸	안더렌 벡ᵛ.
그것은	주다	부정	다른 길.

190
의심의
여지가
없어요.

It	*gives*	*no*	*doubt.* X
Es	**gibt**	**keinen**	**Zweifel.**
에스	깁트	카이낸	쯔바ᵛ이펠ᵛ.
그것은	주다	부정	의심.

Chapter

02

명사의 성·수·격을 따른다!
관사

29개의 독일어 관사 :
정관사 16개, 부정관사 12개, 그리고 무관사

Ein Mann
한 남자

02. 명사의 성·수·격을 따른다! 관사
독일어의 특성1 '성·수 구분'

독일어에서 말하는 '성·수'란 뭘까요? 우선 '수'부터 살펴보겠습니다.
'수'는 명사의 **단수형**과 **복수형**을 이야기합니다.
영어에서 복수형을 만들기란 쉽습니다. 보통 단수형 뒤에 's'를 붙여주죠.

    book   book**s**

하지만 독일어의 복수형은 좀 더 복잡합니다.

    Buch   B**ü**ch**er**

뒷부분에 **er, en** 등 어미를 붙여 준다거나,
모음 **A**나 **U** 따위에 움라우트를 붙여서 복수 형태를 만들어 줍니다.
결국, 단어를 암기할 때 복수도 함께 암기해버려야 한다는 이야기입니다.

이번엔 '성'에 대해 배워보겠습니다.
'성'이란 쉽게 말하자면 명사 내부의 팀입니다.
독일어에는 수많은 명사들이 있지만,
이 모든 명사는 **남성팀**, **여성팀**, **중성팀** 중
하나에 속해 있습니다.

TIP 명사의 복수형 만들기

독일어 명사의 단수형과 복수형은 매우 불규칙적입니다. 어디로 튈지 모른다고나 할까요?

- der Stuhl, die St**ü**hl**e**   : 그 의자, 그 의자들
- das Haus, die H**ä**us**er**   : 그 집, 그 집들
- die Blume, die Blume**n**   : 그 꽃, 그 꽃들

하지만 이렇게 불규칙한 독일어의 명사의 단수형과 복수형도 가만히 들여다보면
어느 정도의 규칙이 있습니다.

아빠, 삼촌, 할아버지 등이 남성팀으로 구분되는 것은 당연합니다.
엄마, 이모, 할머니 등이 여성팀인 것도 당연합니다.
그런데 놀라운 것은 책상이나 연필 등의 명사들도 팀에 속해 있다는 것입니다.
팀에 속해있지 않은, 다시 말해 성을 구분하지 않는 명사는 하나도 없습니다.

Vater [파터]
남성명사 : 아버지

Mutter [뭍터]
여성명사 : 어머니

Kind [킨트]
중성명사 : 아이, 어린이

Bleistift [블라이슈티프트]
남성명사 : 연필

Tür [튀어]
여성명사 : 문

Fenster [펜스터]
중성명사 : 창문

TIP 명사의 모양을 보면 성을 구분할 수 있을까?

명사의 성은 우선 모조리 외워야 하는 것입니다. 하지만 말처럼 쉽지는 않죠.
그래서 준비했습니다. 모양만 딱 보고 남성, 여성, 중성명사를 구분하는 팁 6가지!

1 'ge-'로 시작하면 60% 이상은 중성명사
- Ge**schäft** [게쉐프트]   : 상점
- Ge**schlecht** [게슐래히트] : 성 (gender)

2 '-er'로 끝나면 70% 이상은 남성명사
- Koff**er** [코퍼]   : 트렁크, 여행용 가방
- Vat**er** [파터]   : 아버지
- Brud**er** [브루더] : 남자 형제

3 '-ee'로 끝나면 80% 이상은 남성명사
- Schn**ee** [슈내에] : 눈 (날씨)
- Kaff**ee** [카페에] : 카페

4 '-sion', '-tion', '-ion'로 끝나면 100% 여성명사
- Na**tion** [나치온]   : 국가
- Lek**tion** [을랙찌온] : 강의, 섹션

5 '-ung'로 끝나면 90% 여성명사
- Üb**ung** [위붕]   : 연습, 훈련

6 '-e'로 끝나면 70% 여성명사
- Klass**e** [클라쎄] : 학년, 반

단어를 외울 때 성도 같이 외워요!

독일어의 특성1 '성·수 구분'

명사의 의미를 보면 성을 구분할 수 있을까?

정답은 '아니오' 입니다.

남성명사를 아무리 열심히 들여다봐도 남성인 이유를 발견하기 어렵습니다.
여성명사도 마찬가지고요. 명사 대부분이 그렇습니다.
그래서 남성명사는 남성형 관사와 함께, 여성명사는 여성형 관사와 함께
통째로 외워버리는 것이 가장 좋습니다.

그러나 간혹 약간의 경향성을 갖는 명사들이 있어서 아래에 소개합니다.

1. 남자들은 남성, 여자들은 여성

너무 당연합니다.
아빠·할아버지·삼촌은 남성이고, 엄마, 할머니, 이모는 여성인 식이죠.
한 가지 기억해야 할 예외가 있다면 '소녀'라는 명사가 중성이라는 점입니다.

2. 시간에 관한 표현은 대부분 남성

봄, 여름, 가을, 겨울과 같이 사계절을 나타내는 명사들,
1월, 2월, 3월과 같이 12달을 나타내는 명사들,
월, 화, 수, 목과 같이 요일 나타내는 명사들 모두 남성입니다.
오전, 오후, 저녁을 나타내는 명사들 역시 남성입니다.
하지만 밤은 여성이고, 시와 분도 여성명사입니다.

3. 술의 종류는 모두 남성

술은 남성들만 마셔야 한다고 생각했던 걸까요?
재미있는 것은 술의 종류 중에서 맥주만은 남성이 아닌 중성이라는 것입니다.
물이 중성이기 때문에 맥주와 물 모두 중성인 셈인데요,
아마도 맥주를 물처럼 마시기 때문이겠죠.

Chapter 02

4. 모든 직업에는 남성형도 있고 여성형도 있다.

마치 영어의 '웨이터'와 '웨이트리스'처럼 말이죠.
'엑터'와 '엑트리스'도 있군요.
영어에서는 몇 개의 직업만이 이처럼 나뉘어 있습니다.
하지만 독일어에서는 모든 직업에 대해 남성형 이름과 여성형 이름이 있습니다.

5. 두 개의 명사가 합쳐진 명사는 뒤에 있는 명사의 성을 따른다.

이를 복합명사라고 하는데요,
복합명사에는 명사가 둘이기 때문에,
헷갈리지 않도록 마지막 명사의 성을 따르기로 정해져 있습니다.
예를 들어 '전화+번호'라는 명사가 있다면 이 중 '번호'의 성을 따르는 식이죠.

명사 전화 / 명사 번호 — 뒤에 오는 명사의 생결을 따른다!

6. 새로 발견된 명사는 중성

명사의 성은 오래전부터 전해 내려온 일종의 전통과 같은 것입니다.
누가 정했는지도, 왜 그렇게 정했는지도 알 수 없죠.
그래서 현대에 새로 등장한 명사는 대부분 중성입니다.
예를 들어 금, 은, 동, 철과 같은 성분들,
그리고 외래어와 신조어들도 대부분 중성으로 정해집니다.

7. 동사를 변형해 만든 명사는 중성

'먹다'가 동사라면 '먹기'는 명사입니다.
이런 식으로 만들어지는 명사는 모두 중성입니다.
일종의 '발견된 명사'이기 때문이죠.

02. 명사의 성·수·격을 따른다! 관사
독일어의 특성2 '격 표시'

명사의 성 · 수 구분은 유럽어에 공통으로 등장하는 개념입니다.
그런데 독일어에는 추가로 '명사의 격 표시'라는 개념이 등장합니다.
명사는 문장에 참 많이 쓰이는데, '격 표시'는 문장 내에서 어떤 역할을 할까요?
'나'라는 명사로 예를 들어보겠습니다.

나는	1격 [주격]
나의	2격 [소유격]
나에게	3격 [간접목적격]
나를	4격 [목적격]

위 4가지 '격 표시'를 통해, 명사는 문장 속에서 역할을 갖게 됩니다.
다시 말해 '격'이란 명사의 쓰임새입니다.
어떤가요? 어려울 것 없죠?
이번에는 감자를 예로 들어보겠습니다.

감자는	1격 [주격]
감자의	2격 [소유격]
감자에게	3격 [간접목적격]
감자를	4격 [목적격]

TIP 1격은 항상 Be + 명사다

Be 동사를 사용하는 경우 Be 동사 앞뒤의 명사는 결국 동격이기 때문입니다.

나는 경찰이야.
나 = 경찰
1격   1격

이렇게 해서 우리는 성·수 구분과 격 표시를 모두 배웠습니다.
이번에는 이들의 조합이 만들어내는 '경우의 수'에 대해 생각해 보겠습니다.
성·수 구분도 4가지이고, 격 표시도 4가지입니다.
따라서 문장 속에 사용된 명사에는 16가지 종류가 있습니다.

TIP 문장이 아닐 땐 몇 격?

실제로 언어를 사용할 땐 꼭 완성된 문장만을 사용하게 되지는 않습니다.

이렇게 명사가 포함된 구에서는 몇 격을 사용해야 할까요?
이럴 땐 정확한 격을 알 수 없으므로 1격으로 표시합니다.

그런데 다음과 같이 격을 알 수 있는 경우도 있습니다.

    A: 저 차를 훔치자.
    B: <u>저 차</u>?

85

독일어의 특성2 '격 표시'

성·수 구분과 격 표시에 따라 달라지는 모든 것

1. 명사 자신의 형태가 변화합니다.

명사가 2격으로 쓰였을 때, 3격 복수로 쓰였을 때 다음과 같이 달라집니다.

명사 2격	복수 3격
des Mann**es** (남성 2격)	den Kind**ern**
des Kind**es** (중성 2격)	den Freund**en**
* 여성 2격은 명사 변화 없음	* 단어의 끝이 n인 경우 변화 없음

2. 명사의 성·수 구분에 따라 명사에 붙여주는 관사도 여러 가지입니다.

관사란 영어로 예를 들면 the와 a를 말하는데요,
특정한 사람이나 사물을 지칭하는 the에 해당하는 독일어는
성, 수에 따라 다음과 같이 나뉩니다.

 남성 단수 *der* [데어]
 여성 단수 *die* [디]
 중성 단수 *das* [다스]
 복수 *die* [디]

3. 명사의 격에 따라 명사에 붙여주는 관사와 형용사도 여러 가지입니다.

형용사에 대해서는 이 책의 후반부에 다루기로 했으니
우선 관사에 대해 살펴보겠습니다.
관사란 영어로 예를 들면 the와 a를 말하는데요.
the에 해당하는 독일어에는 다음과 같이 격을 표시해줍니다.

1격 남성 단수 *der* [데어]
2격 남성 단수 *des* [데스]
3격 남성 단수 *dem* [뎀]
4격 남성 단수 *den* [덴]

예를 들어 하나의 문장 안에 4개의 명사가 있다면 다음과 같은 일이 생길 수 있습니다.

<u>그 남자는</u> <u>그 남자의</u> <u>그 친구에게</u> <u>그 사과를</u> 주었다.
　1격　　　　2격　　　　3격　　　　4격

<u>Der Mann des Mannes gibt dem Freund den Apfel.</u>
[데어 만 데스 만네스 깁트 뎀 프로인트 덴 앞펠]

* 마침 하나의 문장 안에 4개의 명사가 있고, 마침 4개 명사의 성은 모두 남성이지만, 마침 4개 명사의 격은 모두 서로 다르고, 마침 모든 명사에 정관사가 필요한 문장.

Chapter 02

4. 명사의 성·수 구분에 따라 명사에 붙여주는 형용사도 여러 가지입니다.

모든 형용사가 그렇다는 것은 아닙니다.
1단원에서 배운 형용사들처럼 Sein 동사 뒤에 붙는 형용사들은
다음과 같이 형용사의 원형을 사용하면 됩니다.

나는 키가 작아.   주어 동사 형용사
                 Ich   bin   klein   ← 원형

하지만 형용사는 명사의 바로 옆에서 명사를 꾸미는 역할도 합니다.
이때 형용사는 명사의 성·수에 따라 여러 가지로 변화합니다

나는 작은 아이야.   주어 동사 관사+형용사   명사
                  Ich   bin   ein kleines   Kind
                              ↳ 44가지 변형

이와 같이 명사를 꾸미는 형용사는 매우 복잡하기 때문에
이 책의 후반부에 배우도록 하겠습니다.

5. 몇몇 동사들은 의미상 1격 명사와 어울리는데도
무조건 3격 명사(3격 관사)를 사용합니다.
몇몇 동사들은 의미상 4격 명사와 어울리는데도
무조건 3격 명사(3격 관사)를 사용합니다.
이 책에서는 이들 두 내용 중 두 번째 내용만 다룰 예정입니다.

6. 전치사는 항상 명사 앞에 사용됩니다. 그 사이에 종종 관사나 형용사도 들어가게 되죠.
그런데 이때 각각의 전치사마다 3격 관사와 사용될지,
4격 관사와 사용될지가 이미 정해져 있습니다.
다시 말해, 어떤 전치사는 3격 관사와 사용되어야 하고,
어떤 전치사는 4격 관사와 사용되어야 하는 것이죠.
몇몇 전치사는 관사가 3격이냐, 4격이냐에 따라 전치사의 의미가 달라집니다.

집 안에   집으로
전치사 관사 명사   전치사 관사 명사
 in   dem   Haus   in   das   Haus

02. 명사의 성·수·격을 따른다! 관사
영어는 The, 독일어는?

특정한 것에 붙는 관사

앞서 배웠듯이 영어의 명사에는 성이 없지만,
독일어의 명사에는 3개의 성이 있습니다.
따라서 성에 따라 다음과 같이 조금씩 변화된 관사를 사용합니다.
그리고 복수의 경우에도 별도의 관사를 사용합니다.
이렇게 정관사는 4가지로 나뉘고 다시 한 번 격을 기준으로 4개로 나누어집니다.
다시 말해 16개의 정관사가 생기는 것입니다.

the 정관사: 특정한 사람 / 사물을 지칭할 때

	남성 단수	여성 단수	중성 단수	복수
1격 주격	*der* [데어] *der Vater* 그 아버지는	*die* [디] *die Mutter* 그 어머니는	*das* [다스] *das Kind* 그 어린이는	*die* [디] *die Kinder* 그 어린이들은
2격 소유격	*des* [데스] *des Vaters* 그 아버지의	*der* [데어] *der Mutter* 그 어머니의	*des* [데스] *des Kindes* 그 어린이의	*der* [데어] *der Kinder* 그 어린이들의
3격 간접목적격	*dem* [뎀] *dem Vater* 그 아버지에게	*der* [데어] *der Mutter* 그 어머니에게	*dem* [뎀] *dem Kind* 그 어린이에게	*den* [덴] *den Kindern* 그 어린이들에게
4격 목적격	*den* [덴] *den Vater* 그 아버지를	*die* [디] *die Mutter* 그 어머니를	*das* [다스] *das Kind* 그 어린이를	*die* [디] *die Kinder* 그 어린이들을

독일어 관사의 장점

독일어의 정관사는 무려 16개입니다.
이렇게 정관사가 많으면 머리도 복잡하고 외우기도 힘든 것은 당연합니다.
그런데 혹시 장점도 있을까요?

당연히 있습니다.
어떤 문장이든 관사만 보면 어느 단어가 주어이고 어느 단어가 목적어인지
쉽게 구분할 수 있다는 장점이죠. 관사가 명사의 예고편 역할을 해 주는 셈이네요.
역시 세상일에는 다 양면이 있기 마련이죠?

더 알아봅시다

TIP 가산명사, 불가산명사

'셀 수 있는 것'이란 문법 용어로 '가산명사'라고도 합니다.
다음 예시를 보면서 가산명사와 불가산명사의 차이를 느껴보세요.

- 가산명사 : 사람, 책, 연필
- 불가산명사 : 물, 공기, 음식, 사랑, 추위

TIP 독일어의 복합명사

우리말의 합성어처럼,
독일어에도 두 개 이상의 명사가 합쳐져 한 단어로 되는 것들이 있습니다.
이를 '복합명사'라고 부르는데요,
이 경우 가장 마지막에 붙는 단어의 성이 복합명사의 성이 됩니다.

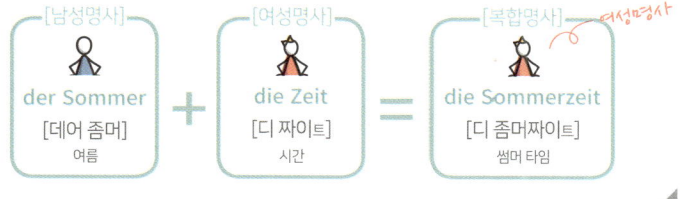

02. 명사의 성·수·격을 따른다! 관사
영어는 A, 독일어는?

불특정한 것에 붙는 관사

영어에서는 **'아무거나 하나'**를 뜻할 때, 명사 앞에 **부정관사** a(an)가 붙지요?
독일어도 마찬가지입니다.
하지만 앞에서 배웠듯이 명사에는 남성, 여성, 중성이 있으므로
명사의 성별과 수에 따라 관사를 다르게 붙인답니다.

따라서 단어를 익힐 때 관사와 함께 성별을 무조건 통째로 외우는 것이
가장 간단한 방법입니다. 정관사가 16개 세트인 반면 부정관사는 12종 세트입니다.
왜 그럴까요? **복수의 경우는 부정관사 없이 무관사**로 사용되기 때문입니다.

a 부정관사: 아무거나 / 일반적인 것을 지칭할 때

	남성 단수	여성 단수	중성 단수
1격 주격	**ein** [아인] ein Vater 한 아버지는	**eine** [아이내] eine Mutter 한 어머니는	**ein** [아인] ein Kind 한 어린이는
2격 소유격	**eines** [아이내스] eines Vaters 한 아버지의	**einer** [아이너] einer Mutter 한 어머니의	**eines** [아이내스] eines Kindes 한 어린이의
3격 간접목적격	**einem** [아이냄] einem Vater 한 아버지에게	**einer** [아이너] einer Mutter 한 어머니에게	**einem** [아이냄] einem Kind 한 어린이에게
4격 목적격	**einen** [아이낸] einen Vater 한 아버지를	**eine** [아이내] eine Mutter 한 어머니를	**ein** [아인] ein Kind 한 어린이를

독일어의 관사는 28개, 관사가 없는 경우도 있으니 경우의 수는 29개군요.
29개의 경우의 수 중에서 하나를 선택해야 합니다.
이 과정은 3단계로 나눌 수 있는데요,
연습 삼아 한 단계씩 함께 따라가 보도록 하겠습니다.

관사-성수-격

❸ ~는이라고 했으니 1격이군요.

❷ 남자는 남성명사예요, 남성 관사 중에서 골라야겠네요.

정관사

	1격	2격	3격	4격
♂	*der* [데어]	*des* [데스]	*dem* [뎀]	*den* [덴]
♀	*die* [디]	*der* [데어]	*der* [데어]	*die* [디]
◇	*das* [다스]	*des* [데스]	*dem* [뎀]	*das* [다스]
♂♀	*die* [디]	*der* [데어]	*den* [덴]	*die* [디]

그 남자 는
❶ ❷ ❸

❶ '한' 남자가 아니라, '그' 남자로군요. 그럼 일단 위로 이동!

부정관사

	1격	2격	3격	4격
♂	*ein* [아인]	*eines* [아이내스]	*einem* [아이냄]	*einen* [아이낸]
♀	*eine* [아이내]	*einer* [아이너]	*einer* [아이너]	*eine* [아이내]
◇	*ein* [아인]	*eines* [아이내스]	*einem* [아이냄]	*ein* [아인]

02. 명사의 성·수·격을 따른다! 관사
형용사의 변형

명사에 맞추어 변한다

독일어의 형용사에는 원형과 변형이 있습니다.
어떤 경우에 원형을, 어떤 경우에 변형을 사용하게 될까요?
우리말로 예를 들어보겠습니다. '예쁜'은 형용사로 다음 두 방식으로 사용됩니다.

그녀는 <u>예쁘다</u>. 　　**예쁜**　　<u>예쁜</u> 여자
명사를 서술　　　　형용사　　　명사를 수식
(주어와 동격)

서술로 사용되는 형용사는 간단하게 원형을 사용합니다.
하지만 명사를 수식하는 경우 형용사는 명사에 맞춰 변화합니다.

▶ 그녀는 아름답다.

주어	동사	형용사 (원형)
sie	**ist**	**schön**
[지]	[이스트]	[쉔]

▶ 아름다운 여자

관사	형용사 (변형)	명사
eine	**schöne**	**Frau**
[아이내]	[쇠내]	[프f라우]

형용사의 역할은 두 가지!!

변형이라고 해 봐야 끝에 e가 하나 붙었을 뿐입니다. 간단하죠?
여러 가지 변형이 있기는 하지만 그대로 모두 규칙적으로,
그리고 간단히 변형될 뿐입니다.
그런데 문제는 이 변형의 숫자가 44가지나 된다는 것입니다.

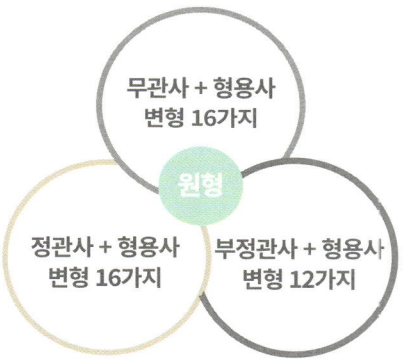

| 형용사의 44변형 |

형용사의 변형 수가 너무 많아 당혹스러운 분들이 많을 것입니다.
이미 관사에서 설명해 드렸듯이 이러한 규칙을 부담스러워하실 필요 없습니다.
게다가 형용사의 변화는 다들 한 끗 차이로 매우 미세합니다.

더 알아봅시다

TIP 명사의 변화

관사, 형용사와 마찬가지로 명사 역시 문장에서 어떤 역할을 맡고 있느냐에 따라
모양이 바뀝니다. 다만 이 변형은 다음의 단 한 가지 경우에 일어납니다.

- 복수형 3격일 땐 뒤에 항상 '-n'
  Kinder - Kindern

- 만약 명사 자체가 '-n'으로 끝나면 변하지 않습니다.
  Mann - Mann

형용사의 변형

정관사 + 형용사 변화

관사와 형용사에 관한 모든 문제는 '명사'로부터 시작합니다.
아래의 예시는 Mann이 남성이기 때문에
이에 맞는 관사와 형용사가 사용되었다는 것을 나타냅니다.
관사와 형용사는 명사의 성·수 구분과 격 표시에 맞추어 하나의 set처럼 변화합니다.

정관사+형용사+명사: 정관사 강변화 / 형용사 약변화

	남성 명사	여성 명사	중성 명사	복수 명사
1격 주격	*der gut*e *Mann*	*die gut*e *Frau*	*das gut*e *Kind*	*die gut*en *Kinder*
	그 좋은 남자는	그 좋은 여자는	그 좋은 아이는	그 좋은 아이들은
2격 소유격	*des gut*en *Mannes*	*der gut*en *Frau*	*des gut*en *Kindes*	*der gut*en *Kinder*
	그 좋은 남자의	그 좋은 여자의	그 좋은 아이의	그 좋은 아이들의
3격 간접목적격	*dem gut*en *Mann*	*der gut*en *Frau*	*dem gut*en *Kind*	*den gut*en *Kindern*
	그 좋은 남자에게	그 좋은 여자에게	그 좋은 아이에게	그 좋은 아이들에게
4격 목적격	*den gut*en *Mann*	*die gut*e *Frau*	*das gut*e *Kind*	*die gut*en *Kinder*
	그 좋은 남자를	그 좋은 여자를	그 좋은 아이를	그 좋은 아이들을

Chapter 02

부정관사 + 형용사 변화

한   좋은   남자
ein   guter   *Mann*
남성용 관사   남성용 형용사   남성 명사

부정관사 + 형용사 + 명사: 부정관사 강변화 / 형용사 약변화

	남성 명사	여성 명사	중성 명사
1격 주격	*ein gut*er **Mann**	*eine gut*e **Frau**	*ein gut*es **Kind**
	한 좋은 남자는	한 좋은 여자는	한 좋은 아이는
2격 소유격	*eines gut*en **Mannes**	*einer gut*en **Frau**	*eines gut*en **Kindes**
	한 좋은 남자의	한 좋은 여자의	한 좋은 아이의
3격 간접목적격	*einem gut*en **Mann**	*einer gut*en **Frau**	*einem gut*en **Kind**
	한 좋은 남자에게	한 좋은 여자에게	한 좋은 아이에게
4격 목적격	*einen gut*en **Mann**	*eine gut*e **Frau**	*ein gut*es **Kind**
	한 좋은 남자를	한 좋은 여자를	한 좋은 아이를

발음도우미

- **Mann** [만]
- **Frau** [프라우]
- **Kind** [킨트]
- **Kinder** [킨더]
- **gut** [구트]
- **gute** [구테]
- **guten** [구텐]
- **guter** [구터]
- **gutes** [구테스]

95

02. 명사의 성·수·격을 따른다! 관사

728 "패턴"

그 고양이는 못생겼다. 69

the	cat	is	ugly.
Die	**Katze**	**ist**	**hässlich**.
디	캇쩨	이스트	해쓸리히.
그	고양이는	~이다	못생긴.

süß
쒸쓰
귀여운 / 단맛의
sweet

leicht
올라이히트
가벼운 / 쉬운
light

müde
뮈데
피곤한
tired

고양이는 예쁘다. 70

a	cat	is	pretty.
Eine	**Katze**	**ist**	**schön**.
아이네	캇쩨	이스트	쇤.
한	고양이는	~이다	예쁜.

unfreundlich
운프로인틀리히
불친절한
unfriendly

hübsch
휩쉬
예쁜
pretty

schnell
슈넬
빠른
fast

그 가방은 노랗다. 71

the	bag	is	yellow.
Die	**Tasche**	**ist**	**gelb**.
디	타쉐	이스트	겔브.
그	가방은	~이다	노란색인.

blau
블라우
파란색인
blue

rot
로트
빨간색인
red

schwarz
슈바아쯔
검은색인
black

가방은 비싸다. 72

a	bag	is	expensive.
Eine	**Tasche**	**ist**	**teuer**.
아이네	타쉐	이스트	토이어.
한	가방은	~이다	비싼.

klein
클라인
작은 / 키가 작은
small

billig
빌리히
값싼
cheap

schön
쇤
아름다운
beautiful

개는 귀엽다. 73

a	dog	is	cute.
Ein	**Hund**	**ist**	**süß**.
아인	훈트	이스트	쒸쓰.
한	개는	~이다	귀여운.

freundlich
프로인틀리히
친절한

friendly

braun
브라운
갈색인

brown

glücklich
글뤽클리히
행복한

happy

TIP 'freundlich'를 사람에 쓰면 '친절한'이라는 뜻이지만 동물에게 쓰면 '착한, 온순한, 사람을 잘 따르는' 등의 뜻이 됩니다.

그 개는 작지 않다. 74

the	dog	is	not	small.
Der	**Hund**	**ist**	**nicht**	**klein**.
데어	훈트	이스트	니히트	클라인.
그	개는	~이다	부정	작은.

sehr
제어
매우

very

zu
쭈
너무

too

so
소
참

so

남자는 키가 크다. 75

a	man	is	tall.
Ein	**Mann**	**ist**	**groß**.
아인	만	이스트	그로쓰.
한	남자는	~이다	키가 큰.

stark
슈타아크
강한

strong

schmutzig
슈뭇찌히
더러운

dirty

schwer
슈베어
무거운 / 어려운

heavy

그 남자는 어리지 않다. 76

the	man	is	not	young.
Der	**Mann**	**ist**	**nicht**	**jung**.
데어	만	이스트	니히트	융.
그	남자는	~이다	부정	어린.

sehr
제어
매우

very

noch
노흐
아직

still

auch
아우흐
마찬가지로

also

02. 명사의 성·수·격을 따른다! 관사   728"패턴"

그 어린이는 시끄럽다.   77

the	child	is	loud.
Das	**Kind**	**ist**	**laut**.
다스	킨트	이스트	을라우트.
그	어린이는	~이다	시끄러운.

leise		**überrascht**		**jung**	
을라이제	quiet	위버라슈트	surprised	융	young
조용한		깜짝 놀란		젊은 / 나이가 적은	

어린이는 시끄럽고 무례하다.   78

a	child	is	loud and rude.
Ein	**Kind**	**ist**	**laut und unhöflich**.
아인	킨트	이스트	을라우트 운트 운회플리히.
한	어린이는	~이다	시끄러운 그리고 무례한.

leise und höflich	**jung und aktiv**
을라이제 운트 회플리히	융 운트 악티브
조용한 그리고 공손한	젊은 / 나이가 적은 그리고 활동적인

그 창문은 두껍다.   79

the	window	is	thick.
Das	**Fenster**	**ist**	**dick**.
다스	펜스터	이스트	딕크.
그	창문은	~이다	두꺼운.

dünn		**breit**		**teuer**	
뒨	thin	브라이트	broad	토이어	expensive
얇은 / 마른		넓은		비싼	

창문은 두껍고 안전하다.   80

a	window	is	thick and safe.
Ein	**Fenster**	**ist**	**dick und sicher**.
아인	펜스터	이스트	딕크 운트 지히어.
한	창문은	~이다	두꺼운 그리고 안전한.

dünn und zerbrechlich		**dünn und billig**	
뒨 운트 쩨어브레힐리히	thin and fragile	뒨 운트 빌리히	thin and cheap
얇은 그리고 잘 깨지는		얇은 그리고 싼	

그 남자들은 힘이 세다. 81

the	men	are	strong.
Die	**Männer**	**sind**	**stark**.
디	맨너	진트	슈타아크.
그	남자들은	~이다	힘 센.

groß
그로오쓰
키가 큰 / 큰

big

alt
알트
나이가 많은 / 오래된

old

interessant
인터레싼트
재미있는

Interesting

남자들은 무겁다. 82

men	are	heavy.
Männer	**sind**	**schwer**.
맨너	진트	슈베어.
남자들은	~이다	무거운.

schnell
슈넬
빠른

fast

verrückt
페어뤽크트
미친

crazy

schmutzig
슈뭇찌히
더러운

dirty

> **TIP** 단체나 물건을 일반화시켜 말할 때에는 무관사 복수를 자주 사용합니다.

그 안경들은 안전하다. 83

the	glasses	are	safe.
Die	**Brillen**	**sind**	**sicher**.
디	브릴랜	진트	지히여.
그	안경들은	~이다	안전한.

bequem
베크벰ᵛ
편한

comfortable

billig
빌리히
값싼

cheap

hässlich
해쓸리히
못생긴

ugly

안경들은 비싸다. 84

glasses	are	expensive.
Brillen	**sind**	**teuer**.
브릴랜	진트	토이어.
안경들은	~이다	비싼.

unbequem
운베크벰ᵛ
불편한

uncomfortable

nötig
뇌티히
필요한

necessary

nützlich
늣쯜리히
유용한

useful

> **TIP** 사물이 '필요하다'는 말은 한국어로 어색하게 들리지만 독일어에서는 크게 어색하지 않은 표현입니다.
> 'Brillen sind nötig' 라는 말을 직역하여 '안경들은 필요하다'보다 '필요한 안경들'로 의역하는 게 자연스럽습니다.

02. 명사의 성·수·격을 따른다! 관사   728 "패턴"

그 큰 책상은 비싸다.   85

the	big	desk	is	expensive.
Der	**große**	**Tisch**	**ist**	**teuer.**
데어	그로쎄	티쉬	이스트	토이어.
그	큰	책상은	~이다	비싼.

| **billig**
 빌리히
 값싼 | cheap | **gut**
 구트
 좋은 | good | **schlecht**
 슐래히트
 나쁜 | bad |

그 큰 의자는 매우 비싸다.   86

the	big	stool	is	very	expensive.
Der	**große**	**Stuhl**	**ist**	**sehr**	**teuer.**
데어	그로쎄	슈투울	이스트	제어	토이어.
그	큰	의자는	~이다	매우	비싼.

| **billig**
 빌리히
 값싼 | cheap | **sicher**
 지히여
 안전한 | safe | **schön**
 쇤
 아름다운 | beautiful |

그 큰 개는 비싸지 않다.   87

the	big	dog	is	not	expensive.
Der	**große**	**Hund**	**ist**	**nicht**	**teuer.**
데어	그로쎄	훈트	이스트	니히트	토이어.
그	큰	개는	~이다	부정	비싼.

| **stark**
 슈타아크
 강한 | strong | **weiß**
 바이쓰
 흰색인 | white | **schwarz**
 슈바아쯔
 검은색인 | black |

그 큰 개는 비싸니?   88

is	the	big	dog	expensive?
Ist	**der**	**große**	**Hund**	**teuer?**
이스트	데어	그로쎄	훈트	토이어?
~이다	그	큰	개	비싼?

| **süß**
 쒸쓰
 귀여운 / 단맛의 | sweet | **stark**
 슈타아크
 강한 | strong | **freundlich**
 프로인틀리히
 친절한 | friendly |

그 작은 쥐는 빠르다. **89**

the	small	mouse	is	fast.
Die	**kleine**	**Maus**	**ist**	**schnell**.
디	클라이내	마우스	이스트	슈넬.
그	작은	쥐는	~이다	빠른.

laut
을라우트
소리가 큰
loud

niedlich
니이들리히
귀여운
cute

schmutzig
슈뭇찌히
더러운
dirty

그 작은 고양이는 참 빠르다. **90**

the	small	cat	is	so	fast.
Die	**kleine**	**Katze**	**ist**	**so**	**schnell**.
디	클라이내	캇쩨	이스트	소	슈넬.
그	작은	고양이는	~이다	참	빠른.

laut
을라우트
소리가 큰
loud

langsam
을랑잠
느린
slow

dumm
둠
어리석은
stupid

TIP so : 참, 아주 ('sehr'에는 조금 못 미치는 정도)

그 작은 고양이는 매우 상냥하다. **91**

the	small	cat	is	very	friendly.
Die	**kleine**	**Katze**	**ist**	**sehr**	**freundlich**.
디	클라이내	캇쩨	이스트	제어	프로인들리히.
그	작은	고양이는	~이다	매우	상냥한.

lieb
을리입
사랑스러운
dear

müde
뮈데
피곤한
tired

hungrig
훙그리히
배고픈
hungry

그 작은 가방은 너무 초록색이니? **92**

Is	the	small	bag	too	green?
Ist	**die**	**kleine**	**Tasche**	**zu**	**grün?**
이스트	디	클라이내	타쉐	쭈	그륀?
~이다	그	작은	가방	너무	녹색인?

schwarz
슈바ˇ아쯔
검은색인
black

klein
클라인
작은 / 키가 작은
small

groß
그로쓰
큰 / 키가 큰
big

02. 명사의 성·수·격을 따른다! 관사   728 "패턴"

그 비싼 핸드폰은 완벽하다.   93

the	expensive	phone	is	perfect.
Das	**teure**	**Handy**	**ist**	**perfekt.**
다스	토이레	핸디	이스트	페어페크트.
그	비싼	핸드폰은	~이다	완벽한.

leicht		**unnötig**		**nützlich**	
을라이히트		운뇌티히		뉫쫄리히	
가벼운 / 쉬운	light	필요 없는	unnecessary	유용한	useful

> TIP 명사에 따른 형용사 변형 시, 불규칙적으로 단어 자체가 변형되는 경우도 있습니다. 예) teuer = 비싼 -> teure = 비싼

그 비싼 집은 참 크다.   94

the	expensive	house	is	pretty	big.
Das	**teure**	**Haus**	**ist**	**ziemlich**	**groß.**
다스	토이레	하우스	이스트	찌임을리히	그로오쓰.
그	비싼	집은	~이다	꽤	큰.

hässlich		**klein**		**schmutzig**	
해쓸리히		클라인		슈뭇찌히	
볼품 없는 / 못생긴	ugly	작은 / 키가 작은	small	더러운	dirty

> TIP 한국어로 '못생긴 집'이라는 표현은 어색하지만 '볼품없는 집'으로 의역할 수 있습니다.

그 비싼 핸드폰은 더 작다.   95

the	expensive	phone	is	smaller.
Das	**teure**	**Handy**	**ist**	**kleiner.**
다스	토이레	핸디	이스트	클라이너.
그	비싼	핸드폰은	~이다	더 작은.

leichter		**schneller**		**sicherer**	
을라이히터		슈낼러		지히여러	
더 가벼운 / 더 쉬운	lighter	더 빠른	quicker	더 안전한	safer

그 비싼 집은 더 예쁘다.   96

the	expensive	house	is	prettier.
Das	**teure**	**Haus**	**ist**	**schöner.**
다스	토이레	하우스	이스트	쇠너.
그	비싼	집은	~이다	더 예쁜.

größer		**besser**		**schlechter**	
그뢰써		베써		슐래히터	
더 큰	bigger	더 좋은	better	더 나쁜	worse

그 좋은 안경들은 비싸다. 97

the	good	glasses	are	expensive.
Die	**guten**	**Brillen**	**sind**	**teuer.**
디	구텐	브릴랜	진트	토이어.
그	좋은	안경들 👫 은	~이다	비싼.

Handys
핸디스
핸드폰들 👫
cell phones

Häuser
호이저
집들 👫
houses

Taschen
타쉔
가방들 👫

bags

TIP 다음은 흔히 볼 수 있는 복수 명사의 변형 패턴들이니 잘 익혀 둡시다.

그 작은 아파트들은 불편하다. 98

the	small	apartments	are	uncomfortable.
Die	**kleinen**	**Wohnungen**	**sind**	**unbequem.**
디	클라이낸	보ᵛ오눙엔	진트	운베크뱀ᵛ.
그	작은	아파트들 👫 은	~이다	불편한.

Häuser
호이저
집들 👫
houses

Stühle
슈튀올래
의자들 👫
chairs

Tische
티쉐
책상들 👫

tables

그 귀여운 어린이들은 작다. 99

the	cute	children	are	short.
Die	**süßen**	**Kinder**	**sind**	**klein.**
디	쒸쎈	킨더	진트	클라인.
그	귀여운	어린이들 👫 은	~이다	작은.

Eichhörnchen
아이히회언히엔
다람쥐들 👫

squirrels

Jungen
융엔
소년들 👫

boys

Mädchen
매드히엔
소녀들 👫

girls

그 한국 여자들은 친절하니? 100

are	the	Korean	women	friendly?
Sind	**die**	**koreanischen**	**Frauen**	**freundlich?**
진트	디	코레아니쉔	프라우엔	프로인틀리히?
~이다	그	한국적인	여자들 👫	친절한?

Männer
맨너
남자들 👫

men

Kellner
켈너
웨이터들 👫

waiters

Menschen
맨쉔
사람들 👫

people

02. 명사의 성·수·격을 따른다! 관사

728 "패턴"

그는 활동적인 소년이다. 101

he	is	a	active	boy.
Er	**ist**	**ein**	**aktiver**	**Junge.**
에어	이스트	아인	악티퍼	융에.
그는	~이다	한	활동적인	소년.

kleiner 클라이너 키가 작은 / 작은 small

guter 구터 좋은 good

großer 그로오쎄 키가 큰 / 큰 tall

그녀는 재미있는 여자다. 102

she	is	a	funny	woman.
Sie	**ist**	**eine**	**lustige**	**Frau.**
지	이스트	아이네	을루스티게	프라우.
그녀는	~이다	한	재미있는	여자.

erwachsene 에어바ㅎ세네 성장한 grown

arme 아아메 가난한 / 불쌍한 poor

weise 바이제 현명한 wise

그는 상냥한 아버지다. 103

he	is	a	kind	father.
Er	**ist**	**ein**	**netter**	**Vater.**
에어	이스트	아인	넽터	파터.
그는	~이다	한	상냥한	아버지.

guter 구터 좋은 good

hübscher 휩셔 잘생긴 handsome

starker 슈타아커 강한 strong

그녀는 나이가 많은 어머니이다. 104

she	is	a	old	mother.
Sie	**ist**	**eine**	**alte**	**Mutter.**
지	이스트	아이네	알테	뭍터.
그녀는	~이다	한	나이가 많은	어머니.

junge 융에 어린 young

traurige 트라우리게 슬픈 sad

glückliche 글뤽클리히에 기쁜 happy

너는 좋은 부인이니? 105

are	you	a	good	woman?
Bist	**du**	**eine**	**gute**	**Frau**?
비스트	두	아이내	구테	프라우?
~이다	너는	한	좋은	부인 ♀ ?

Tochter
토흐터
딸 ♀

daughter

Lehrerin
을래에러린
여자 선생님 ♀

teacher

Schülerin
쉴러린
여자 학생 ♀

student

저는 좋은 남편이에요? 106

am	I	a	good	man?
Bin	**ich**	**ein**	**guter**	**Mann**?
빈	이히	아인	구터	만?
~이다	나는	한	좋은	남편 ♂ ?

Sohn
조온
아들 ♂

son

Lehrer
을래에러
선생님 ♂

teacher

Schüler
쉴러
학생 ♂

student

그녀는 좋은 고모니? 107

is	she	a	good	aunt?
Ist	**sie**	**eine**	**gute**	**Tante**?
이스트	지	아이내	구테	탄테?
~이다	그녀는	한	좋은	고모 ♀ ?

Schwester
슈베V스터
여자 형제 ♀

sister

Nachbarin
나흐바린
여자 이웃 ♀

neighbor

Kollegin
콜래긴
여자 동료 ♀

colleague

TIP 독일어의 가족 명칭은 한국어보다 포괄적이며, 영어와 비슷합니다.

그는 좋은 삼촌이니? 108

is	he	a	good	uncle?
Ist	**er**	**ein**	**guter**	**Onkel**?
이스트	에어	아인	구터	옹켈?
~이다	그는	한	좋은	삼촌 ♂ .

Bruder
브루더
남자 형제 ♂

brother

Nachbar
나흐바
이웃 ♂

neighbor

Kollege
콜래게
동료 ♂

colleague

02. 명사의 성·수·격을 따른다! 관사

728 "패턴"

109
그는 성실한 대학생이다.

he	is	a	diligent student.
Er	**ist**	**ein**	**fleißiger Student.**
에어	이스트	아인	플라이씨거 슈투덴트.
그는	~이다	한	성실한 대학생.

berühmter Fußballspieler
베뤼음터 푸쓰발슈피일러
유명한 축구선수

guter Schüler
구터 쉴러
좋은 학생

TIP 다음은 '성(sex)'이 규칙적으로 변하는 신분 명사입니다.

110
그녀는 성실한 대학생이다.

she	is	a	diligent student.
Sie	**ist**	**eine**	**fleißige Studentin.**
지	이스트	아이내	플라이씨게 슈투덴틴.
그녀는	~이다	한	성실한 여자 대학생.

berühmte Fußballspielerin
베뤼음테 푸쓰발슈피일러린
유명한 여자 축구선수

gute Schülerin
구테 쉴러린
좋은 여자 학생

111
그는 친절한 한국인이다.

he	is	a	nice Korean.
Er	**ist**	**ein**	**netter Koreaner.**
에어	이스트	아인	넽터 코레아너.
그는	~이다	한	친절한 한국인.

junger Schüler
융어 쉴러
어린 학생

schlechter Lehrer
슐래히터 을래에러
나쁜 선생님

112
그녀는 친절한 한국인이다.

she	is	a	nice Korean.
Sie	**ist**	**eine**	**nette Koreanerin.**
지	이스트	아이내	넽테 코레아너린.
그녀는	~이다	한	친절한 여자 한국인.

junge Schülerin
융에 쉴러린
어린 여자 학생

schlechte Lehrerin
슐래히테 을래에러린
나쁜 여자 선생님

113

그는 좋은 직원이다.

he	is	a	good employee.
Er	**ist**	**ein**	**guter Angestellter.**
에어	이스트	아인	구터 안게슈텔터.
그는	~이다	한	좋은 직원.

armer Franzose
아암어 프란쪼제
가난한 프랑스인

reicher Deutscher
라이히여 도이춰
부유한 독일인

> **TIP** 다음은 '성(sex)'이 불규칙적으로 변하는 신분 명사입니다.

114

그녀는 좋은 직원이다.

she	is	a	good employee.
Sie	**ist**	**eine**	**gute Angestellte.**
지	이스트	아이네	구테 안게슈텔테.
그녀는	~이다	한	좋은 여자 직원.

arme Französin
아암에 프란쬐진
가난한 여자 프랑스인

reiche Deutsche
라이히에 도이춰
부유한 여자 독일인

115

그는 부유한 의사이다.

he	is	a	rich doctor.
Er	**ist**	**ein**	**reicher Arzt.**
에어	이스트	아인	라이히여 아쯔트.
그는	~이다	한	부자인 의사.

kompetenter Anwalt
콤페텐터 안발ᵛ트
능력 있는 변호사

plötzlicher Besucher
플뢧쯜리히여 베주허
갑작스러운 방문객

116

그녀는 부유한 의사이다.

she	is	a	rich doctor.
Sie	**ist**	**eine**	**reiche Ärztin.**
지	이스트	아이네	라이히에 애어쯔틴.
그녀는	~이다	한	부자인 여자 의사.

kompetente Anwältin
콤페텐테 안밸ᵛ틴
능력 있는 여자 변호사

plötzliche Besucherin
플뢧쯜리히에 베주허린
갑작스러운 여자 방문객

02. 명사의 성·수·격을 따른다! 관사

728 "패턴"

나는 그 아들을 사랑한다. 117

I	love	the	son.
Ich	**liebe**	**den**	**Sohn.**
이히	을리이베	덴	조온.
나는	사랑하다	그	아들 &.

Mann
만
남자 &

Schauspieler
샤우슈피일러
배우 &

Sänger
쟁어
가수 &

TIP 4격 명사들도 사용해 보세요.

나는 아버지를 사랑한다. 118

I	love	a	father.
Ich	**liebe**	**einen**	**Vater.**
이히	을리이베	아이낸	파터.
나는	사랑하다	한	아버지 &.

Fußballspieler
푸쓰발슈피일러
축구선수 &

Polizist
폴리찌스트
경찰 &

Feuerwehrmann
포이어베어만
소방관 &

나는 그 한국인을 사랑한다. 119

I	love	the	Korean.
Ich	**liebe**	**den**	**Koreaner.**
이히	을리이베	덴	코레아너.
나는	사랑하다	그	한국인 &.

Student
슈투덴트
대학생 &

Schüler
쉴러
학생 &

Chef
쉐프
요리사 / 보스 &

나는 미국인을 사랑한다. 120

I	love	an	American.
Ich	**liebe**	**einen**	**Amerikaner.**
이히	을리이베	아이낸	아매리카너.
나는	사랑하다	한	미국인 &.

Japaner
야파너
일본인 &

Kanadier
카나디어
캐나다인 &

Spanier
슈파니어
스페인인 &

121

나는 그 딸을 사랑한다.

I	love	the	daughter.
Ich	liebe	die	Tochter.
이히	을리이베	디	토흐터.
나는	사랑하다	그	딸 &.

Frau		**Schwester**		**Tante**	
프라우		슈베V스터		탄테	
여자 / 아내 &	woman	여자 형제 &	sister	이모 / 고모 &	aunt

122

나는 프랑스 여자를 사랑한다.

I	love	a	Frenchwoman.
Ich	liebe	eine	Französin.
이히	을리이베	아이내	프V란쬐진.
나는	사랑하다	한	프랑스 여자 &.

Koreanerin		**Kanadierin**		**Spanierin**	
코레아너린		카나디어린		슈파니어린	
한국인 &	Korean	캐나다인 &	Canadian	스페인인 &	Spaniard

123

나는 그 학생을 사랑한다.

I	love	the	student.
Ich	liebe	die	Schülerin.
이히	을리이베	디	쉴러린.
나는	사랑하다	그	학생 &.

Studentin		**Lehrerin**		**professorin**	
슈투덴틴		올래에러린		프로페V소어린	
여자 대학생 &	student	여자 선생님 &	teacher	여자 교수님 &	professor

124

나는 변호사를 사랑한다.

I	love	a	lawyer.
Ich	liebe	eine	Anwältin.
이히	을리이베	아이내	안밸V틴.
나는	사랑하다	한	여자 변호사 &.

Ärztin		**Patientin**		**Kellnerin**	
애어쯔틴		파치엔틴		켈너린	
여자 의사 &	doctor	여자 환자 &	patient	여자 웨이터 &	waitress

109

Chapter 03

6가지 모양의
일반동사

규칙동사와 불규칙동사
긍정문, 부정문, 의문문

Gleiche Socken,
andere Farben.
같은 양말, 다른 색깔.

03. 6가지 모양의 일반동사
Sein동사 Vs. 일반동사

지금까지 우리는 Sein 동사에 대해 공부했습니다.
이제부터는 일반동사에 대해서 알아보겠습니다.
Sein 동사는 무엇과 무엇이 '**똑같다**'는 의미입니다.
반면 **누군가의 행동을 나타낼 때**는 수백 개의 **일반동사** 중 하나를 골라 사용합니다.

영어의 일반동사는 원형과 3인칭 단수형뿐입니다.

하지만 독일어의 일반동사는 원형이 따로 있고, **주어에 따라 6가지로 변화**합니다.

동사 하나 외우기도 힘든데 7개씩 함께 외우기는 더 힘들겠죠?
하지만 다행히도 동사 변화에는 일정한 패턴이 있으므로
조금만 익숙해지면 그리 어렵게 느껴지지 않을 것입니다.

동사 변화에 대한 조언 1: 마음을 비우세요

이 단원에서 우리는 동사가 6가지로 변화하는 내용에 대해 배우고 있습니다.
하지만 사실 이 6가지 변화는 현재형에 국한된 이야기입니다.
동사에는 현재형 외에도 과거형, 과거분사형 등 여러 가지 형태가 있고,
이 형태마다 다시 주어에 따른 6가지 변화가 일어납니다.

독일어만 그런 것이 아닙니다.
영어를 제외한 다른 유럽어들 대부분 동사가 수십 가지로 변화합니다.
그러므로 이 모든 변화를 외우려 드는 것은 좋지 않습니다.
우선 현재형, 그중에서도 자주 사용되는 주어,
그중에서도 대략의 변화 스타일을 익혀두는 것 정도를 목표로 해야겠습니다.

더 알아봅시다

동사 변화에 대한 조언 2: 원형만 알아도 좋습니다

원형만 알아도 의사소통에는 문제가 없습니다.
만약 당장 독일어로 대화하고 싶다거나, 완벽한 독일어에 대한 욕심이 없다거나,
암기에 자신이 없다거나 하는 분들은
과감히 모든 동사 변형을 내려놓고 원형만 암기하셔도 좋습니다.

동사 변형이 필요해지면 그때 외우는 것도 늦지 않으니까요.
또, 이렇게 하는 편이 지쳐서 포기하는 것보다는 좋은 선택입니다.

03. 6가지 모양의 일반동사
규칙 변화 동사

일반동사는 규칙변화 동사와 불규칙변화 동사로 나뉩니다.

독일어의 모든 동사는 n으로 끝납니다.
그중 규칙적으로 변화하는 동사도 있고 아닌 동사도 있습니다.
일단 규칙동사를 배워보겠습니다.

trinken [트링켄] 마시다

Ich	trinke	트링케
Du	trinkst	트링크스트
Er / Sie / Es	trinkt	트링크트
Wir	trinken	트링켄
Ihr	trinkt	트링크트
Sie	trinken	트링켄

Ich trinke Wasser
     [트링케]

마시다 / 물

이 단원에서 우리는 '**주어 + 동사 + 목적어**'의 형식을 배웁니다.
여기서 주어는 1격이고, 목적어는 4격이 됩니다.
따라서 이 단원에서는 1격 명사와 4격 명사만 등장하게 됩니다.

| 동사 변화에 대한 조언 3: 단수형만 외우세요 |

1인칭, 2인칭, 3인칭 중에서 가장 많이 쓰이는 것은 무엇일까요?
대화에서건 글에서건 이들 셋은 거의 비슷한 비율로 사용됩니다.
그럼 단수와 복수는 어떨까요?
단수형은 복수형에 비해 몇 배 이상 자주 쓰입니다.
어차피 사용하기 위해 배우는 언어라면 자주 쓰이는 것부터
확실하게 정복하는 것이 현명한 선택 아닐까요?
또, 빈번히 사용하지 않으면 암기를 해 두어도 쉽게 잊곤 하니까 말이죠.

더 알아봅시다

| 동사 변화에 대한 조언 4: 한 걸음씩 완벽하게 |

혹시, 이 많은 동사의 이 많은 변화를 어떻게 모조리 외우냐고 생각하고 계시는가요?
그렇다면 생각하시는 것보다는 어렵지 않다고 말씀드리고 싶습니다.
물론 처음에는 어렵죠. 동사 20개 외울 때까지는 그렇습니다
하지만 그 이후에는 원형의 모양만 딱 봐도 '변형은 이렇겠구나!'하고
짐작할 수 있게 됩니다. 규칙 변화 동사들만 그런 것이 아닙니다.
불규칙 변화하는 동사들 역시 표로 정리하기는 어려운 규칙성을 느낄 수 있습니다.
대신 조건이 한 가지 있습니다.
그것은 역시 조급해하지 않고 하나씩 꼼꼼하게 외워나가는 것이겠죠?

03. 6가지 모양의 일반동사
불규칙 변화 동사

독일어의 불규칙동사 대부분은 불규칙이라 해도
규칙동사와 거의 비슷하게 변화합니다.
예를 들면 a에 ä(움라우트)가 붙어 발음과 모양새가 살짝 바뀌거나
e가 i로 바뀌는 정도에 불과하죠.
게다가 불규칙 변화를 갖는 인칭이 거의 일정해서
오히려 불규칙 변화 동사가 더 외우기 쉽다는 사람들도 있습니다.

haben [하벤] 가지고 있다

Ich	hab**e**	하베
Du	ha**st**	하스트
Er / Sie / Es	ha**t**	하트
Wir	hab**en**	하벤
Ihr	hab**t**	합트
Sie	hab**en**	하벤

여기서 좋은 소식 하나가 있습니다. 불규칙동사이든 규칙동사이든
1인칭 복수인 Wir 뒤에 붙는 동사와 3인칭 복수 중 Sie에 해당하는 동사는
항상 원형을 그대로 사용합니다.

| 동사의 불규칙 변화의 종류 |

불규칙동사들은 보통 단수 2인칭(너)과 3인칭(그, 그녀)에 해당하는 변화만
불규칙적으로 변화합니다. 그리고 불규칙동사에도 어느 정도 패턴이 있습니다.
어떤 불규칙동사는 단수 2, 3인칭에서 a가 ä로 바뀝니다.
또 어떤 불규칙동사는 단수 2, 3인칭에서 e가 i 혹은 ie로 바뀝니다.
공부하시면서 이러한 변화에 대해 눈여겨보시기를 바랍니다.

더 알아봅시다

TIP 영어의 to, 독일어의 zu

영어의 to처럼 독일어의 zu는 '어디를 향해서 간다'는 의미의 전치사입니다.
zu는 항상 3격이 활용되는 전치사입니다.

$$\text{to school} = \text{zu der Schule}$$

하지만 보통은 zu der를 줄여서 zur로 사용합니다.
학교는 여성명사였으니 남성명사일 경우는 zu+dem=zum이 되겠네요.

03. 6가지 모양의 일반동사
일반동사 부정문

두 가지 경우

부정문을 만드는 방법은 1단원에서도 이미 배운 바 있습니다.
nicht[니히트]를 이용하는 방법이었죠.
이제 부정문을 전반적으로 배워보려고 합니다.
논리가 복잡한 단원이기 때문에 천천히 여러 번 읽으셔야 합니다.

자, 이제 시작해볼까요?
nicht[니히트]의 기본 위치는 다음 두 곳입니다.

1 다음과 같이 **형용사**가 사용된 문장에선 Sein동사 뒤에 둡니다.

▶ 나는 행복하지 않아. [이히 빈 니히트 글뤽클리히]

주어	sein 동사		형용사
Ich	bin	nicht	glücklich

2 다음과 같이 **정관사**가 사용된 문장에선 문장 뒤에 둡니다.

▶ 나는 그 돈이 없어. [이히 하베 다스 겔트 니히트]

주어	일반동사	정관사+명사	
Ich	habe	das Geld	nicht

TIP nicht는 부사

이로써 nicht[니히트]에 대한 설명은 끝났습니다. 어떤가요? 질문이 생기지 않나요?
여러분을 대신해 제가 질문을 해보겠습니다.

> **1** sein + **형용사**가 아니라 sein + **명사**일 때는 어떻게 하나?
> **2** 정관사가 아니라 부정관사, 혹은 무관사가 쓰인 명사일 때는 어떻게 하나?

이 두 질문에 대한 대답은 'nicht[니히트]를 사용하지 않는다'입니다.
그렇다면 독일어에서 부정문을 만들 때 nicht를 사용하는 것 말고도 다른 방법이 있겠군요?
영어에서 부정문을 만들 때 사용하는 not, no 등이 모두 부사이듯이,
nicht도 역시 부사입니다.

그런데 참으로 신기하게도 독일어에는 부정문을 만들어주는 kein[카인]이라는
부정관사가 있습니다. kein[카인]을 사용하면 저절로 부정문이 되는 것이죠.
대신 원래 쓰려던 부정관사는 물론 nicht[니히트]도 사용할 필요가 없게 됩니다.
원래의 부정관사와 kein[카인] 부정관사를 비교해볼까요?

ein
긍정문 부정관사

kein
부정문 부정관사

만약 누군가 이 kein[카인]에 이름을 붙여준다면
'부정문을 만드는 부정관사' 정도가 될 것입니다.
부정문을 만들며 동시에 부정관사 역할도 하니까 말입니다.
그건 그렇고, 이 관사는 언제 사용할까요?

다음 페이지의 예시를 보시면 이해가 쉽습니다.
우선 정관사일 때에는 맨 뒤에 nicht[니히트]를 사용해야 합니다.
kein[카인]을 사용할 수 있는 경우는 부정관사나 무관사 앞입니다.
부정관사와 무관사는 사실 하나의 공통점이 있습니다-.
바로 정관사를 사용하지 않았다는 점입니다.
다시 말해 가리키는 대상이 특정하지 않다는 점입니다.
이제 그 공통점에 한 가지를 더 추가해야겠습니다.
부정문을 만들 때 kein을 사용한다는 것 말입니다.

일반동사 부정문

1 정관사일 때

▶ 나는 그 책을 가지고 있지 않아.

2 부정관사일 때

▶ 나는 책을 가지고 있지 않아.

3 무관사일 때

▶ 나는 책들을 가지고 있지 않아.

주의할 것은 kein 역시 부정관사이기 때문에
원래의 부정관사와 함께 사용할 일이 없다는 것입니다.
다시 말해 원래 부정관사가 있었든지 없었든지 간에 차이가 없어지는 것이죠.
그래서 최종적인 모습은 다음 둘 중 하나가 됩니다.

Chapter 03

부정관사 부정

	남성 단수	여성 단수	중성 단수	복수
1격 주격	**kein** [카인]	**keine** [카이내]	**kein** [카인]	**keine** [카이내]
2격 소유격	**keines** [카이내스]	**keiner** [카이너]	**keines** [카이내스]	**keiner** [카이너]
3격 간접목적격	**keinem** [카이냄]	**keiner** [카이너]	**keinem** [카이냄]	**keinen** [카이낸]
4격 목적격	**keinen** [카이낸]	**keine** [카이내]	**kein** [카인]	**keine** [카이내]

TIP 정관사와 부정관사 표

- 정관사

1격	der	die	das	die
2격	des	der	des	der
3격	dem	der	dem	den
4격	den	die	das	die

- 부정관사

1격	ein	eine	ein
2격	eines	einer	eines
3격	einem	einer	einem
4격	einen	eine	ein

03. 6가지 모양의 일반동사
접속사

접속사는 문장이나 절 앞에서 이야기의 방향을 미리 암시하는 역할을 합니다.
이러한 접속사는 대부분 언어에서 그저 문장이나 절 앞에 붙여주면 됩니다.
하지만 독일어는 특이하게 접속사로 인해 그 뒤의 문장이나 절의 어순이 바뀝니다.
다음은 각각의 접속사들이 그 뒤의 어순을 어떻게 바꾸는지를 보여주는 표입니다.

▶ **그리고** 나는 네가 싫어.

▶ **아니면** 내가 너를 싫어해?

▶ **그러나** 나는 네가 싫어.

▶ **왜냐하면** 나는 네가 싫어.

▶ **만약** 내가 너를 싫어한다면

▶ **그래서** 나는 네가 싫어.

| 접속사 앞에는 쉼표를 |

대부분의 접속사 앞에는 쉼표를 붙여줍니다.
이번 단원에서 배우는 'und'와 'oder'를 제외한
aber, weil, wenn, deshalb는 항상 접속사 앞에 쉼표(,)를 붙여줍니다.

더 알아봅시다

TIP 절이란 무엇인가요?

절을 이해하기 위해서는 우선 문장을 이해해야 합니다.
문장이란 주어와 동사로 이루어진 단위입니다.
문장의 끝에는 보통 마침표나 물음표 등이 찍혀서 구분하기 쉽습니다

그런데 간혹 문장이 다른 더 큰 문장 속에 포함되는 경우가 있습니다.
예를 들어 보겠습니다.

나는 너를 사랑해.
문장

나는 너를 사랑하지만, 우리 헤어져.
절

TIP 접속사란 무엇인가요?

접속사는 말 그대로 두 가지를 이어주는 역할을 합니다.
단어와 단어를 이어주는 경우는 다음과 같습니다.

- **Cola** und **Pizza**
  (콜라 그리고 피자)

- **Cola** oder **Kaffee**
  (콜라 아니면 커피)

절과 절을 이어주는 경우는 다음과 같습니다.

- **Ich liebe dich,** aber **ich hasse dich.**
  (나는 너를 사랑해, 하지만 나는 너를 싫어해.)

03. 6가지 모양의 일반동사 728"패턴"

125
나는 일하고 있다.

I	work.
Ich	arbeite.
이히	아바이테.
나는	일하다.

lerne 을래어내 공부하다 / 배우다

gehe 게에 가다

komme 콤매 오다

126
나는 읽고 있다.

I	read.
Ich	lese.
이히	을래제.
나는	읽다.

renne 렌내 달리다

laufe 을라우페 뛰다

öffne 왜프내 열다

127
나는 지금 산책하고 있다.

I	stroll	right.
Ich	spaziere	gerade.
이히	슈파찌어레	게라데.
나는	산책하다	지금.

tanze 탄쩨 춤추다

fahre 파아레 운전하다 / 타고가다

gehe 게에 가다

TIP 동사 자체에 현재진행형의 뜻이 있지만, '지금 당장'의 의미를 강조할 때 부사 'gerade'를 사용합니다.

128
나는 지금 수영하고 있다.

I	swim	right.
Ich	schwimme	gerade.
이히	슈빔V매	게라데.
나는	수영하다	지금.

putze 풋쩨 청소하다

laufe 을라우페 뛰다

lerne 을래어내 공부하다 / 배우다

나는 일을 많이 한다. 129

I	work	much.
Ich	**arbeite**	**viel .**
이히	아바이테	피일.
나는	일하다	많이.

lerne
을래어내
공부하다 / 배우다

learn

trinke
트링케
마시다

drink

esse
에쎄
먹다

eat

TIP viel = 많이 (불가산 부사)

너는 일을 많이 한다. 130

you	work	much.
Du	**arbeitest**	**viel .**
두	아바이테스트	피일.
너는	일하다	많이.

lernst
을래언스트
공부하다 / 배우다

learn

gehst
게에스트
걷다

go

kaufst
카우프스트
사다

buy

나는 자주 달린다. 131

I	run	often.
Ich	**renne**	**oft .**
이히	렌내	오프트.
나는	뛰다	많이.

spaziere
슈파찌어레
산책하다

stroll

laufe
을라우페
뛰다

run

fahre
파아레
운전하다 / 타고 가다

drive

너는 자주 달린다. 132

you	run	often.
Du	**rennst**	**oft .**
두	렌스트	오프트.
너는	뛰다	많이.

spazierst
슈파찌어스트
산책하다

stroll

schwimmst
슈빔스트
수영하다

swim

lernst
을래언스트
공부하다 / 배우다

learn

03. 6가지 모양의 일반동사　　　728 "패턴"

그는 가끔 일한다. 　133

he	works	sometimes.
Er	**arbeitet**	**manchmal .**
에어	아바이테트	만히말.
그는	일하다	가끔.

lernt		**tanzt**		**putzt**	
을래언트		탄쯔트		풋쯔트	
공부하다 / 배우다	studies	춤추다	dances	청소하다	cleans

그녀는 가끔 일한다. 　134

she	works	sometimes.
Sie	**arbeitet**	**manchmal .**
지	아바이테트	만히말.
그녀는	일하다	가끔.

lernt		**spaziert**		**rennt**	
을래언트	studies	슈파찌어트	strolls	렌트	runs
공부하다 / 배우다		산책하다		달리다	

우리는 드물게 일한다. 　135

we	work	rarely.
Wir	**arbeiten**	**selten .**
비ᵛ어	아바이텐	셀텐.
우리는	일하다	드물게.

lernen		**laufen**		**fahren**	
을래어낸	learn	을라우펜ᶠ	run	파ᶠ이렌	drive
공부하다 / 배우다		달리다		운전하다	

TIP selten = 드물게 (한국어로는 어색할 수 있지만 독일어에서는 많이 활용되는 부사)

너희는 드물게 일한다. 　136

you	work	rarely.
Ihr	**arbeitet**	**selten .**
이어	아바이테트	셀텐.
너희는	일하다	드물게.

lernen		**schlaft**		**redet**	
을래어낸	learn	슐라프ᶠ트	sleep	레데트	talk
공부하다 / 배우다		자다		말하다	

그들은 일을 잘한다. 137

they	work	well.
Sie	**arbeiten**	**gut.**
지	아바이텐	구트.
그들은	일하다	잘.

lernen
을래어낸
공부하다 / 배우다

tanzen
탄쩬
춤추다

kochen
코헨
요리하다

TIP gut = 잘 (형용사로서 '좋은'의 뜻이 아니라, 변형을 하지 않고 '잘'이라는 의미의 부사로 쓰입니다.)

당신은 노래를 잘한다. 138

you	sing	well.
Sie	**singen**	**gut.**
지	징엔	구트.
당신은	노래하다	잘.

rennen
렌낸
달리다

laufen
을라우펜
뛰다

fahren
파아렌
운전하다

그들은 항상 일을 잘한다. 139

they	work	always	well.
Sie	**arbeiten**	**immer**	**gut.**
지	아바이텐	임머	구트.
그들은	일하다	항상	잘.

lernen
을래어낸
공부하다 / 배우다

verstehen
페어슈테엔
이해하다

tanzen
탄쩬
춤추다

당신은 항상 노래를 잘한다. 140

you	sing	always	still	well.
Sie	**singen**	**immer**	**noch**	**gut.**
지	징엔	임머	노흐	구트.
당신은	노래하다	항상	아직	잘.

laufen
을라우펜
뛰다

schwimmen
슈빔V맨
수영하다

rennen
렌낸
달리다

03. 6가지 모양의 일반동사　　728 "패턴"

나는 그것이 필요하다.　　*141*

I	need	it.
Ich	**brauche**	**es.**
이히	브라우헤	에스.
나는	필요하다	그것.

dieses		**das**		**diese**	
디이제스	this	다스	that	디이제	this
이것		그것		이것	

TIP diese = 이것 (거리상으로 가까이 있을 때 사용됩니다.)

나는 물을 마신다.　　*142*

I	drink	water.
Ich	**trinke**	**Wasser.**
이히	트링케	바ᵛ써.
나는	마시다	물을.

Bier		**Saft**		**Wein**	
비어	beer	자프트	juice	바ᵛ인	wine
맥주를.		주스를.		와인을.	

나는 독일어를 배운다.　　*143*

I	learn	German.
Ich	**lerne**	**Deutsch.**
이히	을래어내	도잇취.
나는	배우다	독일어를.

Koreanisch		**Japanisch**		**Chinesisch**	
코레아니쉬	Korean	야파니쉬	Japanese	키이내지쉬	Chinese
한국어를.		일본어를.		중국어를.	

나는 여름이 싫다.　　*144*

I	hate	summer.
Ich	**hasse**	**Sommer.**
이히	하쎄	좀머.
나는	싫어하다	여름을.

Winter		**Herbst**		**Frühling**	
빈ᵛ터	winter	헤읍스트	autumn	프ᵛ뤼을링	spring
겨울을.		가을을.		봄을.	

그는 커피를 마셔요.   145

he	drinks	coffee.
Er	trinkt	Kaffee.
에어	트링크트	카페에.
그는	마시다	커피를.

Milch
밀히
우유를
milk

Tee
테에
차를
tea

Wasser
바V써
물을
water

TIP 마실 것, 언어 등에는 특별히 관사를 사용하지 않아도 됩니다.

그녀는 도움이 필요해요.   146

she	needs	help.
Sie	braucht	Hilfe.
지	브라우흐트	힐페에.
그녀는	필요하다	도움을.

Geduld
게둘트
인내심을
patience

Zeit
짜이트
시간을
time

Wasser
바V써
물을
water

그는 영어를 배워요.   147

he	learns	English.
Er	lernt	Englisch.
에어	올래언트	앵글리쉬.
그는	배우다	영어를.

Kochen
코헨
요리를
cooking

Schwimmen
슈빔V맨
수영을
swimming

Tanzen
탄쩬
춤을
dancing

그녀는 중국어를 싫어해요.   148

she	hates	Chinese.
Sie	hasst	Chinesisch.
지	하쓰트	키이내지쉬.
그녀는	싫어하다	중국어를.

Italienisch
이탈리에니쉬
이탈리아어를
Italian

Japanisch
야파니쉬
일본어를
Japanese

Russisch
르씨쉬
러시아어를
Russian

03. 6가지 모양의 일반동사   728"패턴"

당신은 그것이 필요하다.   149

you	need	this.
Sie	**brauchen**	**das**.
지	브라우헨	다스.
당신은	필요하다	그것.

| **dieses** 디이제스 이것 | this | **diese** 디이제 이것 | this | **diesen** 디이젠 이것 | this |

TIP '당신- Sie', '그들- sie' 과 '그녀 - sie'의 인칭대명사는 똑같이 쓰이므로 상황에 맞게 이해하는 것이 중요합니다.

그들은 물을 마신다.   150

they	drink	water.
Sie	**trinken**	**Wasser**.
지	트링켄	바ᵛ써.
그들은	마시다	물 &.

| **Saft** 자프트 주스 & | juice | **Kaffee** 카페에 커피 & | coffee | **Espresso** 에스프레쏘 에스프레쏘 & | espresso |

그들은 독일어를 배우니?   151

they	learn	German?
Sie	**lernen**	**Deutsch**?
지	을래어낸	도잇취?
그들은	배우다	독일어 & ?

| **Französisch** 프ᶠ란쩨지쉬 프랑스어 & | French | **Koreanisch** 코레아니쉬 한국어 & | Korean | **Spanisch** 슈파니쉬 스페인어 & | Spanish |

당신은 영어를 싫어합니까?   152

you	hate	English?
Sie	**hassen**	**Englisch**?
지	하쎈	앵글리쉬?
당신은	싫어하다	영어 & ?

| **Japanisch** 야파니쉬 일본어 & | Japanese | **Russisch** 루씨쉬 러시아어 & | Russian | **Italienisch** 이탈리에니쉬 이탈리아어 & | Italian |

153

우리는 콜라를 많이 마신다.

we	drink	much	cola.
Wir	trinken	viel	Cola.
비ⱽ어	트링켄	피일	콜라.
우리는	마시다	많은	콜라 👨 / 👩.

Milch		**Orangensaft**		**Traubensaft**	
밀히		오랑젠자ㅍ트		트라우벤자ㅍ트	
우유 👨	milk	오렌지 주스 👨	orange juice	포도 주스 👨	grape juice

> **TIP** 독일어에서 쓰게 된지 얼마 되지 않은 단어들(외래어)은 '성'을 여러 개 가지는 경우가 있는데, 그것을 사용하는 지역과 사람에 따라 달라집니다. 예) Ketchup(남성 / 중성), Laptop(남성 / 중성): 둘 중 어느 것을 써도 틀리지 않습니다.

154

우리는 독일어만 공부해요.

we	learn	only	German.
Wir	lernen	nur	Deutsch.
비ⱽ어	을래어낸	누어	도잇취.
우리는	공부하다	오직	독일어 👨.

Englisch		**Chinesisch**		**Japanisch**	
앵글리쉬		키이내지쉬		야파니쉬	
영어 👨	English	중국어 👨	Chinese	일본어 👨	Japanese

155

너희는 차를 많이 마시지, 그렇지?

you	drink	much	tea	or?
Ihr	trinkt	viel	Tee,	oder?
이어	트링크트	피일	테에.	오더?
너희는	마시다	많은	차,	또는?

nur		**immer**		**manchmal**	
누어		임머		만히말	
오직 ~뿐	only	항상	always	따때로	sometimes

> **TIP** 여기서 쓰인 'viel'은 양보다 횟수를 뜻합니다.

156

너희는 독일어를 많이 공부하지, 그렇지?

you	study	much	German	or?
Ihr	lernt	viel	Deutsch,	oder?
이어	을래언트	피일	도잇취.	오더?
너희는	공부하다	많은	독일어,	또는?

nur		**wenig**		**natürlich**	
누어		베ⱽ니히		나튀얼리히	
오직 ~뿐	only	조금	little	자연스럽게	naturally

03. 6가지 모양의 일반동사

728 "패턴"

157
너는 주스를 마시지, 그렇지?

you	drink	juice,	not right?
Du	**trinkst**	**Saft,**	**nicht wahr?**
두	트링크스트	자프트,	니히트 바ᵛ아?
너는	마시다	주스 &,	부정 사실?

Wein 바ᵛ인 / 와인 & wine
Rotwein 로트바ᵛ인 / 레드 와인 & red wine
Weißwein 바ᵛ이쓰바ᵛ인 / 화이트 와인 & white wine

158
당신은 시간이 필요해요, 그렇지요?

you	need	time,	not right?
Sie	**brauchen**	**Zeit,**	**nicht wahr?**
지	브라우헨	짜이트,	니히트 바ᵛ아?
당신은	필요하다	시간 &,	부정 사실?

Essen 에쎈 / 음식 & food
Fleisch 플라이쉬 / 고기 & meat
Urlaub 우얼라웁 / 휴가 & vacation

159
너는 일본어를 배우지, 그렇지?

you	learn	Japanese,	not right?
Du	**lernst**	**Japanisch,**	**nicht wahr?**
두	을래언스트	야파니쉬,	니히트 바ᵛ아?
너는	배우다	일본어 &,	부정 사실?

Französisch 프랜지쉬 / 프랑스어 & French
Spanisch 슈파니쉬 / 스페인어 & Spanish
Englisch 앵글리쉬 / 영어 & English

160
당신은 봄을 싫어해요, 그렇지요?

you	hate	spring,	not right?
Sie	**hassen**	**Frühling,**	**nicht wahr?**
지	하쎈	프뤼을링,	니히트 바ᵛ아?
당신은	싫어하다	봄 &,	부정 사실?

Herbst 헤업스트 / 가을 & autumn
Sommer 좀머 / 여름 & summer
Winter 빈ᵛ터 / 겨울 & winter

나는 그 개가 좋다. 161

I	like	the	dog.
Ich	**mag**	**den**	**Hund**.
이히	막	덴	훈트.
나는	좋아하다	그	개 👤.

Kaffee		**Strand**		**Park**	
카페에		슈트란트		파아크	
커피 👤	coffee	해변 👤	beach	공원 👤	park

> TIP 각각의 인칭대명사에 따른 동사의 변화에 주목합시다.

너는 그 컴퓨터가 좋니? 162

like	you	the	computer?
Magst	**du**	**den**	**Computer?**
막스트	두	덴	콤퓨터?
좋아하다	너는	그	컴퓨터 👤 ?

Kuchen		**Platz**		**See**	
쿠헨		플랏쯔		제에	
케이크 👤	cake	장소 / 광장 👤	place	호수 👤	lake

그녀는 그 레드 와인을 좋아한다. 163

she	likes	the	red wine.
Sie	**mag**	**den**	**Rotwein**.
지	막	덴	로트바ᵛ인.
그녀는	좋아하다	그	레드 와인 👤 ?

Weißwein		**Film**		**Lehrer**	
바ᵛ이쓰바ᵛ인		필음		을래에러	
화이트 와인 👤	white wine	영화 👤	movie	선생님 👤	teacher

당신은 그 반지를 좋아합니까? 164

like	you	the	ring?
Mögen	**Sie**	**den**	**Ring?**
뫼겐	지	덴	링?
좋아하다	당신은	그	반지 👤 ?

Ohrring		**Schmuck**		**Schal**	
오어링		슈무크		샬	
귀걸이 👤	earring	장신구 👤	jewellery	스카프 👤	scarf

03. 6가지 모양의 일반동사　　728 "패턴"

우리는 그 레스토랑을 좋아한다.　　**165**

we	like	the	restaurant.
Wir	**mögen**	**das**	**Restaurant.**
비ᵛ어	뫼겐	다스	레스터랑.
우리는	좋아하다	그	레스토랑 👤.

Café		**Geschäft**		**Zimmer**	
카페ᵉ에		게쉐ᵖ프트		찜머	
카페 👤		상점 👤		방 👤	

너희는 그 스테이크를 좋아하니?　　**166**

like	you	the	steak?
Mögt	**ihr**	**das**	**Steak?**
뫽트	이어	다스	스테이크?
좋아하다	너희는	그	스테이크 👤?

Bier		**Haus**		**Lied**	
비어		하우스		을리이트	
맥주 👤		집 👤		노래 👤	

그들은 그 가게를 좋아한다.　　**167**

they	like	the	shop.
Sie	**mögen**	**das**	**Geschäft.**
지	뫼겐	다스	게쉐ᵖ프트.
그들은	좋아하다	그	가게 👤.

Museum		**Gebäude**		**Theater**	
무제움		게보이데		테아터	
박물관 👤		빌딩 👤		극장 👤	

당신은 그 차를 좋아합니까?　　**168**

like	you	the	car?
Mögen	**Sie**	**das**	**Auto?**
뫼겐	지	다스	아우토?
좋아하다	당신은	그	자동차 👤?

Hotel		**Kino**		**Spiel**	
호텔		키노		슈피일	
호텔 👤		영화관 👤		놀이 👤	

나는 고양이가 있다. 169

I	have	a	cat.
Ich	**habe**	**eine**	**Katze.**
이히	하베	아이너	캇쩨.
나는	가지다	한	고양이 👤.

Frau		**Tochter**		**Brille**	
프ᴿ라우		토흐터		브릴래	
아내 / 여자 👤	wife	딸 👤	daughter	안경 👤	glasses

너는 이미 고양이가 있니? 170

have	you	already	a	cat.
Hast	**du**	**schon**	**eine**	**Katze?**
하스트	두	숀	아이너	캇쩨?
가지다	너는	벌써	한	고양이 👤.

Tochter		**Uhr**		**Krawatte**	
토흐터		우어		크ᴿ라밭ᵛ테	
딸 👤	daughter	시계 👤	clock	넥타이 👤	necktie

> **TIP** schon = 벌써, 이미

그는 에어컨이 있다. 171

he	has	a	air conditioner.
Er	**hat**	**eine**	**Klimaanlage.**
에어	하트	아이너	클리마안을라게.
그는	가지다	한	에어컨 👤.

Reservierung		**Sonnenbrille**		**Tante**	
레저비ᵛ어룽		존낸브릴래		탄테	
예약 👤	reservation	선글라스 👤	sunglasses	이모 / 고모 👤	aunt

그녀는 이미 에어컨이 있니? 172

has	she	already	a	air conditioner.
Hat	**sie**	**schon**	**eine**	**Klimaanlage?**
하트	지	숀	아이너	클리마안을라게?
가지다	그녀는	벌써	한	에어컨 👤.

Reservierung		**Arbeit**		**Karriere**	
레저비ᵛ어룽		아바이트		카리어레	
예약 👤	reservation	직업 👤	job	경력, 직업 👤	career

03. 6가지 모양의 일반동사   728 "패턴"

우리는 계획이 있다.   173

we	have	a	plan.
Wir	**haben**	**einen**	**Plan**.
비ᵛ어	하벤	아이낸	플란.
우리는	가지다	한	계획 &.

| **Urlaub**
 우얼라웁
 휴가 & | | **Hund**
 훈트
 개 & | | **Test**
 테스트
 시험 & | |

너희는 항상 계획이 있니?   174

have	you	always	a	plan?
Habt	**ihr**	**immer**	**einen**	**plan**?
합트	이어	임머	아이낸	플란?
가지다	너희는	항상	한	계획 &?

| **Urlaub**
 우얼라웁
 휴가 & | | **Termin**
 테어민
 시간 약속 & | | **Traum**
 트라움
 꿈 & | |

그들은 계획이 있다.   175

they	have	a	Plan.
Sie	**haben**	**einen**	**Plan**.
지	하벤	아이낸	플란.
그들은	가지다	한	계획 &.

| **Urlaub**
 우얼라웁
 휴가 & | | **Grund**
 그룬트
 이유 & |  | **Ausflug**
 아우스플룩
 짧은 여행 & | |

당신은 종종 계획이 있으신가요?   176

have	you	sometimes	a	plan?
Haben	**Sie**	**manchmal**	**einen**	**Plan**?
하벤	지	만히말	아이낸	플란?
가지다	당신은	가끔	한	계획 &?

| **Urlaub**
 우얼라웁
 휴가 & | | **Fehler**
 페엘러
 잘못 & | | **Termin**
 테어민
 시간 약속 & | |

나는 사과를 먹고 있다. 177

I	eat	a	apple.
Ich	**esse**	**einen**	**Apfel**.
이히	에쎄	아이낸	앞펠.
나는	먹다	한	사과 &.

Hamburger		**Snack**		**Fisch**	
함부어거		스네크		피쉬	
햄버거 &	hamburger	간식 &	snack	생선 &	fish

TIP 불규칙 동사는 일부에 지나지 않지만 실생활에 자주 쓰이므로 잘 익혀 두는 것이 중요합니다.

나는 친구를 만난다. 178

I	meet	a	friend.
Ich	**treffe**	**einen**	**Freund**.
이히	트레페	아이낸	프로인트.
나는	만나다	한	남자친구(친구) &.

Mann		**Polizist**		**Krankenpfleger**	
만		폴리찌스트		크랑켄프플래거	
남자 &	man	경찰 &	policeman	남자 간호사 &	male nurse

나는 그릇을 씻는다. 179

I	wash	a	plate.
Ich	**wasche**	**einen**	**Teller**.
이히	바ᵛ쉐	아이낸	텔러.
나는	씻다	한	그릇 &.

Löffel		**Ring**		**Ohrring**	
올레펠		링		오어링	
숟가락 &	spoon	반지 &	ring	귀걸이 &	earring

나는 차를 운전한다. 180

I	drive	a	car.
Ich	**fahre**	**ein**	**Auto**.
이히	파아레	아인	아우토.
나는	운전하다	한	차 &.

Fahrrad		**Motorrad**		**Schiff**	
파아라트		모토어라트		쉬프	
자전거 &	bicycle	오토바이 &	motorcycle	배 &	ship

03. 6가지 모양의 일반동사   728 "패턴"

너는 핸드폰을 줄 거지, 그렇지? 181

you	give	a	phone	or?
Du	**gibst**	**ein**	**Handy**	**oder?**
두	깁스트	아인	핸디	오더?
너는	주다	한	핸드폰	또는?

Ticket
티켓
표

Geschenk
게쉥크
선물

Spielzeug
슈피일쪼이그
장난감

너는 그 가게를 떠날 거지, 그렇지? 182

you	leave	the	shop	or?
Du	**verlässt**	**das**	**Geschäft**	**oder?**
두	페얼래쓰트	다스	게쉐프트	오더?
너는	떠나다	그	가게	또는?

Lokal
을로칼
음식점 / 식당

Krankenhaus
크랑켄하우스
병원

Restaurant
레스터랑
식당

너는 건물이 보이지, 그렇지? 183

you	see	a	building	or?
Du	**siehst**	**ein**	**Gebäude**	**oder?**
두	지이스트	아인	게보이데	오더?
너는	보다	한	건물	또는?

Museum
무제움
박물관

Theater
테아터
극장

Kunstmuseum
쿤스트무제움
미술관

너는 그 책을 읽고 있지, 그렇지? 184

you	read	the	book	or?
Du	**liest**	**das**	**Buch**	**oder?**
두	을리이스트	다스	부흐	오더?
너는	읽다	그	책	또는?

Wörterbuch
붸V어터부흐
사전

Gedicht
게디히트
시

Magazin
마가친
잡지

그는 딸기를 먹는다. 185

he	eats	a	strawberry.
Er	**isst**	**eine**	**Erdbeere** .
에어	이쓰트	아이내	에어드베어레.
그는	먹다	한	딸기 ♀ .

Traube		**Banane**		**Birne**	
트라우베		바나내		비어내	
포도 ♀	grape	바나나 ♀	banana	배 ♀	pear

TIP 과일은 대부분 여성명사입니다.

그는 친구를 만난다. 186

he	meets	a	friend.
Er	**trifft**	**eine**	**Freundin** .
에어	트리프트	아이내	프로인딘.
그는	만나다	한	여자친구(친구) ♀ .

Frau		**Patientin**		**Studentin**	
프라우		파치엔틴		슈투덴틴	
여자 / 아내 ♀	woman	여자 환자 ♀	patient	여자 대학생 ♀	college student

그는 사람을 보고 있다. 187

he	sees	a	person.
Er	**sieht**	**eine**	**Person** .
에어	지이트	아이내	페어존.
그는	보다	한	사람 ♀ .

Frau		**Karte**		**Station**	
프라우		카아테		슈타찌온	
여자 / 아내 ♀	woman	지도 / 카드 ♀	map	정거장 ♀	station

그녀는 전철을 운전한다. 188

she	drives	the	tram.
Sie	**fährt**	**die**	**Straßenbahn** .
지	페아트	디	슈트라쎈바안.
그녀는	운전한다	그	전철 ♀ 을.

U-Bahn		**Eisenbahn**		**Schnellbahn**	
우바안		아이젠바안		슈넬바안	
지하철 ♀	subway	열차 / 철도 ♀	train	고속철도 ♀	express train

03. 6가지 모양의 일반동사 728"패턴"

우리는 과일을 먹는다. 189

we	eat	a	fruit.
Wir	**essen**	**ein**	**Obst .**
비ᵛ어	에쎈	아인	옵스트.
우리는	먹다	한	과일 .

Steak
스테이크
스테이크
steak

Ei
아이
계란
egg

Brot
브로트
빵
bread

우리는 가구를 사요. 190

we	buy	a	furniture.
Wir	**kaufen**	**ein**	**Möbel .**
비ᵛ어	카우펜f	아인	뫼벨.
우리는	사다	한	가구 .

Telefon
텔래폰f
전화기
phone

Buch
부흐
책
book

Heft
헤프트
공책
notebook

너희는 그 집을 떠나니? 191

leave	you	the	house?
Verlasst	**ihr**	**das**	**Haus?**
페ᵛ얼라쓰트	이어	다스	하우스?
떠나다	너희는	그	집 ?

Museum
무제움
박물관
museum

Festival
페ᵛ스티발ᵛ
축제
festival

Event
이벤ᵛ트
이벤트 / 행사
event

너희는 책을 읽니? 192

read	you	a	book?
Lest	**ihr**	**ein**	**Buch?**
을래스트	이어	아인	부흐?
읽다	너희는	한	책 ?

Magazin
마가친
잡지
magazine

Tagebuch
타게부흐
일기
diary

Wörterbuch
뵈ᵛ어터부흐
사전
dictionary

당신은 사과를 먹습니까? 193

eat	you	a	apple?
Essen	**Sie**	**einen**	**Apfel?**
에쎈	지	아이낸	앞펠?
먹다	당신은	한	사과&?

Snack
스네크
간식&

Salat
잘라트
샐러드&

Pilz
필쯔
버섯&

당신은 남자를 만납니까? 194

meet	you	a	man?
Treffen	**Sie**	**einen**	**Mann?**
트레펜	지	아이낸	만?
만나다	당신은	한	남자&?

Freund
프로인트
남자친구(친구)&

Patient
파치엔트
환자&

Nachbar
나흐바
이웃&

그들은 그 장소를 떠난다. 195

they	leave	the	location.
Sie	**verlassen**	**den**	**Ort.**
지	페V얼라쎈	덴	오어트.
그들은	떠나다	그	장소&.

Platz
플랏쯔
장소 / 광장&

Buchladen
부흘라덴
서점&

Raum
라움
공간&

그들은 그 기차를 운전하고 있습니다. 196

they	drive	the	train.
Sie	**fahren**	**den**	**Zug.**
지	파V아렌	덴	쭉.
그들은	운전하다	그	기차&.

Bus
부스
버스&

Wagen
바V겐
차&

Kinderwagen
킨더바V겐
유모차&

03. 6가지 모양의 일반동사 728 "패턴"

나는 그 책이 없습니다. 197

I	have	the	book	not.
Ich	**habe**	**das**	**Buch**	**nicht .**
이히	하베	다스	부흐	니히트.
나는	가지다	그	책 &.	부정

Tuch		**Hemd**		**Bild**	
투흐	towel	헴트	shirt	빌트	image
수건 &.		셔츠 &.		그림 &.	

나는 책이 없습니다. 198

I	have	no	book.
Ich	**habe**	**kein**	**Buch .**
이히	하베	카인	부흐.
나는	가지다	부정	책 &.

Tuch		**Problem**		**Ziel**	
투흐	towel	프로블램	problem	찌일	goal
수건 &.		문제 &.		목표 &.	

나는 그 사과를 먹지 않습니다. 199

I	eat	the	apple	not.
Ich	**esse**	**den**	**Apfel**	**nicht .**
이히	에쎄	덴	앞펠	니히트.
나는	먹다	그	사과 &.	부정

Fisch		**Keks**		**Brownie**	
피쉬	fish	켁스	biscuit	브라우니	brownie
생선 &.		과자 &.		브라우니 &.	

나는 사과를 먹지 않습니다. 200

I	eat	no	apple.
Ich	**esse**	**keinen**	**Apfel .**
이히	에쎄	카이넨	앞펠.
나는	먹다	부정	사과 &.

Fisch		**Kuchen**		**Snack**	
피쉬	fish	쿠헨	cake	스네크	snack
생선 &.		케이크 &.		간식 &.	

너는 과일을 안 먹니? 201

eat	you	no	fruit?
Isst	**du**	**kein**	**Obst?**
이쓰트	두	카인	옵스트?
먹다	너는	부정	과일 ♂?

Gemüse
게뮈제
야채 ♂

vegetable

Brot
브로트
빵 ♂

bread

Fast Food
파스트 푸드
패스트푸드 ♂

fast food

너는 그 빵을 안 먹니? 202

eat	you	the	bread	not?
Isst	**du**	**das**	**Brot**	**nicht?**
이쓰트	두	다스	브로트	니히트?
먹다	너는	그	빵 ♂	부정?

Gericht
게리히트
요리 ♂

dish

Ei
아이
계란 ♂

egg

Eis
아이스
아이스크림 ♂

ice cream

너는 차를 운전하지 않니? 203

drive	you	no	car?
Fährst	**du**	**kein**	**Auto?**
패아스트	두	카인	아우토?
운전하다	너는	부정	차 ♂?

Fahrrad
파아라트
자전거 ♂

bicycle

Motorrad
모토어라트
오토바이 ♂

motorcycle

Schiff
쉬프
배 ♂

ship

TIP '차를 몰지 않니?'는 '면허가 없니?'라는 의미로 많이 사용됩니다.

너는 그 차를 운전하지 않니? 204

drive	you	the	car	not?
Fährst	**du**	**das**	**Auto**	**nicht?**
패아스트	두	다스	아우토	니히트?
운전하다	너는	그	차 ♂	부정?

Motorrad
모토어라트
오토바이 ♂
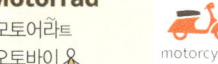
motorcycle

Fahrrad
파아라트
자전거 ♂

bicycle

Skateboard
스케이트보어드
스케이트보드 ♂

skateboard

03. 6가지 모양의 일반동사 728 "패턴"

그는 그 차를 운전하지 않는다. 205

he	drives	the	car	not.
Er	**fährt**	**das**	**Auto**	**nicht .**
에어	패ᶠ아ᴿ트	다스	아우토.	니히트.
그는	운전하다	그	차 👤	부정 .

Fahrrad
파ᶠ아ᴿ라트
자전거 👤

Boot
보오트
보트 👤

Motorrad
모토어라트
오토바이 👤

TIP fahren(파ᶠ아렌)이라는 동사는 '몰다', '타다' 두 가지 뜻이 있습니다.

그녀는 차를 운전하지 않는다. 206

she	drives	no	car.	
Sie	**fährt**	**kein**	**Auto .**	
지	패ᶠ아ᴿ트	카인	아우토.	
그녀는	운전하다	부정	차 👤 .	

Fahrrad
파ᶠ아ᴿ라트
자전거 👤

Schiff
쉬ᶠ프
배 👤

Skateboard
스케이트보어드
스케이트보드 👤

우리는 그 책을 읽지 않는다. 207

we	read	the	book	not.
Wir	**lesen**	**das**	**Buch**	**nicht .**
비ᵛ어	을래젠	다스	부흐.	니히트.
우리는	읽다	그	책 👤	부정 .

Magazin
마가친
잡지 👤

Märchen
매어히엔
동화 👤

Menü
매뉴
메뉴 👤

그들은 책을 보지 않는다. 208

they	read	no	book.	
Sie	**lesen**	**kein**	**Buch .**	
지	을래젠	카인	부흐.	
그들은	읽다	부정	책 👤 .	

Memo
매모
메모 👤

Datum
다툼
날짜 👤
YY / MM / DD
date

Magazin
마가친
잡지 👤

나는 그 큰 여자를 좋아한다. 209

I	like	the	big	woman.
Ich	**mag**	**die**	**große**	**Frau.**
이히	막	디	그로쎄	프라우.
나는	좋아하다	그	큰	여자.

Blume
블루매
꽃

Person
페어존
사람

Schule
슈울래
학교

TIP 1격 명사를 수식하는 형용사와 4격 명사를 수식하는 형용사의 형태 변화를 주의 깊게 비교해 봅시다. (85번 참고)

나는 그 작은 여자를 좋아하지 않는다. 210

I	like	the	small	woman	not.
Ich	**mag**	**die**	**kleine**	**Frau**	**nicht.**
이히	막	디	클라이내	프라우	니히트.
나는	좋아하다	그	작은	여자	부정.

Blume
블루매
꽃

Straße
슈트라쎄
길 / 도로

Katze
캇쩨
고양이

나는 작은 여자를 좋아하지 않는다. 211

I	like	no	small	woman.
Ich	**mag**	**keine**	**kleine**	**Frau.**
이히	막	카이내	클라이내	프라우.
나는	좋아하다	부정	작은	여자.

Blume
블루매
꽃

Gasse
가쎄
골목길

Hose
호제
바지

나는 여자를 좋아하지 않는다. 212

I	like	no	woman.
Ich	**mag**	**keine**	**Frau.**
이히	막	카이내	프라우.
나는	좋아하다	부정	여자.

Blume
블루매
꽃

Kamera
카메라
사진기

Kirsche
키으쉐
체리

145

03. 6가지 모양의 일반동사　　728 "패턴"

너는 그 금반지가 있니?　　2/3

have	you	the	golden	ring?
Hast	**du**	**den**	**goldenen**	**Ring?**
하스트	두	덴	골데낸	링?
가지다	너는	그	황금빛의	반지 ♀ ?

Ohrring 오어링 귀걸이 ♀	earring	**Bleistift** 블라이슈티프트 연필 ♀	pencil	**Gabel** 가벨 포크 ♀	fork

너는 그 금반지가 있지 않니?　　2/4

have	you	the	golden	ring	not?
Hast	**du**	**den**	**goldenen**	**Ring**	**nicht?**
하스트	두	덴	골데낸	링	니히트?
가지다	너는	그	황금빛의	반지 ♀	부정 ?

Ohrring 오어링 귀걸이 ♀	earring	**Löffel** 을뢔펠 숟가락 ♀	spoon	**Schlüssel** 슐뤼쎌 열쇠 ♀	key

너는 금반지가 없니?　　2/5

have	you	no	golden	ring?
Hast	**du**	**keinen**	**goldenen**	**Ring?**
하스트	두	카이낸	골데낸	링?
가지다	너는	부정	황금빛의	반지 ♀ ?

Ohrring 오어링 귀걸이 ♀	earring	**Bleistift** 블라이슈티프트 연필 ♀	pencil	**Schlüssel** 슐뤼쎌 열쇠 ♀	key

너는 반지가 없니?　　2/6

have	you	no	ring?
Hast	**du**	**keinen**	**Ring?**
하스트	두	카이낸	링?
가지다	너는	부정	반지 ♀ ?

Ohrring 오어링 귀걸이 ♀	earring	**Gabel** 가벨 포크 ♀	fork	**Honig** 호니히 벌꿀 ♀	honey

나는 독일어를 할 수 있다. 217

I	speak	German.
Ich	**spreche**	**Deutsch**.
이히	슈프레히에	도잇취.
나는	말하다	독일어 &.

Koreanisch
코레아니쉬
한국어 & Korean

Indisch
인디쉬
인도어 & Indian

Portugiesisch
포어투기이지쉬
포르투갈어 & Portuguese

TIP 'sprechen (말하다)'과 언어가 만나면 '그 언어를 할 수 있다'는 의미가 됩니다.

나는 영어를 못한다. 218

I	speak	no	English.
Ich	**spreche**	**kein**	**Englisch**.
이히	슈프레히에	카인	앵글리쉬.
나는	말하다	부정	영어 &.

Japanisch
야파니쉬
일본어 & Japanese

Russisch
루씨쉬
러시아어 & Russian

Italienisch
이탈리에니쉬
이탈리아어 & Italian

당신은 독일어를 할 수 있으세요? 219

speak	you	German?
Sprechen	**Sie**	**Deutsch**?
슈프레히엔	지	도잇취?
말하다	당신은	독일어 & ?

Koreanisch
코레아니쉬
한국어 & Korean

Spanisch
슈파니쉬
스페인어 & Spanish

Türkisch
투어키쉬
트-키어 & Turkish

당신은 영어를 잘하세요? 220

speak	you	well	English?
Sprechen	**Sie**	**gut**	**Englisch**?
슈프레히엔	지	구트	앵글리쉬?
말하다	당신은	잘	영어 & ?

Japanisch
야파니쉬
일본어 & Japanese

Portugiesisch
포어투기이지쉬
포르투갈어 & Portuguese

Russisch
루씨쉬
ㄹ시아어 & Russian

03. 6가지 모양의 일반동사   728 "패턴"

그는 독일어를 조금밖에 못한다.   221

he	speaks	too	little	German.
Er	spricht	zu	wenig	Deutsch.
에어	슈프리히트	쭈	베니히	도잇취.
그는	말하다	너무	조금	독일어.

Koreanisch
코레아니쉬
한국어. Korean

Japanisch
야파니쉬
일본어. Japanese

Indisch
인디쉬
인도어. Indian

TIP 언어 사용능력의 정도를 나타내는 부사를 유의해서 보세요.

그녀는 한국어를 한마디도 못한다.   222

she	speaks	no	word	Korean.
Sie	spricht	kein	Wort	Koreanisch.
지	슈프리히트	카인	보어트	코레아니쉬.
그녀는	말하다	부정	단어	한국어.

Deutsch
도잇취
독일어. German

Chinesisch
키이네지쉬
중국어. Chinese

Türkisch
튀어키쉬
터키어. Turkish

우리는 영어를 굉장히 잘한다.   223

we	speak	super	English.
Wir	sprechen	super	Englisch.
비어	슈프레히엔	수퍼	앵글리쉬.
우리는	말하다	굉장히	영어.

Französisch
프랑쬐지쉬
프랑스어. French

Russisch
루씨쉬
러시아어. Russian

Italienisch
이탈리에니쉬
이탈리아어. Italian

그들은 영어를 유창히 한다.   224

they	speak	fluently	English.
Sie	sprechen	fließend	Englisch.
지	슈프레히엔	플리이쎈트	앵글리쉬.
그들은	말하다	유창히	영어.

Französisch
프랑쬐지쉬
프랑스어. French

Spanisch
슈파니쉬
스페인어. Spanish

Arabisch
아라비쉬
아라비아어.

너와 나는 키가 작다. 225

you	and	I	are	small.
Du	**und**	**ich**	**sind**	**klein**.
두	운트	이히	진트	클라인.
너	그리고	나는	~이다	키가 작은.

lustig 을루스티히 / 즐거운 — funny

müde 뮈데 / 피곤한 — tired

hungrig 훙그리히 / 배고픈 hungry

> TIP '누구와 나'에 대해 말할 때 'ich (나)'를 먼저 말하면 무례하게 들릴 수 있으므로 늘 뒤쪽에 놓도록 합니다.

그는 잘생겼고 그녀는 예쁘다. 226

he	is	handsome	and	she	is	pretty.
Er	**ist**	**hübsch**	**und**	**sie**	**ist**	**schön**.
에어	이스트	휩쉬	운트	지	이스트	쉔.
그는	~이다	잘생긴	그리고	그녀는	~이다	예쁜.

süß 쒸쓰 / 귀여운 / 단맛의 — sweet

freundlich 프로인틀리히 / 친절한 — friendly

nett 넷트 / 친절한 kind

알렉스와 안나는 남매이다. 227

Alex	and	Anna	are	siblings.
Alex	**und**	**Anna**	**sind**	**Geschwister**.
알렉스	운트	안나	진트	게슈비ᵛ스터.
알렉스	그리고	안나는	~이다	남매 👫/👬.

zusammen 쭈잠맨 / 함께 — together

glücklich 글뤽클리히 / 행복한 — happy

jung 융 / 젊은 / 나이가 적은 young

> TIP 사람 A와 사람 B가 '함께'라는 표현은 사람 A와 B가 '사귀다'라는 뜻이 된다.

알렉스는 나이가 많고 안나도 많다. 228

Alex	is	old	and	Anna	is	also	old.
Alex	**ist**	**alt**	**und**	**Anna**	**ist**	**auch**	**alt**.
알렉스	이스트	알트	운트	안나	이스트	아우흐	알트.
알렉스	~이다	늙은	그리고	안나	~이다	~도	늙은.

groß 그로오쓰 / 키가 큰 / 큰 — big

klein 클라인 / 키가 작은 / 작은 — small

beschäftigt 베쉐프티히트 / 바쁜 busy

03. 6가지 모양의 일반동사   728 "패턴"

저거 아니면 저거?   229

That	or	that?
Das	**oder**	**der?**
다스	오더	데어?
저거	또는	저거?

die		**das**		**es**	
디		다스		에스	
그것	that	그것	that	그것	it

TIP 독일어에서는 정관사가 차지하는 비중이 크기 때문에, 지시대명사가 아닌 정관사만 써도 충분할 때가 많습니다.

저 개는 수컷이니 암컷이니?   230

is	the	dog	male or female?
Ist	**der**	**Hund**	**männlich oder weiblich?**
이스트	데어	훈트	맨을리히 오더 바ᵛ입을리히?
~이다	저	개	남성인 또는 여성인?

freundlich oder unfreundlich
프로인틀리히 오더 운프로인틀리히
친절한 또는 불친절한

gesund oder krank
게슨트 오더 크랑크
건강한 또는 아픈

너는 16살이니 17살이니?   231

are	you	16 or 17?
Bist	**du**	**16(sechzehn) oder 17(siebzehn)?**
비스트	두	제히첸 오더 집첸?
~이다	너는	16 또는 17?

19(neunzehn) oder 20(zwanzig)
노인첸 오더 쯔반ᵛ찌히
19 또는 20

21(einundzwanzig) oder 22(zweiundzwanzig)
아인운쯔반ᵛ찌히 오더 쯔바ᵛ이운쯔반ᵛ찌히
21 또는 22

당신은 일본인이세요 한국인이세요?   232

are	you	Japanese or Korean?
Sind	**Sie**	**Japaner oder Koreaner?**
진트	지	야파너 오더 코레아너?
~이다	당신은	일본인 ♂ 또는 한국인 ♂?

Chinese oder Koreaner
키이내제 오더 코레아너
중국인 ♂ 또는 한국인 ♂

Russe oder Koreaner
루쎄 오더 코레아너
러시아인 ♂ 또는 한국인 ♂

나는 12살이지만 키가 크다.　　　233

I	am	12,	but	I	am	tall.
Ich	**bin**	**12(zwölf),**	**aber**	**ich**	**bin**	**groß.**
이히	빈	쯔뵐프	아버	이히	빈	그로오쓰
나는	~이다	12,	하지만	나는	~이다	키가 큰.

klein
클라인
키가 작은 / 작은 small

stark
슈타아크
강한 strong

schön
쇤
아름다운 beautiful

너는 귀엽지만 남자다.　　　234

you	are	cute,	but	you	are	a	man.
Du	**bist**	**süß,**	**aber**	**du**	**bist**	**ein**	**Mann.**
두	비스트	쒸쓰	아버	두	비스트	아인	만.
너는	~이다	귀여운,	하지만	너는	~이다	한	남자.

schön
쇤
아름다운 beautiful

dünn
뒨
마른 / 얇은 thin

leicht
올라이히트
가벼운 / 쉬운 light

그는 나이가 많지만 일한다.　　　235

he	is	old,	but	he	works.
Er	**ist**	**alt,**	**aber**	**er**	**arbeitet.**
에어	이스트	알트,	아버	에어	아바이테트.
그는	~이다	늙은,	하지만	그는	일하다.

jung
융
젊은 / 나이가 적은 young

müde
뮈데
피곤한 tired

hungrig
훙그리히
배고픈 hungry

그녀는 아프지만 자지 않는다.　　　236

she	is	sick,	but	she	sleeps	not.
Sie	**ist**	**krank,**	**aber**	**sie**	**schläft**	**nicht.**
지	이스트	크랑크,	아버	지	슐래프트	니히트.
그녀는	~이다	아픈,	하지만	그녀는	자다	부정.

müde
뮈데
피곤한 tired

ungesund
운게준트
건강하지 않은 unhealthy

schwach
슈바흐
약한 weak

03. 6가지 모양의 일반동사 728 "패턴"

나는 일해서 피곤하다. 237

I	am	tired,	because	I	work.
Ich	bin	müde,	weil	ich	arbeite.
이히	빈	뮈데,	바V일	이히	아바이테.
나는	~이다	피곤한,	~때문에	나는	일하다.

lerne		renne		schwimme	
을래어내		렌내		슈빔V매	
공부하다 / 배우다	learn	달리다	run	수영하다	swim

TIP '왜냐하면'을 뜻하는 단어에는 'weil'과 'denn' 이 있습니다. 'denn'을 사용할 때는 문장의 어순이 바뀌지 않지만, 'weil' 의 경우, 어순이 바뀌는 반면 사용 빈도가 높습니다.

우리는 산책을 하기 때문에 건강하다. 238

we	are	healthy,	because	we	stroll.
Wir	sind	gesund,	weil	wir	spazieren.
비V어	진트	게순트,	바V일	비V어	슈파찌어렌.
우리는	~이다	건강한,	~때문에	우리는	산책하다.

joggen		arbeiten		laufen	
조겐		아바이텐		을라우펜f	
조깅하다	jog	일하다	work	달리다	run

그들은 자주 공부해서 똑똑하다. 239

they	are	intelligent,	because	they	often	learn.
Sie	sind	intelligent,	weil	sie	oft	lernen.
지	진트	인텔리겐트,	바V일	지	오프f트	을래어낸.
그들은	~이다	현명한,	~때문에	그들은	자주	공부하다.

häufig		immer		täglich	
호이피f히		임머		태글리히	
자주	always	항상	Every day	매일	daily

당신은 조금 먹어서 날씬하다. 240

you	are	slim,	because	you	little	eat.
Sie	sind	schlank,	weil	Sie	wenig	essen.
지	진트	슐랑크,	바V일	지	베V니히	에쎈.
당신은	~이다	날씬한,	~때문에	당신은	조금	먹다.

nichts		selten		kaum	
니히츠		셀텐		카움	
0개	nothing	드물게	rarely	전혀 ~않다	barely

241
나는 먹으면 잔다.

I	sleep,	if	I	eat.
Ich	**schlafe,**	**wenn**	**ich**	**esse.**
이히	슐라페,	벤ᵛ	이히	에쎄.
나는	자다,	~면	나는	먹다.

lerne
올래어내
공부하다 / 배우다

arbeite
아바이테
일하다

lese
올래제
읽다

242
그녀는 더울 때 수영한다.

she	swims,	if	it	hot	is.
Sie	**schwimmt,**	**wenn**	**es**	**heiß**	**ist.**
지	슈빔ᵛ트,	벤ᵛ	에스	하이쓰	이스트.
그녀는	수영하다,	~면	그것	뜨거운	~이다.

warm
바ᵛ암
따뜻한

sonnig
존니히
화창한

wolkig
볼ᵛ키히
그름 낀

243
우리는 시간이 있으면 조깅한다.

we	jog,	if	we	time	have.
Wir	**joggen,**	**wenn**	**wir**	**Zeit**	**haben.**
비ᵛ어	조겐,	벤ᵛ	비ᵛ어	짜이트	하벤.
우리는	조깅하다,	~면	우리는	시간	가지다.

Schuhe
슈우에
신발들

Pause
파우제
휴식시간

Urlaub
우얼라웁
휴가

244
그들은 쉬는 시간에 담배를 핀다.

they	smoke,	if	they	break	have.
Sie	**rauchen,**	**wenn**	**sie**	**Pause**	**haben.**
지	라우헨,	벤ᵛ	지	파우제	하벤.
그들은	담배 피다,	~면	그들은	휴식	가지다.

Stress
슈트레쓰
스트레스

Problem
프로블램
문제

Hunger
훙어
배고픔

03. 6가지 모양의 일반동사

728 "패턴"

그는 그 책상이 싸서 산다. 245

the desk	is	cheap,	therefore	buys	he	the desk.
Der Tisch	ist	billig,	deshalb	kauft	er	den Tisch.
데어 티쉬	이스트	빌리히,	데스할브	카우프트	에어	덴 티쉬.
그 책상은	~이다	싼,	그래서	사다	그는	그 책상을.

gut		hübsch		stark	
구트		휩쉬		슈타아크	
좋은	good	예쁜	pretty	강한	strong

> **TIP** 'deshalb'와 'deswegen'은 '그래서'를 뜻하는 동의어이며 어순과 사용방법 또한 같습니다.

그녀는 그 램프가 예뻐서 좋다. 246

the lamp	is	pretty,	therefore	like	she	the lamp.
Die Lampe	ist	schön,	deshalb	mag	sie	die Lampe.
디 을람페	이스트	쇤,	데스할브	막	지	디 을람페.
그 램프는	~이다	예쁜,	그래서	좋아하다	그녀는	그 램프를.

hübsch		teuer		hell	
휩쉬		토이어		헬	
예쁜	pretty	비싼	expensive	밝은	bright

나는 그 개가 귀여워서 산다. 247

the dog	is	cute,	therefore	buy	I	the dog.
Der Hund	ist	süß,	deshalb	kaufe	ich	den Hund.
데어 훈트	이스트	쒸쓰,	데스할브	카우페	이히	덴 훈트.
그 개는	~이다	귀여운,	그래서	사다	나는	그 개를.

hässlich		leise		freundlich	
해쓸리히		을라이제		프로인틀리히	
못생긴	ugly	조용한	quiet	친절한	friendly

우리는 날씨가 화창해서 집에 있는다. 248

it	is	sunny,	therefore	stay	we	at	home.
Es	ist	sonnig,	deshalb	bleiben	wir	zu	Hause.
에스	이스트	존니히,	데스할브	블라이벤	비어	쭈	하우제.
그것은	~이다	화창한,	그래서	머물다	우리는	~에	집.

bewölkt		windig		regnend	
베뵐크트		빈디히		레그낸트	
구름 낀	cloudy	바람 부는	windy	비가 오는	raining

249
너는 빨리 걷는다.

you	go	fast.
Du	**gehst**	**schnell**.
두	게에스트	슈넬.
너는	가다	빠르게.

langsam 을랑잠 느리게	slowly	**wenig** 베ᵛ니히 조금	little	**viel** 피ᶠ일 많이(불가산)	much

TIP 영어는 'slow (느린)'같은 형용사가 부사로 쓰일 때, 'slowly (느리게)'와 같이 형태가 바뀌는 경우가 많습니다.
하지만 독일어는 '느린(형용사)'과 '느리게(부사)' 모두 'langsam'으로 쓰이는 것처럼 형태 변화를 하지 않는 경우가 많습니다.

250
빨리 가!

go	fast!
Geh	**schnell**!
게	슈넬!
가다	빠르게!

langsam 을랑잠 천천히	slowly	**wenig** 베ᵛ니히 조금	little	**viel** 피ᶠ일 많이(불가산)	much

TIP 'viel - 많이'는 불가산 명사에, 'viele - 많이'는 가산 명사에 쓰입니다.

251
너는 많이 먹는다.

you	eat	much.
Du	**isst**	**viel**.
두	이쓰트	피ᶠ일.
너는	먹다	많이.

wenig 베ᵛ니히 조금	little	**schnell** 슈넬 빨리	fast	**langsam** 을랑잠 느리게	slowly

252
많이 먹어!

eat	much!
Iss	**viel**!
이쓰	피ᶠ일!
먹다	많이!

wenig 베ᵛ니히 조금	little	**schnell** 슈넬 빨리	fast	**langsam** 을랑잠 느리게	slowly

03. 6가지 모양의 일반동사 728 "패턴"

253
너희는 안전하게 운전한다.

you	drive	safely.
Ihr	**fahrt**	**sicher.**
이어	파아트	지히여.
너희는	운전하다	안전하게.

| **vorsichtig** 포어지히티히 조심스럽게 | carefully | **richtig** 리히티히 옳게 | (〇) correctly | **gut** 구트 잘 | well |

254
안전하게 운전해!

drive	safely!
Fahrt	**sicher!**
파아트	지히여!
운전하다	안전하게.

| **vorsichtig** 포어지히티히 조심스럽게 | carefully | **besser** 베써 더 잘 | better | **vorsichtiger** 포어지히티거 더 조심스럽게 | more carefully |

255
너희는 위험하게 운전한다.

you	drive	dangerously.
Ihr	**fahrt**	**gefährlich.**
이어	파아트	게패얼리히.
너희는	운전하다	위험하게.

| **achtlos** 아흐트을로스 부주의하게 | heedlessly | **falsch** 팔쉬 틀리게 | (✕) incorrectly | **schlecht** 슐래히트 나쁘게 | bad |

256
위험하게 운전하지 마!

drive	not	dangerously!
Fahrt	**nicht**	**gefährlich!**
파아트	니히트	게패얼리히!
운전하다	부정	위험하게!

| **achtlos** 아흐트을로스 부주의하게 | heedlessly | **wütend** 뷔V텐트 화내어 | angrily | **langsam** 을랑잠 느리게 | slowly |

257

당신은 담배를 안 피운다.

you	smoke	not.
Sie	**rauchen**	**nicht .**
지	라우헨	니히트.
당신은	담배 피다	부정 .

laufen		schwimmen		singen	
을라우펜		슈빔V맨		징엔	
뛰다		수영하다		노래하다	

258

담배 피우지 마세요!

smoke	you	please	not!
Rauchen	**Sie**	**bitte**	**nicht!**
라우헨	지	빝테	니히트!
담배 피우다	당신은	제발	부정 !

laufen		lachen		reden	
을라우펜		을라헨		레덴	
뛰다		웃다		말하다 (talk)	

TIP '당신'에게 명령할 때에는 대부분 **bitte** (제발)을 사용합니다.

259

당신은 자주 노래하지 않습니다.

you	sing	not	much.
Sie	**singen**	**nicht**	**viel .**
지	징엔	니히트	피일.
당신은	노래하다	부정	많이.

trinken		schreien		fahren	
트링켄		슈라이엔		파아렌	
(술을) 마시다		외치다		운전하다	

260

크게 노래하지 마세요!

sing	you	please	not	loudly!
Singen	**Sie**	**bitte**	**nicht**	**laut!**
징엔	지	빝테	니히트	을라우트!
노래하다	당신은	제발	부정	크게!

reden		sagen		sprechen	
레덴		자겐		슈프레히엔	
이야기하다 (talk)		말하다 (say)		발언하다 (speak)	

03. 6가지 모양의 일반동사   795 **"문장"**

191
알겠어.

I	*have*	*it.* △
Ich	**habe**	**es.**
이히	하베	에스.
나	가지고 있다	그것을.

192
내게 생각이 있어요.

I	*have*	*an idea.* ○
Ich	**habe**	**eine Idee.**
이히	하베	아이내 이데에.
나	가지고 있다	하나의 생각을.

193
질문이 있어요.

I	*have*	*a question.* ○
Ich	**habe**	**eine Frage.**
이히	하베	아이내 프라게.
나	가지고 있다	하나의 질문을.

194
배고파요.

I	*am*	*hunger.* △
Ich	**habe**	**Hunger.**
이히	하베	훙어.
나	가지고 있다	배고픔을.

195
목말라요.

I	*am*	*thirst.* △
Ich	**habe**	**Durst.**
이히	하베	두어스트.
나	가지고 있다	목마름을.

196
쉬는 날이에요.

I	*have*	*free.* ✗
Ich	**habe**	**frei.**
이히	하베	프라이.
나	가지고 있다	자유로운.

197
무서워.

I	*have*	*fear.* ○
Ich	**habe**	**Angst.**
이히	하베	앙스트.
나	가지고 있다	두려움을.

198
나는 할 말이 없어.

I	*have*	*nothing*	*to say.* ○
Ich	**habe**	**nichts**	**zu sagen.**
이히	하베	니히츠	쭈 자겐.
나	가지고 있다	0개를	말할 것을.

199
나는 그렇게 해도 상관없어요.

I	*have*	*no*	*problem*	*with it.* O
Ich	**habe**	**kein**	**Problem**	**damit.**
이히	하베	카인	프로블렘	다밑.
나	가지고 있다	부정	문제	그것과 함께.

200
차선책이 있어요.

We	*have*	*plan B.* O
Wir	**haben**	**Plan B.**
비ˇ어	하벤	플란 베.
우리	가지고 있다	계획 B.

201
우리는 갈 길이 멀어요.

We	*have*	*still*	*a*	*long*	*way*	*before*	*us.* O
Wir	**haben**	**noch**	**einen**	**weiten**	**Weg**	**vor**	**uns.**
비ˇ어	하벤	노흐	아이낸	바ˇ이텐	벡ˇ	포ˆ어	운스.
우리	가지고 있다	아직	하나의	먼	길을	~앞에	우리에게.

202
네가 옳아.

You	*have*	*right.* △
Du	**hast**	**recht.**
두	하스트	레히트.
너	가지고 있다	정당한.

203
당신이 옳았어요.

You	*have*	*right.* X
Sie	**haben**	**recht.**
지	하벤	레히트.
당신	가지고 있다	정당한.

204
당신은 정말 운이 좋네요.

You	*have*	*luck.* X
Sie	**haben**	**Glück.**
지	하벤	글뤽크.
당신	가지고 있다	운.

205
무서웠어.

I	*had*	*fear.* O
Ich	**hatte**	**Angst.**
이히	핫테	앙스트.
나	가졌다	공포를.

206
예약 하셨나요?

Had	*you*	*a reservation?* X
Haben	**Sie**	**eine Reservierung?**
하벤	지	아이내 레저비ˇ어룽?
가지고 있다	당신	하나의 예약을?

03. 6가지 모양의 일반동사　　795 "문장"

207 시간 좀 있으세요?

Have	*you*	*time?* X
Haben	**Sie**	**Zeit?**
하벤	지	짜이트?
가지고 있다	당신	시간을?

208 더 큰 치수 있나요?

Have	*you*	*bigger*	*size?* △
Haben	**Sie**	**größere**	**Größe?**
하벤	지	그뢰쎄레	그뢰쎄?
가지고 있다	당신	더 큰	크기를?

209 일행이 계신가요?

Have	*you*	*company?* △
Haben	**Sie**	**Begleitung?**
하벤	지	베글라이퉁?
가지고 있다	당신	일행을?

210 너는 아무것도 몰라.

You	*have*	*no*	*idea.* O
Du	**hast**	**keine**	**Ahnung.**
두	하스트	카이내	아눙.
너	가지고 있다	부정	생각을.

211 예약해 뒀어요.

I	*have*	*reserved.* O
Ich	**habe**	**reserviert.**
이히	하베	레저비ᵛ어트.
나	가지고 있다	예약했다.

212 잊어 버렸어요.

I	*have*	*it*	*forgotten.* X
Ich	**habe**	**es**	**vergessen.**
이히	하베	에스	페ᵛ어게쎈.
나	가지고 있다	그것을	잊었다.

213 잃어 버렸어요.

I	*have*	*it*	*lost.* X
Ich	**habe**	**es**	**verloren.**
이히	하베	에스	페ᵛ얼로어렌.
나	가지고 있다	그것을	잃어버렸다.

214 놓쳤어요.

I	*have*	*it*	*missed.* X
Ich	**habe**	**es**	**verpasst.**
이히	하베	에스	페ᵛ어파쓰트.
나	가지고 있다	그것을	놓쳤다.

215 성공했어!

I	have	it	managed. X
Ich	**habe**	**es**	**geschafft.**
이히	하베	에스	게샤프트.
나	가지고 있다	그것을	성공했다.

216 저는 운이 좋았어요.

I	have	luck	had. X
Ich	**habe**	**Glück**	**gehabt.**
이히	하베	글뤽	게합트.
나	가지고 있다	운	가졌다.

217 저는 최선을 다했어요.

I	have	my	best	given. X
Ich	**habe**	**mein**	**Bestes**	**gegeben.**
이히	하베	마인	베스테스	게게벤.
나	가지고 있다	나의	최고를	주었다.

218 예상 못 했어요.

I	have	it	not	expected. X
Ich	**habe**	**es**	**nicht**	**erwartet.**
이히	하베	에스	니히트	에어바'아테트.
나	가지고 있다	그것을	부정	예상했다.

219 제가 주문한 게 아니에요.

I	have	this	not	ordered. X
Ich	**habe**	**das**	**nicht**	**bestellt.**
이히	하베	다스	니히트	베슈텔트.
나	가지고 있다	그것을	부정	주문했다.

220 이미 아침 먹었어요.

I	have	already	breakfasted. O
Ich	**habe**	**schon**	**gefrühstückt.**
이히	하베	숀	게프뤼슈틱크트.
나	가지고 있다	이미	아침을 먹었다.

221 이미 점심 먹었어요.

I	have	already	lur.ch	had. X
Ich	**habe**	**schon**	**Mittagessen**	**gehabt.**
이히	하베	숀	밑탁에쎈	게합트.
나	가지고 있다	이미	점심을	가졌다.

222 이미 저녁 먹었어요.

I	have	already	dinner	had. X
Ich	**habe**	**schon**	**Abendessen**	**gehabt.**
이히	하베	숀	아벤트에쎈	게합트.
나	가지고 있다	이미	저녁 식사를	가졌다.

03. 6가지 모양의 일반동사   795 "문장"

223 모르겠어요.

I	*have*	*no*	*idea.* O
Ich	**habe**	**keine**	**Ahnung.**
이히	하베	카이네	아눙.
나	가지고 있다	부정	생각을.

224 시간 없어요.

I	*have*	*no*	*time.* O
Ich	**habe**	**keine**	**Zeit.**
이히	하베	카이네	짜이트.
나	가지고 있다	부정	시간을.

225 나 돈이 없어요.

I	*have*	*no*	*money.* O
Ich	**habe**	**kein**	**Geld.**
이히	하베	카인	겔트.
나	가지고 있다	부정	돈을.

226 변명의 여지가 없어요.

I	*have*	*no*	*excuse.* O
Ich	**habe**	**keine**	**Ausrede.**
이히	하베	카이네	아우스레데.
나	가지고 있다	부정	변명을.

227 어쩔 수 없었어요.

I	*have*	*no*	*choice*	*had.* X
Ich	**habe**	**keine**	**Wahl**	**gehabt.**
이히	하베	카이네	바ˇ알	게합트.
나	가지고 있다	부정	선택을	가졌다.

228 저는 길을 잃었어요.

I	*have*	*me*	*lost.* X
Ich	**habe**	**mich**	**verlaufen.**
이히	하베	미히	페ˇ얼라우펜ˇ.
나	가지고 있다	나를	길을 잃었다.

229 네가 이겼어.

You	*have*	*won.* O
Du	**hast**	**gewonnen.**
두	하스트	게본ˇ낸.
너	가지고 있다	이겼다.

230 네가 그렇게 말했잖아.

You	*have*	*that*	*said.* X
Du	**hast**	**das**	**gesagt.**
두	하스트	다스	게작트.
너	가지고 있다	그것을	말했다.

231 문은 잠갔니?

Have	you	locked up? O	
Hast	**du**	**zugesperrt?**	
하스트	두	쭈게슈페어트?	
가지고 있다	너	잠갔다?	

232 만들었니?

Have	you	it	did? X
Hast	**du**	**es**	**getan?**
하스트	두	에스	게탄?
가지고 있다	너	그것을	했다?

233 너 때문에 기분 상했어.

You	have	my	fee.ings	hurt. X
Du	**hast**	**meine**	**Gefühle**	**verletzt.**
두	하스트	마이네	게퓔레	페얼랫쯔트.
너	가지고 있다	나의	기분들을	상처 냈다.

234 그거 했어요?

Have	you	this	did? X
Haben	**Sie**	**das**	**getan?**
하벤	지	다스	게탄?
가지고 있다	당신	그것을	했다?

235 그거 다 끝냈어요?

Have	you	it	to	end	brought? X
Haben	**Sie**	**es**	**zu**	**Ende**	**gebracht?**
하벤	지	에스	쭈	엔데	게브라흐트?
가지고 있다	당신	그것	~로	끝	보냈다?

236 잘 잤어요?

Have	you	well	slept? △
Haben	**Sie**	**gut**	**geschlafen?**
하벤	지	구트	게슐라펜?
가지고 있다	당신	잘	잤다?

237 나 보고 싶었어요?

Have	you	me	missed? △
Haben	**Sie**	**mich**	**vermisst?**
하벤	지	미히	페어미쓰트?
가지고 있다	당신	나를	그리워했다?

238 아침 식사 했나요?

Have	you	already	breakfasted? O
Haben	**Sie**	**schon**	**gefrühstückt?**
하벤	지	숀	게프뤼슈튁크트?
가지고 있다	당신	벌써	아침을 먹었다?

03. 6가지 모양의 일반동사   795 "문장"

239 점심 식사 했나요?

Have	you	already	lunch	had? △
Haben	**Sie**	**schon**	**Mittagessen**	**gehabt?**
하벤	지	숀	밑탁에쎈	게합트?
가지고 있다	당신	벌써	점심을	가졌다?

240 저녁 식사 했나요?

Have	you	already	dinner	had? △
Haben	**Sie**	**schon**	**Abendessen**	**gehabt?**
하벤	지	숀	아벤트에쎈	게합트?
가지고 있다	당신	벌써	저녁 식사를	가졌다?

241 당신은 시도조차 하지 않았잖아요.

You	have	not	once	tried. △
Sie	**haben**	**nicht**	**einmal**	**versucht.**
지	하벤	니히트	아인말	페어주흐트.
당신	가지고 있다	부정	한 번	시도했다.

242 재미 있었어요?

Have	you	fun	had? △
Haben	**Sie**	**Spaß**	**gehabt?**
하벤	지	슈파쓰	게합트?
가지고 있다	당신	즐거움을	가졌다?

243 오늘 밤에 시간 있어요?

Have	you	today	evening	time? △
Haben	**Sie**	**heute**	**Abend**	**Zeit?**
하벤	지	호이테	아벤트	짜이트?
가지고 있다	당신	오늘	저녁	시간을?

244 성공했어요?

Has	it	functioned? △
Hat	**es**	**funktioniert?**
하트	에스	풍크치오니어트?
가지고 있다	그것은	작동했다?

245 그는 그리될 만해요.

He	has	it	deserved. ✕
Er	**hat**	**es**	**verdient.**
에어	하트	에스	페어디인트.
그	가지고 있다	그것을	벌었다.

246 두려워하지 마세요.

Have	you	no	fear. △
Haben	**Sie**	**keine**	**Angst.**
하벤	지	카이내	앙스트.
가지고 있다	당신	부정	공포를.

247 알아요.		**Ich** 이히 나	*I* *know.* ○ **weiß.** 바ˇ이쓰. 알다.

248 나 기다리는 중이에요.		**Ich** 이히 나	*I* *wait.* △ **warte.** 바ˇ아테. 기다리다.

249 알겠어요 (이해했어요).		**Ich** 이히 나	*I* *see.* ○ **verstehe.** 페ˇ어슈테에. 이해하다.

250 나 갈게.		**Ich** 이히 나	*I* *leave.* △ **verlasse.** 페ˇ얼라쎄. 떠나다.

251 내가 보증할게요.		**Ich** 이히 나	*I* *guarantee.* ○ **garantiere.** 가ˇ란티어레. 보증하다.

252 내가 약속할게요.		**Ich** 이히 나	*I* *promise.* ○ **verspreche.** 페ˇ어슈프레히에. 약속하다.

253 노력 중 이에요.		**Ich** 이히 나	*I* *try* **versuche.** 페ˇ어주헤 시도하다	*it.* △ **es.** 에스. 그것을.

254 필요해요.		**Ich** 이히 나	*I* *need* **brauche.** 브라우헤 필요하다	*it.* ○ **es.** 에스. 그것.

165

03. 6가지 모양의 일반동사

795 "문장"

---

255 마음에 들어요.

I	like	it. O
Ich	**mag**	**es.**
이히	막	에스.
나	좋아하다	그것을.

---

256 이해가 안 돼요.

I	understand	not. △
Ich	**verstehe**	**nicht.**
이히	페어슈테에	니히트.
나	이해하다	부정.

---

257 그건 필요 없어요.

I	need	it	not. △
Ich	**brauche**	**es**	**nicht.**
이히	브라우헤	에스	니히트.
나	필요하다	그것	부정.

---

258 난 이거 싫어요.

I	like	it	not. △
Ich	**mag**	**es**	**nicht.**
이히	막	에스	니히트.
나	좋아하다	그것	부정.

---

259 나는 그렇게 생각 안 해요.

I	believe	not. O
Ich	**glaube**	**nicht.**
이히	글라우베	니히트.
나	믿다	부정.

---

260 난 이것을 원하지 않아.

I	want	not. X
Ich	**will**	**nicht.**
이히	빌ᵛ	니히트.
나	하고 싶다	부정.

---

261 저는 아무것도 몰라요.

I	know	nothing. O
Ich	**weiß**	**nichts.**
이히	바ᵛ이쓰	니히츠.
나	알다	0개.

---

262 그냥 구경하고 있어요.

I	look	just. △
Ich	**schaue**	**nur.**
이히	샤우에	누어.
나	보다	오직.

263
농담이에요.

I	kid	just. △
Ich	**scherze**	**nur.**
이히	쉐어쩨	누어.
나	농담하다	오직.

264
금방 갈게요.

I	come	soon. △
Ich	**komme**	**gleich.**
이히	콤매	글라이히.
나	오다	곧.

265
동감이에요.

I	agree	to. X
Ich	**stimme**	**zu.**
이히	슈팀매	쭈.
나	동의하다	분리전철

266
듣고 있어.

I	listen	to. X
Ich	**höre**	**zu.**
이히	회레	쭈.
나	듣다	분리전철 .

267
이제
나도
모르겠다.

I	give	up. O
Ich	**gebe**	**auf.**
이히	게베	아우프.
나	포기하다	분리전철 .

268
네가 그리워.

I	miss	you. O
Ich	**vermisse**	**dich.**
이히	페어미쎄	디히.
나	그리워하다	너를.

269
나는 널
믿어.

I	trust	you. O
Ich	**vertraue**	**dir.**
이히	페어트라우에	디어.
나	신뢰하다	너를.

270
사랑해.

I	love	you. O
Ich	**liebe**	**dich.**
이히	을리이베	디히.
나	사랑하다	너를.

03. 6가지 모양의 일반동사   795 "문장"

271 진심이에요.

I	mean	it	serious. △
Ich	**meine**	**es**	**ernst.**
이히	마이내	에스	에언스트.
나	나의	그것을	진심인.

272 부럽다.

I	envy	you. O	
Ich	**beneide**	**dich.**	
이히	베나이데	디히.	
나	부러워하다	너를.	

273 정말 기분 좋아.

I	feel	me	great. X
Ich	**fühle**	**mich**	**super.**
이히	퓔래	미히	수퍼.
나	느끼다	나를	대단한.

274 고마워요.

I	appreciate	me. X	
Ich	**bedanke**	**mich.**	
이히	베당케	미히.	
나	고마워하다	나를.	

275 과연 그럴까.

I	doubt	this. O	
Ich	**bezweifle**	**das.**	
이히	베쯔바ˇ이플래	다스.	
나	의심하다	그것을.	

276 통역이 필요해요.

I	need	a translator. O	
Ich	**brauche**	**einen Übersetzer.**	
이히	브라우헤	아이낸 위버셋쩌.	
나	필요하다	하나의 통역사를.	

277 나는 좀 쉬고 싶어요.

I	need	a little	break. O
Ich	**brauche**	**ein bisschen**	**Pause.**
이히	브라우헤	아인 비쓰히엔	파우제.
나	필요하다	조금	휴식을.

278 내가 신세 한 번 졌어.

I	owe	you	something. △
Ich	**schulde**	**dir**	**etwas.**
이히	슐데	디어	에트바ˇ스.
나	빚지다	너에게	어떤 것을.

279
바람 좀 쐬고 싶어.

I	need	a little	air. △
Ich	**brauche**	**ein bisschen**	**Luft.**
이히	브라우헤	아인 비쓰히엔	을루프트.
나	필요하다	조금	공기를.

280
곧 돌아올게요.

I	come	right	back. △
Ich	**komme**	**sofort**	**zurück.**
이히	콤매	소포어트	쭈휙.
나	오다	바로	분리전철.

281
저 5일 동안 여기 머무를 거예요.

I	stay	here	for	5 days. O
Ich	**bleibe**	**hier**	**für**	**5 Tage.**
이히	블라이베	히어	퓌어	퓐프 타게.
나	머무르다	여기	~위해	5일들.

282
내가 배웅할게요.

I	accompany	you	out. O
Ich	**begleite**	**Sie**	**hinaus.**
이히	베글라이테	지	힌아우스.
나	바래다주다	당신을	밖으로.

283
커피 좀 마시고 싶어요.

I	would	like	a coffee. △
Ich	**hätte**	**gerne**	**einen Kaffee.**
이히	햍테	게어내	아이낸 카페에.
나	가지고 싶다	기꺼이	하나의 커피를.

284
만나게 되어 기뻐요.

I	delight	me	you	to see. X
Ich	**freue**	**mich**	**Sie**	**zu sehen.**
이히	프로이에	미히	지	쭈 제에엔.
나	기뻐하다	나	당신을	보는 것을.

285
솔직해지자.

Be	we	honest. X
Seien	**wir**	**ehrlich.**
자이엔	비어	에얼리히.
~이자	우리	정직한.

286
너는 항상 네 마음대로 해.

You	do	always	what	you	want. O
Du	**tust**	**immer**	**was**	**du**	**willst.**
두	투스트	임머	바스	두	빌스트.
너	하다	항상	무엇	너	원하다.

03. 6가지 모양의 일반동사   795 "문장"

287 좋아 보여요.

You	look	well	out. ✗
Sie	**sehen**	**gut**	**aus.**
지	제에엔	구트	아우스.
당신	보이다	좋은	분리전철

288 당신은 정말 잘하고 있어요.

You	do	it	great. △
Sie	**machen**	**es**	**super.**
지	마헨	에스	수파
당신	하다	그것을	훌륭한.

289 스무 살처럼 보여요.

You	look	like	20	out. △
Sie	**sehen**	**wie**	**20**	**aus.**
지	제에엔	비	쯔반찌히	아우스.
당신	보이다	~처럼	20	분리전철

290 그가 옵니다!

He	comes! ○
Er	**kommt!**
에어	콤트!
그	오다!

291 그는 말이 너무 많아요.

He	talks	too	much. ○
Er	**redet**	**zu**	**viel.**
에어	레데트	쭈	피일.
그	말하다	너무	많이.

292 비가 오네요.

It	rains. △
Es	**regnet.**
에스	레그내트.
그것은	비가 오다.

293 눈이 오네요.

It	snows. △
Es	**schneit.**
에스	슈나이트.
그것은	눈이 오다.

294 저는 잘 지내요.

Me	goes	it	well. ✗
Mir	**geht**	**es**	**gut.**
미어	게에트	에스	구트.
나에게	가다	그것	잘.

295
효과가 있어요.

It	works. O
Es	**funktioniert.**
에스	풍크치오니어트.
그것은	작동하다.

296
그런 일들이 있지.

It	happens. O
Es	**passiert.**
에스	파씨어트.
그것은	발생하다.

297
내가 계산할게.

It	is	on	me. O
Es	**geht**	**auf**	**mich.**
에스	게에트	아우프	미히.
그것은	~이다	~위로	나.

298
시간이 걸립니다.

It	needs	time. O
Es	**braucht**	**Zeit.**
에스	브라우흐트	짜이트
그것은	필요하다	시간을.

299
두 시간은 걸릴걸요.

It	takes	2	hours. O
Es	**dauert**	**2**	**Stunden.**
에스	다우어트	쯔바이	슈툰덴.
그것은	걸리다	2	시간들.

300
좋은 생각이에요.

It	sounds	good. O
Es	**klingt**	**gut.**
에스	클링트	구트.
그것은	들리다	좋은.

301
그건 말이 되네.

It	makes	sense. O
Es	**macht**	**Sinn.**
에스	마흐트	진.
그것은	만들다	의미.

302
때에 따라 달라요.

It	comes	thereon	at. X
Es	**kommt**	**darauf**	**an.**
에스	콤트	다라우프	안.
그것은	달려있다	그 위에	분리전철 .

03. 6가지 모양의 일반동사   795 "문장"

303 당신에게 잘 어울려요.

It	stands	you. X
Es	**steht**	**Ihnen.**
에스	슈테에트	인낸.
그것은	서 있다	당신에게.

304 당신에게 달렸어요.

It	independent	from	you	off. O
Es	**hängt**	**von**	**Ihnen**	**ab.**
에스	행트	폰	이낸	압.
그것은	~에 달려 있다	~부터	당신에게	분리전철.

305 누구나 거짓말을 하지.

Everybody	lies. O
Jeder	**lügt.**
예더	을뤽스트.
누구나	거짓말하다.

306 다들 그를 싫어해요.

Everybody	hates	him. O
Jeder	**hasst**	**ihn.**
예더	하쓰트	인.
누구나	싫어하다	그를.

307 내가 이럴 줄 알았지.

I	knew	it. O
Ich	**wusste**	**es.**
이히	부v스테	에스.
나	알았다	그것을.

308 몰랐어요.

I	knew	it	not. X
Ich	**wusste**	**es**	**nicht.**
이히	부v스테	에스	니히트.
나	알았다	그것	부정.

309 제가 당신을 아나요?

Know	I	you? X
Kenne	**ich**	**Sie?**
캔내	이히	지?
알다	나	당신을?

310 나 괜찮아 보여?

Look	I	good	out? X
Sehe	**ich**	**gut**	**aus?**
제에	이히	구트	아우스?
보이다	나	좋은	분리전철 ?

311
내가 바보인 줄 아세요?

Look	*I*	*stupid*	*out?* X
Sehe	**ich**	**dumm**	**aus?**
제에	이히	둠	아우스?
보이다	나	바보인	분리전철 ?

312
날 사랑해?

Love	*you*	*me?* X
Liebst	**du**	**mich?**
을리입스트	두	미히?
사랑하다	너	나를?

313
그거 봐. (내가 뭐랬어?)

See	*you?* X
Siehst	**du?**
지이스트	두?
보다	너?

314
너 그거 알아?

Know	*you*	*what?* △
Weißt	**du**	**was?**
바ˇ이쓰트	두	바ˇ스?
알다	너	무엇을?

315
내 목소리 들려?

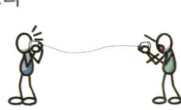

Hear	*you*	*me?* △
Hörst	**du**	**mich?**
회어스트	두	미히?
듣다	너	나를?

316
저를 믿으세요?

Trust	*you*	*me?* X
Vertrauen	**Sie**	**mir?**
페어트라우엔	지	미아?
신뢰하다	당신	나에게?

317
이걸 원해요?

Like	*you*	*this?* X
Mögen	**Sie**	**das?**
뫼겐	지	다스?
좋아하다	당신	그것?

318
이거 필요하세요?

Need	*you*	*it?* X
Brauchen	**Sie**	**es?**
브라우헨	지	에스?
필요하다	당신	그것을?

03. 6가지 모양의 일반동사   795 "문장"

---

319 이해가 되나요?

Understand		you? X
Verstehen		**Sie?**
페어슈테엔		지?
이해하다		당신은?

---

320 괜찮아요?

Goes	it	you	good? X
Geht	**es**	**Ihnen**	**gut?**
게에트	에스	인낸	구트?
가다	그것은	당신에게	잘?

---

321 그거 잘 되고 있어요?

Goes	it	well? X
Geht	**es**	**gut?**
게에트	에스	구트?
가다	그것은	잘?

---

322 그게 마음에 드세요?

Like	it	you	well? X
Gefällt	**es**	**Ihnen**	**gut?**
게펠트	에스	인낸	구트?
마음에 들다	그것은	당신에게	좋은?

---

323 맛 좋아?

Tastes	it	good? X
Schmeckt	**es**	**gut?**
슈맥크트	에스	구트?
맛이 나다	그것은	좋은?

---

324 효과가 있어요?

Functions	it? O
Funktioniert	**es?**
풍크치오니어트	에스?
작동하다	그것은?

---

325 문제 있어?

Plays	it	a	role? X
Spielt	**es**	**eine**	**Rolle?**
슈피일트	에스	아이내	롤래?
하다	그것은	하나의	역할을?

---

326 나는 그것을 원하지 않아요.

I	want	it	not. △
Ich	**will**	**es**	**nicht.**
이히	빌v	에스	니히트.
나	할 것이다	그것을	부정.

327
저 몸이 별로 안 좋아요.

I	fell	not	good. X
Ich	**fühle**	**nicht**	**gut.**
이히	퓔래	니히트	구트.
나	느끼다	부정	좋은.

328
나는 몰라요.

I	know	it	not. X
Ich	**weiß**	**es**	**nicht.**
이히	바이쓰	에스	니히트.
나	알다	그것	부정.

329
기억이 안 나요.

I	remember	me	not. X
Ich	**erinnere**	**mich**	**nicht.**
이히	에어인너레	미히	니히트.
나	기억하다	나를	부정.

330
나는 너를 좋아하지 않아.

I	likes	you	not. △
Ich	**mag**	**dich**	**nicht.**
이히	막	디히	ㄴ 히트.
나	좋아하다	너를	부정.

331
몸만 오세요.

They	need	nothing	to do. X
Sie	**brauchen**	**nichts**	**zu tun.**
지	브라우헨	니히츠	쭈 툰.
당신	필요로 하다	0개를	하는 것을.

332
그렇지 않아요.

This	right	not. X	
Das	**stimmt**	**nicht.**	
다스	슈팀트	니히트.	
그것은	맞다	부정.	

333
말이 안 되잖아.

This	makes	no	sense. O
Das	**macht**	**keinen**	**Sinn.**
다스	마흣트	카이낸	진.
그것은	만들다	부정	의미를.

334
해가 될 건 없어요.

It	harms	not. △	
Es	**schadet**	**nicht.**	
에스	샤데트	니히트.	
그것은	해치다	부정.	

03. 6가지 모양의 일반동사   795 "문장"

335 효과가 없어요.

It	functions	not. △
Es	**funktioniert**	**nicht.**
에스 그것은	풍크치오니어트 작동하다	니히트. 부정

336 상관없어요.
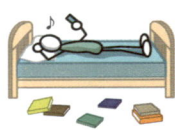
It	plays	no	role. △
Es	**spielt**	**keine**	**Rolle.**
에스 그것은	슈피일트 하다	카이내 부정	롤래. 역할을.

337 뭔가 잘못 됐어요.

Something	right	not. X
Etwas	**stimmt**	**nicht.**
에트바스 어떤 것은	슈팀트 맞다	니히트. 부정

338 조용히 해!

Be	quiet! O
Sei	**still!**
자이 ~이어라	슈틸! 조용한!

339 잠시 들어봐.

Listen	to. O
Hör	**zu.**
회어 들어라	쭈. 분리전철

340 가.

Go! O
Geh!
게! 가라!

341 날 용서해 줘.

Forgive	me. O
Vergib	**mir.**
페어깁 용서해라	미어. 나에게.

342 멈추지 마.

Stop	not! X
Halt	**nicht!**
할트 멈추어라	니히트! 부정 !

343
도와주세요!

Help	*you*	*me!* O
Hilfen	**Sie**	**mir!**
힐펜	지	미어!
도와라	당신	나에게!

344
잊어버려.

Forget	*it.* O	
Vergiss	**es.**	
페어기쓰	에스.	
잊어라	그것을.	

345
글쎄요…
(한 번 볼까요…)

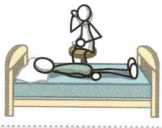

Let	*us*	*see.* O
Lass	**uns**	**sehen.**
을라쓰	운스	제에엔.
두어라	우리를	보다.

346
그만해.

Stop	*up.* X	
Hör	**auf.**	
회어	아우프!.	
멈추어라	분리전철.	

347
먹자.

Let	*us*	*eat.* O
Lass	**uns**	**essen.**
을라쓰	운스	에쎈.
두어라	우리를	먹다.

348
가지 마.

Go	*not!* X	
Geh	**nicht!**	
게	니히트!	
가라	부정 !	

349
나랑 같이 가요.

Follow	*me.* O	
Folge	**mir.**	
폴게	미어.	
따라와라	나에게.	

350
가게 해 주세요.

Let	*me*	*go.* O
Lass	**mich**	**gehen.**
을라쓰	미히	게에엔.
두어라	나를	가다.

03. 6가지 모양의 일반동사 795 "문장"

351 조심해.
Be | *careful.* O
Sei | **vorsichtig.**
자이 | 포ˇ어지히티히.
~이어라 | 조심하는.

352 해 봅시다.
Do | *we* | *it.* X
Tun | **wir** | **es.**
툰 | 비ˇ어 | 에스.
하자 | 우리 | 그것을.

353 해라.
Do | *this.* O
Mach | **das.**
마ˇ흐 | 다스.
해라 | 그것을.

354 잘 대해 줘.
Be | *nice.* O
Sei | **achtsam.**
자이 | 아ˇ흐트잠.
~이어라 | 조심성 있는.

355 저거 봐!
Look! O
Schau!
샤우!
보아라!

356 서둘러!
Hurry | *you!* X
Beeil | **dich!**
베아일 | 디히!
서둘러라 | 너를!

357 일어나, 정신 차려!
Wake | *up!* O
Wache | **auf!**
바ˇ헤 | 아우프!
일어나라 | 분리전철 !

358 아무것도 말하지 마.
Say | *nothing.* O
Sag | **nichts.**
작 | 니히츠.
말해라 | 0개를.

359
진정해.

Calm **Beruhig** *you!* △ **dich!**
베루이히 디히!
진정해라 너를!

360
힘을 내!

Try **Probiere** *it!* ○ **es!**
프로비어레 에스!
해봐라 그것을!

361
날 믿어.

Trust **Vertrau** *me.* ○ **mir.**
페어트라우 미어.
신뢰해라 나에게.

362
어쩔래! 배 째!

Bite **Beiß** *me!* ○ **mich!**
바이쓰 미히!
물어라 나를!

363
꺼져버려!

Go **Geh** *away.* ○ **weg.**
게 벡v.
가라 저기로.

364
꽉 잡아.

Hold **Halte** *it* **es** *tight.* ○ **fest.**
할테 에스 페스트.
잡아라 그것 분리전철.

365
있잖아.

Guess **Rate** *time.* ✕ **mal.**
라테 말.
짐작하다 번.

366
봐봐.

Look **Schau** *time* **mal** *there.* ✕ **hin.**
샤우 말 힌.
보아라 번 분리전철.

03. 6가지 모양의 일반동사   795 "문장"

367 걱정하지 마.
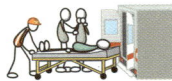
No **Keine** | *worry.* △ **Sorge.**
카이내 | 조어게.
부정 | 걱정.

368 잊지 마.

Forget **Vergiss** | *not.* X **nicht.**
페어기쓰 | 니히트.
잊어라 | 부정.

369 시간을 지켜.

Be **Sei** | *punctual.* O **pünktlich.**
자이 | 핑크틀리히.
~이어라 | 시간에 정확한.

370 문자 해.

Write **Schreib** | *me.* △ **mir.**
슈라입 | 미어.
써라 | 나에게.

371 그거 하지 마.

Do **Mach** | *this* **das** | *not.* X **nicht.**
마흐 | 다스 | 니히트.
해라 | 그것을 | 부정.

372 말도 마.

Ask **Frag** | *me* **mich** | *not.* △ **nicht.**
프락 | 미히 | 니히트.
물어보아라 | 나를 | 부정.

373 포기하지 마.

Give **Gib** | *it* **es** | *not* **nicht** | *up!* △ **auf!**
깁 | 에스 | 니히트 | 아우프!
포기해라 | 그것을 | 부정 | 분리전철 !

374 잠깐 쉬자.

Do **Machen** | *we* **wir** | *a break.* X **eine Pause.**
마헨 | 비어 | 아이내 파우제.
하자 | 우리 | 하나의 휴식을.

375
강요하지 마.

Force	*me*	*not.* △
Zwing	**mich**	**nicht.**
쯔빙V	미히	니히트.
강요해라	나를	부정

376
몸 건강해 (헤어질 때 인사말).

Mind	*up*	*you*	*up.* X
Pass	**auf**	**dich**	**auf.**
파스	아우프	디히	아우프.
돌보아라	~위로	너	분리전철

377
내 탓하지 마.

Give	*me*	*the fault*	*not.* X
Gib	**mich**	**die Schuld**	**nicht.**
깁	미히	디 슐트	니히트.
주어라	나를	그 책임을	부정

378
귀찮게 하지 마.

Bother	*me*	*not.* △
Stör	**mich**	**nicht.**
슈퇴어	미히	니히트.
귀찮게 해라	나를	부정

379
내게 거짓말 하지 마.

Lie	*me*	*not*	*at.* X
Lüg	**mich**	**nicht**	**an.**
을륔	미히	니히트	안.
거짓말해라	나를	부정	분리전철

380
그거 갖고 불평하지 마.

Complain	*you*	*not*	*thereover.* X
Beschwerde	**dich**	**nicht**	**darüber.**
베슈베V어데	디히	니히트	다뤼버.
불평해라	너를	부정	그것에 대해.

381
좀 쉬세요.

Relax	*you*	*you.* X
Entspannen	**Sie**	**sich.**
엔트슈판낸	지	지히.
쉬어라	당신	당신을.

382
연락하면서 지내자!

Stay	*we*	*in the*	*touch!* △
Bleiben	**wir**	**im**	**Kontakt!**
블라이벤	비V어	임	콘탁크트!
머무르자	우리	~안	연락!

03. 6가지 모양의 일반동사   795 "문장"

383 시간 낭비하지 마.

Waste	*your*	*time*	*not.* △
Verschwend	**deine**	**Zeit**	**nicht.**
페어슈벤트	다이내	짜이트	니히트.
낭비해라	너의	시간을	부정

384 자, 빨리빨리!

Come already!	*Come already!* X
Komm schon!	**Komm schon!**
콤 숀!	콤 숀!
와라!	와라!

385 천천히 해.

Let	*you*	*time.* X
Lass	**dir**	**Zeit.**
을라쓰	디어	짜이트.
놓아라	너에게	시간을.

386 나눠서 하자.

Let	*us*	*share.* O
Lass	**uns**	**teilen.**
을라쓰	운스	타일렌.
두어라	우리를	나누다.

387 친구가 되자.

Let	*us*	*friends*	*be.* X
Lass	**uns**	**Freunde**	**sein.**
을라쓰	운스	프로인데	자인.
두어라	우리를	친구들	~이다.

388 내버려 둬!

Let	*it*	*be.* O
Lass	**es**	**sein.**
을라쓰	에스	자인.
두어라	그것을	되다.

389 우리 이것에 관해 이야기 해 봅시다.

Let	*us*	*thereover*	*talk.* △
Lass	**uns**	**darüber**	**reden.**
을라쓰	운스	다뤼버	레덴.
두어라	우리를	그것에 대해	말하다.

390 나를 실망하게 하지 마요.

Let	*me*	*not*	*in the*	*stitch!* X
Lass	**mich**	**nicht**	**im**	**Stich!**
을라쓰	미히	니히트	임	슈티히!
두어라	나를	부정	~안	상처!

391
가자!

Let	*us*	*go.* △	
Lass	**uns**	**gehen.**	
을라쓰	운스	게에엔.	
두어라	우리를	가다.	

392
우리 이거 하지 말자.

Let	*us*	*that*	*not*	*do.* X
Lass	**uns**	**das**	**nicht**	**tun.**
을라쓰	운스	다스	니히트	툰.
두어라	우리를	그것	부정	하다.

393
생각해 볼게.

Let	*me*	*think.* O	
Lass	**mich**	**nachdenken.**	
을라쓰	미히	나흐뎅켄.	
두어라	나를	생각하다.	

394
우리 시간 낭비하지 맙시다.

Let	*us*	*no*	*time*	*waste.* △
Lass	**uns**	**keine**	**Zeit**	**verschwenden.**
을라쓰	운스	카이네	짜이트	페어슈벤ᵛ덴.
두어라	우리를	부정	시간을	낭비하다.

395
내가 해 볼게.

Let	*me*	*try.* O	
Lass	**mich**	**versuchen.**	
을라쓰	미히	페어주헨.	
두어라	나를	시도하다.	

396
이 얘기는 하지 말자.

Let	*us*	*not*	*thereover*	*talk.* X
Lass	**uns**	**nicht**	**darüber**	**reden.**
을라쓰	운스	니히트	다뤼버	레덴.
두어라	우리를	부정	그것에 대해	말하다.

397
외식 합시다.

Let	*us*	*outside*	*eat.* △
Lass	**uns**	**auswärts**	**essen.**
을라쓰	운스	아우스배ᵛ어츠	에쎈.
두어라	우리를	밖에서	먹다.

398
그건 그냥 지나가자.

Let	*us*	*it*	*skip.* X
Lass	**uns**	**es**	**überspringen.**
을라쓰	운스	에스	위버슈프링엔.
두어라	우리를	그것	시도하다.

03. 6가지 모양의 일반동사   795 "문장"

399 그냥 거절해.

Reject	*it*	*off.* X
Lehn	**es**	**ab.**
을래엔	에스	압.
거절해라	그것을	분리전철.

400 비밀 지켜.

Hold	*it*	*secret.* X
Halt	**es**	**geheim.**
할트	에스	게하임.
해라	그것을	비밀로.

401 나한테 맡겨.

Give	*it*	*me.* X
Überlass	**es**	**mir.**
위벌라쓰	에스	미어.
맡겨라	그것을	나에게.

402 내버려 둬.

Leave	*me*	*in*	*silence.* △
Lass	**mich**	**in**	**Ruhe.**
을라쓰	미히	인	루에.
두어라	나를	~안에	평온.

403 행운을 빌어 주세요.

Wish	*me*	*luck.* O
Wünsch	**mir**	**Glück.**
뷘V쉬	미어	글뤽크.
빌어라	나에게	운을.

404 신경 쓰지 마세요.

Forget	*you*	*it.* X
Vergessen	**Sie**	**es.**
페어게쎈	지	에스.
잊어라	당신	그것을.

405 당신이 고르세요.

Decide	*you*	*yourself.* O
Entscheiden	**Sie**	**sich.**
엔트샤이덴	지	지히.
결정해라	당신	당신을.

406 맛있게 드세요.

Enjoy	*you*	*your*	*meal.* X
Genießen	**Sie**	**Ihr**	**Essen.**
게니이쎈	지	이어	에쎈.
즐겨라	당신	당신의	음식을.

407
다시 해 보세요.

Try	you	it	still	again. X
Versuchen	**Sie**	**es**	**noch**	**einmal.**
페어주헨	지	에스	노흐	아인말.
시도해라	당신	그것	또	한 번.

408
울지 마세요.

Cry	you	not. △		
Weinen	**Sie**	**nicht.**		
바이낸	지	니히트.		
울어라	당신	부정.		

409
받아 적어 주세요.

Write	you	please	up. X	
Schreiben	**Sie**	**bitte**	**auf.**	
슈라이벤	지	비테	아우프.	
적어라	당신	부트합니다	분리전철.	

410
번거롭게 해 드려서 죄송합니다.

Sorry	you	the disturbance. △		
Entschuldigen	**Sie**	**die Störung.**		
엔트츌디겐	지	디 슈퇴어룽.		
실례하다	당신	그 소란을.		

411
최선을 다하세요.

Give	you	your	best. △	
Geben	**Sie**	**Ihr**	**Bestes.**	
게벤	지	이어	베스테스.	
주어라	당신	당신의	최고를.	

412
누군가를 불러 주세요.

Call	you	someone. △		
Rufen	**Sie**	**jemanden.**		
루펜	지	예만덴.		
불러라	당신	누구를.		

413
나중에 전화해 주세요.

Phone	you	me	later	at. X
Rufen	**Sie**	**mich**	**später**	**an.**
루펜	지	미히	슈패터	안.
전화해라	당신	나를	나중에	분리전철.

414
계속하세요.

Do	you	further. X		
Machen	**Sie**	**weiter.**		
마헨	지	바이터.		
해라	당신	계속.		

03. 6가지 모양의 일반동사

795 "문장"

415
직선으로
쭉 가세요.

Go	you	straight. X
Gehen	**Sie**	**geradeaus.**
게에엔	지	게라데아우스.
가라	당신	곧장.

416
들어오세요.

Come	you	in. △
Kommen	**Sie**	**herein.**
콤맨	지	헤라인.
들어와라	당신	분리전철

417
앉으세요.

Sit	you	you	there. X
Setzen	**Sie**	**sich**	**hin.**
셋쩬	지	지히	힌.
자리에 앉아라	당신	당신을	분리전철

418
자세히
보세요.

Look	you	you	exactly	at. X
Sehen	**Sie**	**sich**	**genau**	**an.**
제에엔	지	지히	게나우	안.
바라보아라	당신	당신을	정확히	분리전철

419
두 알씩
드세요.

Take	you	2	thereof. X
Nehmen	**Sie**	**2**	**davon.**
내에맨	지	쯔바ᵛ이	다폰ᶠ.
복용해라	당신	2	그중에.

420
좀 참아봐요.

Be	you	patient. △
Seien	**Sie**	**geduldig.**
자이엔	지	게둘디히.
~이어라	당신	참을성 있는.

421
잠시만요.

Wait	you	please	a moment! △
Warten	**Sie**	**bitte**	**einen Moment!**
바아텐	지	빝테	아이낸 모맨트!
기다려라	당신	부탁합니다	하나의 순간!

422
여기서
세워 주세요.

Please	hold	you	here	at. △
Bitte	**halten**	**Sie**	**hier**	**an.**
빝테	할텐	지	히어	안.
부탁합니다	멈추어라	당신	여기	분리전철

423
당신 방식대로 하세요.

Do	you	it	or	your	way. X
Tun	**Sie**	**es**	**auf**	**Ihre**	**Weise.**
툰	지	에스	아우프	이어레	바ᵛ이제.
해라	당신	그것	~귀로	너의	방식.

424
이거 주세요.

Give	you	it	me! X
Geben	**Sie**	**es**	**mir!**
게벤	지	에스	미어!
주어라	당신	그것을	나에게!

425
끊지 말고 잠시 기다려 주세요. (전화)

Stay	you	please	thereby! △
Bleiben	**Sie**	**bitte**	**dran!**
블라이벤	지	빝테	드란!
머물러라	당신	부탁합니다	여기에!

426
제게 전화 주세요.

Phone	you	me	once	at. X
Rufen	**Sie**	**mich**	**einmal**	**an.**
루펜	지	미히	아인말	안.
전화해라	당신	나	한 번	분리전철.

427
좀 깎아 주세요.

Give	you	me	a discount. △
Geben	**Sie**	**mir**	**einen Rabatt.**
게벤	지	미어	아이낸 라밧트.
주어라	당신	나에게	하나의 할인을.

428
창피한 줄 알아요.

Shame	you	you. X
Schämen	**Sie**	**sich.**
쉐맨	지	지히.
부끄러워해라	당신	당신을.

429
안부 전해 주세요.

Say	you	"hello"	to her. △
Sagen	**Sie**	**Hallo**	**zu ihr.**
자겐	지	"할로"	쭈 이어.
말해라	당신	"안녕"	그녀에게.

430
편히 계셔도 좋아요.

Feel	you	you	like	at home. X
Fühlen	**Sie**	**sich**	**wie**	**zu Hause.**
퓔랜	지	지히	비ᵛ	쭈 하우제.
느껴라	당신	당신을	~처럼	집에.

03. 6가지 모양의 일반동사   795 "문장"

431
언제 한 번 저에게 들러 주세요.

Come	*you*	*me*	*once*	*visit.* △
Kommen	**Sie**	**mich**	**einmal**	**besuchen.**
콤맨	지	미히	아인말	베주헨.
와라	당신	나를	한 번	방문하다.

432
사돈 남 말 하시네.

Look	*who*	*talks.* O
Schau	**wer**	**redet.**
샤우	베ᵛ어	레데트.
보아라	누가	말하다.

04. 대명사 & 소유형용사
지시대명사 Das

영어의 This와 That은 이것, 저것을 가리킬 때 사용합니다.
이러한 대명사들을 '**지시대명사**'라고 부릅니다.

지시대명사 중에 만능 키라고 할 수 있는 **das**를 배워보도록 하겠습니다.
das는 다음 4개의 의미를 모두 가지고 있습니다.

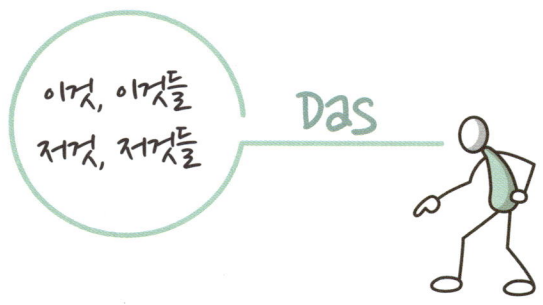

TIP 지시대명사로도 사용하는 인칭대명사들

인칭대명사 중

Er [에어]
Sie [지]   는 지시대명사로도 사용됩니다.
Es [에스]

이들이 인칭대명사로 사용될 때는 말하는 대상의 성별에 따라서 Er, Sie, Es를 사용합니다.
말하고 있는 것의 성을 모르는 경우에는 중성의 Es를 사용하시면 됩니다.

단수와 복수는 동사에 의해 구분됩니다.

▶ 이것(this)은 좋다:

| Das | ist | gut |

▶ 저것(that)은 좋다:

| Das | ist | gut |

▶ 이것들(these)은 좋다:

| Das | sind | gut |

▶ 저것들(those)은 좋다:

| Das | sind | gut |

TIP 이것은, 저것은...

A: Das ist Wasser und das ist Alkohol.
B: Ja? Das sind nicht gleich?
A: Nein, das sind nicht gleich.
   Wasser ist das und Alkohol ist das.

A: 이것은 물이고 저것은 알코올이야.
B: 응? 이것들이 같지 않다고?
A: 아니, 이것들은 같지 않아.
   물은 이것, 알코올은 이것이야.

04. 대명사 & 소유형용사
지시형용사 두 가지

영어로 This

> **This one, That one,
> This book, That book**

영어에서 **지시대명사**는 아래와 같이 뒤따르는 명사를 꾸며주는 **형용사의 역할**을 하기도 합니다.
대명사로 쓰일 때나 형용사로 쓰일 때나 모양은 똑같고요.
영어와 달리, 독일어에서는 지시대명사와 지시형용사의 모양이 서로 다릅니다.
독일어의 지시형용사 두 가지를 간단하게 표로 알아보겠습니다.

dieser [디이저]: 이 ~

	남성 단수	여성 단수	중성 단수	복수
1격 주격	**dieser** [디이저]	**diese** [디이제]	**dieses** [디이제스]	**diese** [디이제]
	dieser Hut 이 모자는	diese Tasche 이 가방은	dieses Haus 이 집은	diese Hüte 이 모자들은
2격 소유격	**dieses** [디이제스]	**dieser** [디이저]	**dieses** [디이제스]	**dieser** [디이저]
	dieses Hutes 이 모자의	dieser Tasche 이 가방의	dieses Hauses 이 집의	dieser Hüte 이 모자들의
3격 간접목적격	**diesem** [디이젬]	**dieser** [디이저]	**diesem** [디이젬]	**diesen** [디이젠]
	diesem Hut 이 모자에게	dieser Tasche 이 가방에게	diesem Haus 이 집에게	diesen Hüten 이 모자들에게
4격 목적격	**diesen** [디이젠]	**diese** [디이제]	**dieses** [디이제스]	**diese** [디이제]
	diesen Hut 이 모자를	diese Tasche 이 가방을	dieses Haus 이 집을	diese Hüte 이 모자들을

▶ 이 집은 아름답다. [디이제스 하우스 이스트 쉔]

| Dieses | Haus | ist | schön |

jener [예너]: 저 ~

	남성 단수	여성 단수	중성 단수	복수
1격 주격	*jener* [예너]	*jene* [예내]	*jenes* [예내스]	*jene* [예내]
	jener Hut 저 모자는	*jene* Tasche 저 가방은	*jenes* Haus 저 집은	*jene* Hüte 저 모자들은
2격 소유격	*jenes* [예내스]	*jener* [예너]	*jenes* [예내스]	*jener* [예너]
	jenes Hutes 저 모자의	*jener* Tasche 저 가방의	*jenes* Hauses 저 집의	*jener* Hüte 저 모자들의
3격 간접목적격	*jenem* [예냄]	*jener* [예너]	*jenem* [예냄]	*jenen* [예낸]
	jenem Hut 저 모자에게	*jener* Tasche 저 가방에게	*jenem* Haus 저 집에게	*jenen* Hüten 저 모자들에게
4격 목적격	*jenen* [예낸]	*jene* [예내]	*jenes* [예내스]	*jene* [예내]
	jenen Hut 저 모자를	*jene* Tasche 저 가방을	*jenes* Haus 저 집을	*jene* Hüte 저 모자들을

▶ 저 가방은 아름답다. [예내 타쉐 이스트 쉔]

| Jene | Tasche | ist | schön |

지시형용사 두 가지

dieser와 jener의 성·수·격 변화를 모두 외워서 사용하기 힘들다면, 그 대신 우리에게 좀 더 익숙한 정관사를 사용해도 똑같은 역할을 합니다.

dieser와 jener는 시간을 가리키기도 합니다.
이때에도 둘의 의미가 서로 다르므로 주의해야 합니다.

An diesem Montag
[안 디이젬 몬탁]
: 이번 월요일에

An jenem Montag
[안 예냄 몬탁]
: 그 월요일에

TIP Dieser는 지시형용사이자 지시대명사

Dieser는 지시형용사로도 사용되고, Das와 같은 의미의 지시대명사로도 사용됩니다.

Dieser ist ein Hut und diese ist eine Tasche.
[디이저 이스트 아인 훗트 운트 디이저 이스트 아이내 타쉐]
이것은 모자이다 그리고 이것은 가방이다.

Chapter 04

TIP 강변화, 약변화, 혼합변화

독일어에서는 성·수 구분과 격 표시에 의해 여러 가지 변화가 일어납니다.
이때 변화가 심하면 '강변화한다'고 말하고, 변화가 미미하면 '약변화한다'고 말합니다.

1 강변화하는 것들
- 정관사 + 형용사 + 명사
- 부정관사 + 형용사 + 명사
- 지금 배우는 dieser, jener

	♂	♀	⚲	♂♂
1격	er	ie	as	ie
2격	es	er	es	er
3격	em	er	em	en
4격	en	ie	as	ie

2 약변화하는 것들
- 정관사 + 형용사 + 명사
- 부정관사 + 형용사 + 명사

	♂	♀	⚲	♂♂
1격	e	e	e	en
2격	en	en	en	en
3격	en	en	en	en
4격	en	e	e	en

유럽어의 특징

- **공통** : 주어의 성·수 구분에 따라 동사가 변화한다.
- **프랑스어** : 발음이 독특하고 읽기가 어려우며 동사 변화 예측이 더렵다.
- **스페인어** : Be 동사에 해당하는 동사가 두 가지다.
- **이탈리아어** : 스페인어와 사촌 언어. 서로 의사소통이 가능하다.
- **독일어** : 관사 28개, 형용사 변형 44개

더 알아봅시다

04. 대명사 & 소유형용사
나를, 너를, 우리를

우리말에서 '**나는**'과 '**나를**'은 **다른 의미**입니다. '**너는**'과 '**너를**'도 **마찬가지**이고요.
영어로 치면 'I'와 'me'의 차이인 것이죠.
주격으로 쓰이는 'I'와 목적격으로 쓰이는 'me'는 다릅니다.
어떻게 다른지 영어 문장으로 살펴보고, **목적격 대명사**에 대해 이해해 볼까요?

I love you.
나(주격)

You love me.
나를(목적격)

앞에 쓰이는 '나는'의 '**I**'는 **주격의 '나**',
뒤에 쓰이는 '나를'의 '**me**'는 **목적격의 '나**'입니다.
이를 이해했다면 오른쪽의 독일어 목적격 대명사를 알아봅시다.

TIP 대명사 목적어의 위치

대명사 목적어의 위치는 일반 목적어의 위치와 같습니다.

Ich esse Brot.
[이히 에쎄 브로트]
나는 빵을 먹는다.

Ich esse es.
[이히 에쎄 에스]
나는 그것(빵)을 먹는다.

| | 남성 | 여성 | 중성 | 성별무관 |

1인칭

mich [미히] — 나를

uns [운스] — 우리들을

2인칭

dich [디히] — 너를

euch [오이히] — 너희들을

Sie [지] — 당신을

Sie [지] — 당신들을

3인칭

ihn [인] — 그를, 그것을

sie [지] — 그녀를, 그것을

es [에스] — 그것을(중성)

sie [지] — 그들을

04. 대명사 & 소유형용사
목적어가 대명사일 때 부정문

'너는 나를 사랑해.'라고 말하려 합니다.
이 때 목적어는 '나를'이라는 대명사이군요.

▶ 너는 나를 사랑해. [두 을리입스트 미히]

평서문 : Du   liebst   mich

이번에는 '너는 나를 사랑하지 않아.'라고 말하려 합니다.
대명사가 목적어로 있을 땐 대명사 뒤에 **nicht**를 붙여주면 부정문이 만들어집니다.

▶ 너는 나를 사랑하지 않아. [두 을리입스트 미히 니히트]

부정문 : Du   liebst   mich   nicht

TIP Nicht 의 위치

1 형용사가 사용된 문장에선 Be 동사 뒤에 둡니다.

난 행복하지 않아.
[이히 빈 니히트 글뤽클리히]

주어 Ich / sein 동사 bin / nicht / 형용사 glücklich

2 정관사가 사용된 문장에는 맨 뒤에 옵니다.

나는 돈이 없어.
[이히 하베 다스 겔트 니히트]

  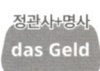

주어 Ich / 동사 habe / 정관사+명사 das Geld / nicht

3 대명사가 사용된 문장에는 맨 뒤에 옵니다.

나는 너를 사랑하지 않아.
[이히 올리이베 디히 니히트]

주어 Ich / 동사 liebe / 대명사 dich / nicht

평서문

Ich liebe mich.
나는 나를 사랑해.

Ich liebe dich.
나는 너를 사랑해.

Ich liebe Sie.
나는 당신을 사랑해.

Ich liebe ihn.
나는 그를 사랑해.

Ich liebe sie.
나는 그녀를 사랑해.

Ich liebe uns.
나는 우리를 사랑해.

Ich liebe euch.
나는 너희들을 사랑해.

Ich liebe Sie.
나는 당신들을 사랑해.

Ich liebe sie.
나는 그들을 사랑해.

부정문

Ich liebe mich nicht.
나는 나를 사랑하지 않아.

Ich liebe dich nicht.
나는 너를 사랑하지 않아.

Ich liebe Sie nicht.
나는 당신을 사랑하지 않아.

Ich liebe ihn nicht.
나는 그를 사랑하지 않아.

Ich liebe sie nicht.
나는 그녀를 사랑하지 않아.

Ich liebe uns nicht.
나는 우리를 사랑하지 않아.

Ich liebe euch nicht.
나는 너희들을 사랑하지 않아.

Ich liebe Sie nicht.
나는 당신들을 사랑하지 않아.

Ich liebe sie nicht.
나는 그들을 사랑하지 않아.

대명사가 사용된 문장에는 맨 뒤에 Nicht

04. 대명사 & 소유형용사
나의, 너의, 우리의

영어로 My

'내 집'을 영어로는 'my house'라고 합니다.
영어에서의 'my' 역시 형용사의 일종입니다. 보통은 '**소유형용사**'라고 부릅니다.

$$my + 📕 = mein + 📕$$

영어와 마찬가지로 독일어에서도 '나의' 이외에
여러 가지 '소유형용사'들이 있습니다.
아래는 인칭별 소유형용사의 남성 단수 1격만 모은 것입니다.

나의 **mein** [마인]	너의 **dein** [다인]	당신의 **Ihr** [이어]	그의, 그것의 **sein** [자인]	그녀의 **ihr** [이어]
우리들의 **unser** [운저]	너희들의 **euer** [오이어]	당신들의 **Ihr** [이어]		그들의 **ihr** [이어]

▶TIP 존대어 만들기

ihr는 원래 '그들의'를 의미합니다.
그런데 어째서 '당신의' (2인칭 존대어) Ihr로도 사용되는 것일까요?

> Ihr   당신의 (2인칭)
> ihr   그들의 (3인칭)

존댓말을 만드는, 다시 말해 조심스러움을 표현하는 방법에는 여러 가지가 있겠지만,
그중에 하나가 '일부러 부정확하게 말하기' 입니다. 영어로 예를 들어 볼까요?

> Can you?   할 수 있어? (현재형)
> Could you?   하실 수 있어요? (과거형)

현재의 일인데도 일부러 과거형 could를 사용해 부정확하게 표현하고 있습니다.
이런 것이 바로 존대어입니다.

부정확하게 말하면 존댓말?

소유형용사 — mein Vater
나의   아버지

소유형용사

	남성 명사	여성 명사	중성 명사	복수 명사
1격 주격	mein Vater [마인 파터] 나의 아버지가	meine Mutter [마이내 무터] 나의 어머니가	mein Kind [마인 킨트] 나의 아이가	meine Kinder [마이내 킨더] 나의 아이들이
2격 소유격	meines Vaters [마이내스 파터스] 나의 아버지의	meiner Mutter [마이너 무터] 나의 어머니의	meines Kindes [마이내스 킨데스] 나의 아이의	meiner Kinder [마이너 킨더] 나의 아이들의
3격 간접목적격	meinem Vater [마이냄 파터] 나의 아버지에게	meiner Mutter [마이너 무터] 나의 어머니에게	meinem Kind [마이냄 킨트] 나의 아이에게	meinen Kindern [마이낸 킨던] 나의 아이들에게
4격 목적격	meinen Vater [마이낸 파터] 나의 아버지를	meine Mutter [마이내 무터] 나의 어머니를	mein Kind [마인 킨트] 나의 아이를	meine Kinder [마이내 킨더] 나의 아이들을

TIP 소유형용사 = 인칭대명사 2격

인칭대명사 1격은 영어의 I, He 등에 해당하며, 첫 단원에서 배웠습니다.
인칭대명사 3, 4격은 영어의 Me, Him 등에 해당하며, 바로 앞에서 배웠습니다.
인칭대명사 2격은 영어의 My, His 등에 해당하며, '소유형용사'라고도 부릅니다.

소유형용사들은 성·수 구분과 격 표시에 따라 모두 각각 16가지로 변화합니다.
왼쪽에 있는 6가지 형태의 소유형용사들은 각각 16가지로 변화하기 때문에
소유형용사의 수는 모두 합쳐 96개에 이르는군요.

나의, 너의, 우리의

따라 말하기

dein 너의

	남성 명사	여성 명사	중성 명사	복수 명사
1격	**dein Vater** [다인 파터]	**deine Mutter** [다이내 뭍터]	**dein Kind** [다인 킨트]	**deine Kinder** [다이내 킨더]
2격	**deines Vaters** [다이내스 파ㅎ터스]	**deiner Mutter** [다이너 뭍터]	**deines Kindes** [다이내스 킨데스]	**deiner Kinder** [다이너 킨더]
3격	**deinem Vater** [다이냄 파ㅎ터]	**deiner Mutter** [다이너 뭍터]	**deinem Kind** [다이냄 킨트]	**deinen Kindern** [다이낸 킨던]
4격	**deinen Vater** [다이낸 파ㅎ터]	**deine Mutter** [다이내 뭍터]	**dein Kind** [다인 킨트]	**deine Kinder** [다이내 킨더]

sein 그의, 그것의

	남성 명사	여성 명사	중성 명사	복수 명사
1격	**sein Vater** [자인 파터]	**seine Mutter** [자이내 뭍터]	**sein Kind** [자인 킨트]	**seine Kinder** [자이내 킨더]
2격	**seines Vaters** [자이내스 파ㅎ터스]	**seiner Mutter** [자이너 뭍터]	**seines Kindes** [자이내스 킨데스]	**seiner Kinder** [자이너 킨더]
3격	**seinem Vater** [자이냄 파ㅎ터]	**seiner Mutter** [자이너 뭍터]	**seinem Kind** [자이냄 킨트]	**seinen Kindern** [자이낸 킨던]
4격	**seinen Vater** [자이낸 파ㅎ터]	**seine Mutter** [자이내 뭍터]	**sein Kind** [자인 킨트]	**seine Kinder** [자이내 킨더]

ihr, Ihr 그녀의, 당신의

	남성 명사	여성 명사	중성 명사	복수 명사
1격	**ihr Vater** [이어 파터]	**ihre Mutter** [이어레 뭍터]	**ihr Kind** [이어 킨트]	**ihre Kinder** [이어레 킨더]
2격	**ihres Vaters** [이어레스 파ㅎ터스]	**ihrer Mutter** [이어러 뭍터]	**ihres Kindes** [이어레스 킨데스]	**ihrer Kinder** [이어러 킨더]
3격	**ihrem Vater** [이어렘 파터]	**ihrer Mutter** [이어러 뭍터]	**ihrem Kind** [이어렘 킨트]	**ihren Kindern** [이어렌 킨던]
4격	**ihren Vater** [이어렌 파ㅎ터]	**ihre Mutter** [이어레 뭍터]	**ihr Kind** [이어 킨트]	**ihre Kinder** [이어레 킨더]

unser 우리들의

	남성 명사	여성 명사	중성 명사	복수 명사
1격	unser Vater [운저 파터]	unsere Mutter [운저레 무터]	unser Kind [운저 킨트]	unsere Kinder [운저레 킨더]
2격	unseres Vaters [운저레스 파터스]	unserer Mutter [운저러 무터]	unseres Kindes [운저레스 킨데스]	unserer Kinder [운저러 킨더]
3격	unserem Vater [운저렘 파터]	unserer Mutter [운저러 무터]	unserem Kind [운저렘 킨트]	unseren Kindern [운저렌 킨던]
4격	unseren Vater [운저렌 파터]	unsere Mutter [운저레 무터]	unser Kind [운저 킨트]	unsere Kinder [운저레 킨더]

euer 너희들의

	남성 명사	여성 명사	중성 명사	복수 명사
1격	euer Vater [오이어 파터]	eure Mutter [오이레 무터]	euer Kind [오이어 킨트]	eure Kinder [오이레 킨더]
2격	eures Vaters [오이레스 파터스]	eurer Mutter [오이러 무터]	eures Kindes [오이레스 킨데스]	eurer Kinder [오이러 킨더]
3격	eurem Vater [오이렘 파터]	eurer Mutter [오이러 무터]	eurem Kind [오이렘 킨트]	euren Kindern [오이렌 킨던]
4격	euren Vater [오이렌 파터]	eure Mutter [오이레 무터]	euer Kind [오이어 킨트]	eure Kinder [오이레 킨더]

ihr, Ihr 그들의, 그것들의, 당신의, 당신들의

	남성 명사	여성 명사	중성 명사	복수 명사
1격	ihr Vater [이어 파터]	ihre Mutter [이어레 무터]	ihr Kind [이어 킨트]	ihre Kinder [이어레 킨더]
2격	ihres Vaters [이어레스 파터스]	ihrer Mutter [이어러 무터]	ihres Kindes [이어레스 킨데스]	ihrer Kinder [이어러 킨더]
3격	ihrem Vater [이어렘 파터]	ihrer Mutter [이어러 무터]	ihrem Kind [이어렘 킨트]	ihren Kindern [이어렌 킨던]
4격	ihren Vater [이어렌 파터]	ihre Mutter [이어레 무터]	ihr Kind [이어 킨트]	ihre Kinder [이어레 킨더]

04. 대명사 & 소유형용사
나에게, 너에게, 우리에게

He gives me a book.

그는 나에게 책을 준다.

위의 문장에는 두 개의 목적어가 들어있습니다.
'나에게'와 '책을'이 그 두 개입니다.

'책을'처럼, 주어가 하는 행동의
직접적인 대상이 되는 것을 '직접목적어'라고 부릅니다.
'나에게'처럼, 주어가 하는 행동의 영향을 받는 대상을 '간접목적어'라고 부릅니다.

앞에서 배운 인칭대명사들은 직접목적어로 쓰이는 인칭대명사였습니다.
이번에는 간접목적어로 쓰이는 인칭대명사들을 배워보겠습니다.

TIP 인칭대명사의 어순

간접목적어로 쓰이는 인칭대명사 역시 동사의 바로 뒤에 자리합니다.

Er gibt mir ein Buch.

간접목적어와 직접목적어 둘 다 인칭대명사일 경우,
직접목적어로 쓰이는 인칭대명사를 항상 먼저 써줍니다.

이 대명사들은 '3격 인칭대명사'라고 부릅니다.

geben [게벤] ~주다

Ich	gebe	게베
Du	gibst	깁스트
Er/ Sie / Es	gibt	깁트
Wir	geben	게벤
Ihr	gebt	겝트
Sie	geben	게벤

sagen [자겐] (~입으로) 말하다

Ich	sage	자게
Du	sagst	작스트
Er/ Sie / Es	sagt	작트
Wir	sagen	자겐
Ihr	sagt	작트
Sie	sagen	자겐

04. 대명사 & 소유형용사
4격 같은데 3격을 쓰는 경우

"그는 나를 돕고 있어." 라는 문장을 만들어 보려고 합니다.
위에서 배운 대로라면 4격을 사용해 '돕다'를 표현해야겠군요.
하지만 당혹스럽게도 이 경우 3격을 사용해야 합니다.
아래에서 배울 4개의 동사는 모두 3격을 사용합니다.
비록 **4격처럼 보여도 말이죠.**

▶ 그는 나를 돕는다. (그는 나에게 도움을 준다.) [에어 힐프ft 미어]

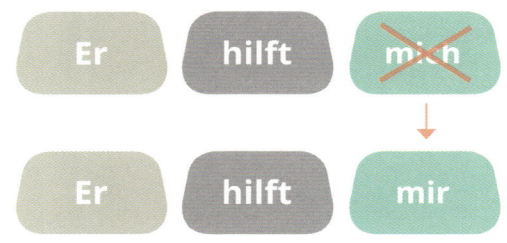

▶ 그녀는 나를 신뢰해. (그녀는 나에게 신뢰를 준다.)
Sie vertraut mir.

▶ 그는 나를 믿어. (그는 나에게 믿음을 준다.)
Er glaubt mir.

▶ 그녀는 나를 용서해. (그녀는 나에게 용서를 준다.)
Sie verzeiht mir.

┤ '나를'을 '나에게'로~ ├

이들 4개의 동사를 외울 때 '나를 돕는다' 대신 '나에게 도움을 준다'라고 생각하면
쉽게 이들이 3격 동사라는 사실을 기억할 수 있습니다.

더 알아봅시다

이 단어들은 명령문하고 어울리기 때문에
이 단어들과 결합하는 명령문을 배워보도록 하겠습니다.
명령문은 주어를 생략하는 것으로 완성됩니다.
비록 주어가 없어도 동사를 보면 누구에게 하는 말인지 알 수 있습니다.

Hilf mir!	(너) 나 좀 도와줘!
Vertrau mir!	(너) 나만 믿어!
Glaub mir!	(너) 내 말을 믿어줘!
Verzeih mir!	(너) 나를 용서해줘!

helfen [헬펜f] ~ 돕다

Ich	helfe	헬페f
Du	hilfst	힐프f스트
Er/ Sie / Es	hilft	힐프f트
Wir	helfen	헬펜f
Ihr	helft	헬프f트
Sie	helfen	헬펜f

glauben [글라우벤] ~ 믿다

Ich	glaube	글라우베
Du	glaubst	글라웁스트
Er/ Sie / Es	glaubt	글라웁트
Wir	glauben	글라우벤
Ihr	glaubt	글라웁트
Sie	glauben	글라우벤

vertrauen [페v어트라우엔] ~ 신뢰하다

Ich	vertraue	페v어트라우에
Du	vertraust	페v어트라우스트
Er/ Sie / Es	vertraut	페v어트라우트
Wir	vertrauen	페v어트라우엔
Ihr	vertraut	페v어트라우트
Sie	vertrauen	페v어트라우엔

verzeihen [페f어짜이엔] ~ 용서하다

Ich	verzeihe	페f어짜이에
Du	verzeihst	페f어짜이스트
Er/ Sie / Es	verzeiht	페f어짜이트
Wir	verzeihen	페f어짜이엔
Ihr	verzeiht	페f어짜이트
Sie	verzeihen	페f어짜이엔

04. 대명사 & 소유형용사　728"패턴"

이것은 휴대폰이다.　261

this	is	a	cell phone.
Das	**ist**	**ein**	**Handy.**
다스	이스트	아인	핸디.
이것은	~이다	한	휴대폰.

Ei		**Papier**		**Sofa**	
아이		파피어		소파	
계란.	egg	종이.	paper	소파.	sofa

이것들은 휴대폰이다.　262

this	are	cell phones.
Das	**sind**	**Handys.**
다스	진트	핸디스.
이것은	~이다	휴대폰들.

Eier		**Papiere**		**Sofas**	
아이어		파피어레		소파스	
계란들.	eggs	종이들.	papers	소파들.	sofas

이것은 현대적인 건물이다.　263

this	is	a	modern building.
Das	**ist**	**ein**	**modernes Gebäude.**
다스	이스트	아인	모데어내스 게보이데.
이것은	~이다	한	현대의 건물.

interessantes Museum		**großes Kunstmuseum**	
인터레싼테스 무제움		그로오쎄스 쿤스트무제움	
흥미로운 박물관.	interesting museum	큰 미술박물관.	big art museum

이것들은 현대적인 건물이다.　264

these	are	modern buildings.
Das	**sind**	**moderne Gebäude.**
다스	진트	모데어내 게보이데.
이것은	~이다	현대의 건물들.

interessante Museen		**große Kunstmuseen**	
인터레싼테 무제엔		그로오쎄 쿤스트무제엔	
흥미로운 박물관들.	interesting museem	큰 미술박물관들.	big art museum

너는 그 핸드폰을 사니? 265

buy	you	the	cell phone?
Kaufst	**du**	**das**	**Handy?**
카우프스트	두	다스	핸디?
사다	너는	그	핸드폰 ♀ ?

Gerät 게래트 기기 ♀ device

Möbel 뫼벨 가구 ♀ furniture

Bett 벳트 침대 ♀ bed

너는 이 핸드폰을 사니? 266

buy	you	this	cell phone?
Kaufst	**du**	**dieses**	**Handy?**
카우프스트	두	디제스	핸디?
사다	너는	이	핸드폰 ♀ ?

Gerät 게래트 기기 ♀ device

Hemd 햄트 셔츠 ♀ shirt

Bild 빌트 그림 ♀ painting

TIP 'diese (이것)'은 장소, 시간적으로 아주 가까이 있는 것을 지칭할 때 사용합니다.

너는 그 가방을 파니? 267

sell	you	the	bag?
Verkaufst	**du**	**die**	**Tasche?**
페어카우프스트	두	디	타쉐?
팔다	너는	그	가방 ♀ ?

Hose 호제 바지 ♀ trousers

Käse 캐제 치즈 ♀ cheese

Soße 소쎄 소스 ♀ sauce

너는 이 가방을 파니? 268

sell	you	this	bag?
Verkaufst	**du**	**diese**	**Tasche?**
페어카우프스트	두	디제	타쉐?
팔다	너는	이	가방 ♀ ?

Hose 호제 바지 ♀ trousers

Brille 브릴레 안경 ♀ glasses

Sonnenbrille 존낸브릴레 선글라스 ♀ sunglasses

04. 대명사 & 소유형용사　　728 "패턴"

269
우리는 이 열쇠가 필요하다.

we	need	this	key.
Wir	**brauchen**	**diesen**	**Schlüssel**.
비ᵛ어	브라우헨	디이젠	슐뤼쎌.
우리는	필요하다	이	열쇠 ♂.

| **Beleg** 벨렉 영수증 ♂ | receipt | **Kugelschreiber** 쿠겔슈라이버 펜 ♂ | pen | **Bleistift** 블라이슈티프트 연필 ♂ | pencil |

270
우리는 저 열쇠가 필요하다.

we	need	that	key.
Wir	**brauchen**	**jenen**	**Schlüssel**.
비ᵛ어	브라우헨	예낸	슐뤼쎌.
우리는	필요하다	저	열쇠 ♂.

| **Beleg** 벨렉 영수증 ♂ | receipt | **Flug** 플룩 항공 ♂ | flight | **Brief** 브리이프ᶠ 편지 ♂ | letter |

TIP 'jene (그것, 저것)'은 정관사보다 더욱 강조하고 싶을 때 사용됩니다.

271
그들은 이 선풍기가 있다.

they	have	this	fan.
Sie	**haben**	**diesen**	**Ventilator**.
지	하벤	디이젠	벤ᵛ틸라토르.
그들은	가지다	이	선풍기 ♂.

| **Regenschirm** 레겐쉬음 우산 ♂ | umbrella | **Brief** 브리이프ᶠ 편지 ♂ | letter | **Bleistift** 블라이슈티프트 연필 ♂ | pencil |

272
그들은 저 선풍기가 있다.

they	have	that	fan.
Sie	**haben**	**jenen**	**Ventilator**.
지	하벤	예낸	벤ᵛ틸라토르.
그들은	가지다	저	선풍기 ♂.

| **Regenschirm** 레겐쉬음 우산 ♂ | umbrella | **Flug** 플룩 항공 ♂ | flight | **Kugelschreiber** 쿠겔슈라이버 펜 ♂ | pen |

나는 너를 사랑한다.   273

I	love	you.
Ich	**liebe**	**dich .**
이히	을리이베	디히.
나는	사랑하다	너를.

den Hund
덴 훈트
그 개

den Kellner
덴 켈너
그 웨이터

den Schauspieler
덴 샤우슈피일러
그 배우

너는 나를 싫어한다.   274

you	hate	me.
Du	**hasst**	**mich .**
두	하쓰트	미히.
너는	싫어하다	나를.

den Hund
덴 훈트
그 개

den Arzt
덴 아쯔트
그 의사

den Polizist
덴 폴리찌스트
그 경찰

그녀는 너를 사랑한다.   275

she	loves	you.
Sie	**liebt**	**dich .**
지	을리입트	디히.
그녀는	사랑하다	너를.

den Mann
덴 만
그 남자

den Chef
덴 쉐프
그 요리사 / 보스

den Lehrer
덴 을래에러
그 선생님

그는 나를 싫어한다.   276

he	hates	me.
Er	**hasst**	**mich .**
에어	하쓰트	미히.
그는	싫어하다	나를.

den Mann
덴 만
그 남자

den Nachbar
덴 나흐바
그 이웃

den Patient
덴 파치엔트
그 환자

04. 대명사 & 소유형용사　　728 "패턴"

우리는 그를 좋아한다. 277

we	like	him.
Wir	**mögen**	**ihn.**
비ᵛ어	뫼겐	인.
우리는	좋아하다	그를.

den Freund	**den Schriftsteller**	**den Sänger**
덴 프ʳ로인트	덴 슈리ʳ프트슈텔러	덴 쟁어
그 남자친구(친구)	그 작가	그 가수

너희는 그녀가 필요하다. 278

you	need	her.
Ihr	**braucht**	**sie.**
이어	브라우흐트	지.
너희는	필요하다	그녀를.

den Freund	**den Anwalt**	**den Ingenieur**
덴 프ʳ로인트	덴 안발ᵛ트	덴 인지니어
그 친구	그 변호사	그 엔지니어

그들은 그를 좋아하지 않는다. 279

they	like	him.	not.
Sie	**mögen**	**ihn**	**nicht.**
지	뫼겐	인	니히트.
그들은	좋아하다	그를	부정.

den Onkel	**den Bruder**	**den Hund**
덴 옹켈	덴 브루더	덴 훈트
그 삼촌	그 남자 형제	그 개

당신은 그녀가 필요하죠, 그렇죠? 280

you	need	her.	or?
Sie	**brauchen**	**sie,**	**oder?**
지	브라우헨	지,	오더?
당신은	필요하다	그녀를,	또는?

die Freundin	**die Tante**	**die Polizistin**
디 프ʳ로인딘	디 탄테	디 폴리찌스틴
그 여자친구(친구)	그 이모/고모	그 여자 경찰관

그는 그것을 좋아한다. 281

he	likes	it.
Er	**mag**	**es.**
에어	막	에스.
그는	좋아하다	그것을.

isst		**hasst**		**liebt**	
이쓰트		하쓰트		을리입트	
먹다	eats	싫어하다	hates	사랑하다	loves

TIP 구어에서는 대부분 'mag es'를 줄여 'mag's'로 사용합니다.

그는 그것을 좋아하지 않는다. 282

he	likes	it	not.
Er	**mag**	**es**	**nicht.**
에어	막	에스	니히트.
그는	좋아하다	그것을	부정.

isst		**braucht**		**trinkt**	
이쓰트		브라우흐트		트륑크트	
먹다	eats	필요하다	needs	마시다	drinks

그는 그들을 받아들인다. 283

he	accepts	them.
Er	**akzeptiert**	**sie.**
에어	악쨉티엇트	지.
그는	받아들이다	그들을.

kennt		**liebt**		**braucht**	
캔트		을리입트		브라우흐트	
알다	knows	사랑하다	loves	필요하다	needs

그는 그들을 받아들이지 않는다. 284

he	accepts	them	not.
Er	**akzeptiert**	**sie**	**nicht.**
에어	악쨉티엇트	지	니히트.
그는	받아들이다	그들을	부정.

kennt		**liebt**		**hasst**	
캔트		을리입트		하쓰트	
알다	knows	사랑하다	loves	싫어하다	hates

04. 대명사 & 소유형용사

728 "패턴"

285
나는 나의 어머니를 사랑한다.

I	love	my	mother.
Ich	**liebe**	**meine**	**Mutter.**
이히	을리이베	마이네	뭍터.
나는	사랑하다	나의	어머니.

Tochter 토흐터 / 딸 daughter

Schwester 슈베V스터 / 여자 형제 sister

Familie 파밀리에 / 가족 family

286
너는 너의 가족을 사랑하지 않니?

love	you	not	your	family?
Liebst	**du**	**nicht**	**deine**	**Familie?**
을리입스트	두	니히트	다이네	파밀리에?
사랑하다	너는	부정	너의	가족?

Großmutter 그로V쓰뭍터 / 할머니 grandmother

Katze 캇쩨 / 고양이 cat

Freundin 프f로인딘 / 여자친구(애인) girlfriend

287
우리는 당신의 책들을 좋아한다.

we	like	your	books.
Wir	**mögen**	**Ihre**	**Bücher.**
비V어	뫠겐	이어레	뷔히여.
우리는	좋아하다	당신의	책들.

Schuhe 슈우에 / 신발들 Shoes

Brillen 브릴랜 / 안경들 glasses

Hosen 호젠 / 바지들 pants

288
그들은 나의 친구들을 안다.

they	know	my	friends.
Sie	**kennen**	**meine**	**Freunde.**
지	캔낸	마이네	프f로인데.
그들은	알다	나의	친구들.

Freundinnen 프f로인딘낸 / 여자친구들 girlfriends

Haustiere 하우스티어레 / 애완동물들 pets

Hunde 훈데 / 개들 dogs

너는 우리를 좋아하니? 289

like	you	us?
Magst	**du**	**uns?**
막스트	두	운스?
좋아하다	너는	우리를?

Lukas und mich
울루카스 운트 미히
루카스 그리고 나를

Dominik und mich
도미닉 운트 미히
도미닉 그리고 나를

TIP 이름을 말할 때, 겉으로 드러나지 않아도 격이 존재한다는 것을 기억합시다.

너희는 우리가 보이니? 290

see	you	us?
Seht	**ihr**	**uns?**
제에트	이어	운스?
보다	너희는	우리를?

Mina und mich
미나 운트 미히
미나 그리고 나를

Sarah und mich
사라 운트 미히
사라 그리고 나를

그들은 너희를 좋아하니? 291

like	they	you?
Mögen	**sie**	**euch?**
뫼겐	지	오이히?
좋아하다	그들은	너희를?

Stefan und dich
슈테판 운트 디히
슈테판 그리고 너를

Leonard und dich
을레오나아드 운트 디히
레오나드 그리고 너를

그들은 너희를 보고 있니? 292

see	they	you?
Sehen	**sie**	**euch?**
제에엔	지	오이히?
보다	그들은	너희를?

Cecilie und dich
체칠리에 운트 디히
체칠리에 그리고 너를

Leonie und dich
을레오니이 운트 디히
네오니 그리고 너를

04. 대명사 & 소유형용사　　　728 "패턴"

293
그가 나에게 선물을 준다.

he	gives	me	a	present.
Er	**gibt**	**mir**	**ein**	**Geschenk**.
에어	깁트	미어	아인	게쉥크.
그는	주다	나에게	한	선물을.

Buch
부흐
책 book

Brot
브로트
빵 bread

Bild
빌트
그림 painting

294
그녀가 나에게 무언가를 말한다.

she	says	me	something.
Sie	**sagt**	**mir**	**etwas**.
지	작트	미어	에트바스.
그녀는	말하다	나에게	어떤 것을.

ein Geheimnis
아인 게하임니스
한 비밀 secret

ein Gedicht
아인 게디히트
하나의 시 poem

ein Passwort
아인 파쓰보어트
한 비밀번호 password

295
나는 너에게 선물을 준다.

I	give	you	a	present.
Ich	**gebe**	**dir**	**ein**	**Geschenk**.
이히	게베	디어	아인	게쉥크.
나는	주다	너에게	한	선물을.

Buch
부흐
책 book

T-Shirt
티셔어트
티셔츠 T-shirt

Telefon
텔레폰
전화기 phone

296
우리는 너에게 어떤 것을 말한다.

we	say	you	something.
Wir	**sagen**	**dir**	**etwas**.
비어	자겐	디어	에트바스.
우리는	말하다	너에게	어떤 것을.

ein Geheimnis
아인 게하임니스
한 비밀 secret

ein Problem
아인 프로블램
한 문제 problem

ein Datum
아인 다툼
한 날짜 YY/MM/DD date

어떻게 지내? 297

how	goes	it	you?
Wie	**geht**	**es**	**dir?**
비ᵛ	게에트	에스	디어?
어떻게	가다	그것은	너에게?

Ihnen		**ihm**		**ihr**	
이낸	you	임	him	이어	her
당신에게		그에게		그녀에게	

TIP 영어의 "How are you?"에 해당하는 문장이니 외워 두는 것이 좋습니다.

저는 잘 지내요. 298

it	goes	me	well.
Es	**geht**	**mir**	**gut.**
에스	게에트	미어	구트.
그것	가다	나에게	잘.

schlecht		**super**		**besser**	
슐래히트	bad	수퍼	great	베써	better
나쁜		엄청		더 좋은	

잘 지내니? 299

goes	it	you	well?
Geht	**es**	**dir**	**gut?**
게에트	에스	디어	구트?
가다	그것은	너에게	잘?

schlecht		**besser**		**schlechter**	
슐래히트	bad	베써	better	슐래히터	worse
나쁘게		더 잘		더 나쁘게	

저는 잘 지내요. 300

me	goes	it	well.
Mir	**geht**	**es**	**gut.**
미어	게에트	에스	구트.
나에게	가다	그것은	잘?

schlecht		**sehr gut**		**sehr schlecht**	
슐래히트	bad	제어 구트	very well	제어 슐래히트	very bad
나쁘게		매우 잘		대우 나쁘게	

04. 대명사 & 소유형용사 728 "패턴"

301
그녀는 그에게 바지를 사 준다.

she	buys	him	a	pants.
Sie	**kauft**	**ihm**	**eine**	**Hose.**
지	카우프트	임	아이내	호제.
그녀는	사다	그에게	한	바지 👤.

Jacke 야케 / 재킷 👤
Banane 바나내 / 바나나 👤
Kamera 카메라 / 사진기 👤

302
그녀는 그에게 바지를 사 주지 않는다.

she	buys	him	no	pants.
Sie	**kauft**	**ihm**	**keine**	**Hose.**
지	카우프트	임	카이내	호제.
그녀는	사다	그에게	부정	바지 👤.

Jacke 야케 / 재킷 👤
Katze 캇쩨 / 고양이 👤
Uhr 우어 / 시계 👤

303
그는 그녀에게 시계를 선물한다.

he	presents	her	a	clock.
Er	**schenkt**	**ihr**	**eine**	**Uhr.**
에어	쉥크트	이어	아이내	우어.
그는	선물하다	그녀에게	한	시계 👤.

Kappe 캄페 / 모자 👤
Halskette 할스켙테 / 목걸이 👤
Bluse 블루제 / 블라우스 👤

304
그는 그녀에게 시계를 선물하지 않는다.

he	presents	her	no	clock.
Er	**schenkt**	**ihr**	**keine**	**Uhr.**
에어	쉥크트	이어	카이내	우어.
그는	선물하다	그녀에게	부정	시계 👤.

Kappe 캄페 / 모자 👤
Kleidung 클라이둥 / 옷 👤
Sonnenbrille 존낸브릴레 / 선글라스 👤

우리는 너희에게 지도를 준다. 305

we	give	you	a	map.
Wir	**geben**	**euch**	**eine**	**Karte.**
비ᵛ어	게벤	오이히	아이내	카아테.
우리는	주다	너희에게	한	지도 &.

Chance 샹스 기회 &	chance	**Maschine** 마쉬내 기계 &	machine	**Krawatte** 크롸밭ᵛ테 넥타이 &	necktie

그들은 우리에게 그 길을 보여준다. 306

they	show	us	the	way.
Sie	**zeigen**	**uns**	**den**	**Weg.**
지	짜이겐	운스	덴	벡ᵛ.
그들은	보여주다	우리에게	그	길 &.

Markt 마아크트 시장 &	market	**Platz** 플랏쯔 장소 / 광장 &	place	**Park** 파아크 공원 &	park

나는 춥다. 307

it	is	me	cold.
Es	**ist**	**mir**	**kalt.**
에스	이스트	미어	칼트.
그것은	~이다	나에게	추운.

warm 바ᵛ암 따뜻한	warm	**heiß** 하이쓰 뜨거운	hot	**kühl** 퀼 시원한	cool

TIP "Es ist mir kalt."는 자주 쓰이는 표현이므로 외워 두는 것이 좋습니다.

너희는 춥니? 308

is	it	you	cold?
Ist	**es**	**euch**	**kalt?**
이스트	에스	오이히	칼트?
~이다	그것은	너희에게	추운?

warm 바ᵛ암 따뜻한	warm	**kühl** 퀼 시원한	cool	**heiß** 하이쓰 뜨거운	hot

04. 대명사 & 소유형용사   728 "패턴"

나는 당신에게 암호를 말해 준다. 309

I	say	you	the	password.
Ich	**sage**	**Ihnen**	**das**	**Passwort.**
이히	자게	이낸	다스	파쓰보ᵛ어트.
나는	말하다	당신에게	그	암호를.

| **Problem** 프로블램 문제 | | **Menü** 매뉘 메뉴 | | **Wetter** 벧ᵛ터 날씨 | |

나는 그들에게 암호를 말해 준다. 310

I	say	them	the	password.
Ich	**sage**	**ihnen**	**das**	**Passwort.**
이히	자게	이낸	다스	파쓰보ᵛ어트.
나는	말하다	그들에게	그	암호를.

| **Problem** 프로블램 문제 | | **Geheimnis** 게하임니스 비밀 | | **Datum** 다툼 날짜 | YY / MM / DD date |

그녀에게 암호를 말해줄 수 있겠니? 311

say	you	her	please	the	password?
Sagst	**du**	**ihr**	**bitte**	**das**	**Passwort?**
작스트	두	이어	빝테	다스	파쓰보ᵛ어트?
말하다	너는	그녀에게	제발	그	암호를?

| **Problem** 프로블램 문제 | | **Angebot** 안게보트 제안 / 제의 | offer | **Geheimnis** 게하임니스 비밀 | |

그에게 암호를 말해줄 수 있겠니? 312

say	you	him	please	the	password?
Sagst	**du**	**ihm**	**bitte**	**das**	**Passwort?**
작스트	두	임	빝테	다스	파쓰보ᵛ어트?
말하다	너는	그에게	제발	그	암호를?

| **Problem** 프로블램 문제 | | **Wetter** 벧ᵛ터 날씨 | | **Datum** 다툼 날짜 | YY / MM / DD date |

그는 나를 돕는다. 313

he	helps	me.
Er	**hilft**	**mir**.
에어	힐프트	미어.
그는	돕는다	나에게.

dem Hund
뎀 훈트
그 개 &에게

dem Mann
뎀 만
그 남자 &에게

dem Ausländer
뎀 아우스랜더
그 외국인 &에게

그녀는 그를 돕는다. 314

she	helps	him.
Sie	**hilft**	**ihm**.
지	힐프트	임.
그녀는	돕는다	그에게.

dem Tier
뎀 티어
그 동물 &에게

dem Kind
뎀 킨트
그 아이 &에게

dem Mädchen
뎀 매디히엔
그 소녀 &에게

우리는 그들을 돕는다. 315

we	help	them.
Wir	**helfen**	**ihnen**.
비ᵛ어	헬펜	이낸.
우리는	돕는다	그들에게.

den Kindern
덴 킨던
그 아이들 &&에게

den Männern
덴 맨넌
그 남자들 &&에게

den Ausländern
덴 아우슬랜던
그 외국인들 &&에게

그들은 그들을 돕는다. 316

they	help	them.
Sie	**helfen**	**ihnen**.
지	헬펜	이낸.
그들은	돕는다	그들에게.

den Älteren
덴 앨터렌
그 노인들 &&에게

den Jungen
덴 융엔
그 소년들 &&에게

den Mädchen
덴 매디히엔
그 소녀들 &&에게

04. 대명사 & 소유형용사　　728 "패턴"

그녀는 너를 믿지 않는다.　317

she	believes	you	not.
Sie	**glaubt**	**dir**	**nicht .**
지	글라웁트	디어	니히트 .
그녀는	믿는다	너에게	부정 .

der Person
데어 페어존
그 사람 에게

der Frau
데어 프라우
그 여자 에게

der Tante
데어 탄테
그 이모 / 고모 에게

그녀는 나를 믿지 않는다.　318

she	believes	me	not.
Sie	**glaubt**	**mir**	**nicht .**
지	글라웁트	미어	니히트 .
그녀는	믿는다	나에게	부정 .

der Regierung
데어 레기어룽
그 정부 에게

der Freundin
데어 프로인딘
그 여자친구(친구) 에게

der Ärztin
데어 애어쯔틴
그 여자 의사 에게

우리는 너희를 믿지 않는다.　319

we	believe	you	not.
Wir	**glauben**	**euch**	**nicht .**
비ᵛ어	글라우벤	오이히	니히트 .
우리는	믿는다	너희에게	부정 .

den Fremden
덴 프렘덴
그 모르는 사람들 에게

den Lehrern
덴 올래어런
그 선생님들 에게

den Kollegen
덴 콜래겐
그 동료들 에게

우리는 그들을 믿지 않는다.　320

we	believe	them	not.
Wir	**glauben**	**ihnen**	**nicht .**
비ᵛ어	글라우벤	이넨	니히트 .
우리는	믿는다	그들에게	부정 .

den Lehrern
덴 올래어런
그 선생님들 에게

den Schauspielern
덴 샤우슈피일런
그 배우들 에게

den Lügnern
덴 올뤼그넌
그 거짓말쟁이들 에게

너희는 그녀를 신뢰하니? 321

trust	you	her?
Vertraut	**ihr**	**ihr?**
페ᴴ어트라우ㅌ	이어	이어?
신뢰하다	너희는	그녀에게?

der Regierung
데어 레기어룽
그 정부 &에게

der Lügnerin
데어 을뤼그너린
그 여자 거짓말쟁이 &에게

der Nachbarin
데어 나흐바린
그 여자 이웃 &에게

너희는 그를 신뢰하니? 322

trust	you	him?
Vertraut	**ihr**	**ihm?**
페ᴴ어트라우ㅌ	이어	임?
신뢰하다	너희는	그에게?

dem Mann
뎀 만
그 남자 &에게

dem Manager
뎀 매니져
그 매니져 &에게

dem Schriftsteller
뎀 슈리ᴴㅍ트슈텔러
그 작가 &에게

당신은 그녀를 용서합니까? 323

forgive	you	her?
Verzeihen	**Sie**	**ihr?**
페ᴴ어짜이엔	지	이어?
용서하다	당신은	그녀에게?

der Frau
데어 프ᴴ라우
그 여자 &에게

der Gefährtin
데어 게패ᴴ어틴
그 여자 동반자 &에게

der Freundin
데어 프ᴴ로인딘
그 여자친구(친구) &에게

당신은 그를 용서합니까? 324

forgive	you	him?
Verzeihen	**Sie**	**ihm?**
페ᴴ어짜이엔	지	임?
용서하다	당신은	그에게?

den Frauen
덴 프ᴴ라우엔
그 여자들 && 에게

den Schülerinnen
덴 쉴러린낸
그 여자 학생들 && 에게

den Lehrerinnen
덴 을래에러린낸
그 여자 선생님들 && 에게

04. 대명사 & 소유형용사   728 "패턴"

나를 도와줘!   325

help	me!
Hilf	**mir!**
힐프	미어!
도와주다	나에게!

dem Kind		**dem Mädchen**		**dem Tier**	
뎀 킨트	child	뎀 매디히엔	girl	뎀 티어	animal
그 아이 👤에게		그 소녀 👤에게		그 동물 👤에게	

그들을 도와줘!   326

help	them!
Hilf	**ihnen!**
힐프	이낸!
도와주다	그들에게!

den Kindern		**den Mädchen**		**den Tieren**	
덴 킨던	children	덴 매디히엔	girls	덴 티어렌	animals
그 아이들 👥에게		그 소녀들 👥에게		그 동물들 👥에게	

나를 신뢰해 줘!   327

trust	me!
Vertrau	**mir!**
페어트라우	미어!
신뢰하다	나에게!

der Person		**der Nachbarin**		**der Lehrerin**	
데어 페어존	person	데어 나흐바린	neighbor	데어 올래에러린	teacher
그 사람 👤에게		그 여자 이웃 👤에게		그 여자 선생님 👤에게	

그를 신뢰하지 마!   328

trust	him	not!
Vertrau	**ihm**	**nicht!**
페어트라우	임	니히트!
신뢰하다	그에게	부정 !

der Frau		**der Cousine**		**der Patientin**	
데어 프라우	woman	데어 쿠지이네	cousin	데어 파치엔틴	patient
그 여자 👤에게		그 여자 사촌 👤에게		그 여자 환자 👤에게	

나를 믿어 줘! 329

believe me!
Glaub mir!
글라웁 미어!
믿다 나에게!

dem Lehrer
뎀 을래에러
그 선생님 ＆에게
teacher

dem Sohn
뎀 조온
그 아들 ＆에게
son

dem Vater
뎀 파터
그 아버지 ＆에게
father

그녀를 믿어 줘! 330

believe her!
Glaub ihr!
글라웁 이어!
믿다 그녀에게!

der Lehrerin
데어 을래에러린
그 여자 선생님 ＆에게
teacher

der Mutter
데어 뭍터
그 어머니 ＆에게
mother

der Familie
데어 파밀리에
그 가족 ＆에게
family

그를 용서해 줘! 331

forgive him!
Verzeih ihm!
페어짜이 임!
용서하다 그에게!

dem Freund
뎀 프로인트
그 친구 ＆에게
friend

dem Onkel
뎀 옹켈
그 삼촌 ＆에게
uncle

dem Großvater
뎀 그로쓰파터
그 할아버지 ＆에게
grandfather

그녀를 용서해 줘! 332

forgive her.
Verzeih ihr!
페어짜이 이어!
용서하다 그녀에게!

der Freundin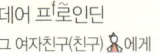
데어 프로인딘
그 여자친구(친구) ＆에게
friend

der Tante
데어 탄테
그 이모(고모) ＆에게
aunt

der Großmutter
데어 그로쓰뭍터
그 할머니 ＆에게
grandmother

04. 대명사 & 소유형용사   728 "패턴"

그분은 나의 아버지다.   333

this	is	my	father.
Das	**ist**	**mein**	**Vater.**
다스	이스트	마인	파터.
그것은	~이다	나의	아버지 .

Hund		**Sohn**		**Bruder**	
훈트		조온		브루더	
개 .	dog	아들 .	son	남자 형제 .	brothers

TIP 'das (그것)'은 사람뿐 아니라 동물에 대한 지시대명사로도 사용할 수 있습니다.

그분은 나의 어머니이다.   334

this	is	my	mother.
Das	**ist**	**meine**	**Mutter.**
다스	이스트	마이네	뭍터.
그것은	~이다	나의	어머니 .

Katze		**Tochter**		**Schwester**	
캇쩨		토흐터		슈베ᵛ스터	
고양이 .	cat	딸 .	daughter	여자 형제 .	sister

그분들은 나의 부모님이시다.   335

this	are	my	parents.
Das	**sind**	**meine**	**Eltern.**
다스	진트	마이네	엘턴.
그것은	~이다	나의	부모님들 .

Geschwister		**Freunde**		**Kollegen**	
게슈비ᵛ스터		프ᵣ오인데		콜래겐	
형제자매 . / .	siblings	친구들 .	friends	동료들 .	colleagues

그것들은 나의 것들이다.   336

this	are	my	stuff.
Das	**sind**	**meine**	**Sachen.**
다스	진트	마이네	자헨.
그것은	~이다	나의	물건들 .

Dinge		**Bücher**		**Kugelschreiber**	
딩에		뷔히여		쿠겔슈라이버	
물건들 .	things	책들 .	books	펜들 .	pens

그것은 너의 펜이니? 337

is	this	your	pen?
Ist	**das**	**dein**	**Stift**?
이스트	다스	다인	슈티프트?
~이다	그것은	너의	펜 ?

Kind		Buch		Computer	
킨트		부흐		콤퓨터	
아이	child	책	book	컴퓨터	computer

그것은 너의 펜이 아니야. 338

this	is	not	you	pen.
Das	**ist**	**nicht**	**dein**	**Stift**.
다스	이스트	니히트	다인	슈티프트.
그것은	~이다	부정	너의	펜 .

Kind		Stuhl		Tisch	
킨트		슈투울		티쉬	
아이	child	의자	chair	탁자	table

그것은 그의 물이니? 339

is	this	his	water?
Ist	**das**	**sein**	**Wasser**?
이스트	다스	자인	바ˇ써?
~이다	그것은	그의	물 ?

Stäbchen		Auto		Baby	
슈탭히엔		아우토		베이비	
젓가락	rod	자동차	car	아기	baby

그것은 그의 물이 아니다. 340

this	is	not	his	water.
Das	**ist**	**nicht**	**sein**	**Wasser**.
다스	이스트	니히트	자인	바ˇ써.
그것은	~이다	부정	그의	물 .

Stäbchen		Bier		Blut	
슈탭히엔		비어		블루트	
젓가락	chopsticks	맥주	beer	피	blood

04. 대명사 & 소유형용사　　728 "패턴"

그녀의 어머니가 여기 계신다. 341

her	mother	is	here.
Ihre	**Mutter**	**ist**	**hier.**
이어레	뭍터	이스트	히어.
그녀의	어머니는	~이다	여기.

Tante		**Freundin**		**Schwester**	
탄테	aunt	프로인딘	girlfriend	슈베스터	sister
이모 / 고모		여자친구(애인)		여자 형제	

그녀의 어머니가 여기 계시나요? 342

is	her	mother	here?
Ist	**ihre**	**Mutter**	**hier?**
이스트	이어레	뭍터	히어?
~이다	그녀의	어머니	여기?

Tochter		**Großmutter**		**Nachbarin**	
토흐터	daughter	그로오쓰뭍터	grandmother	나흐바린	neighbor
딸		할머니		여자 이웃	

우리 가족은 집에 있다. 343

our	family	is	at home.
Unsere	**Familie**	**ist**	**zu Hause.**
운저레	파밀리에	이스트	쭈 하우제.
우리의	가족	~이다	집에.

Schwester		**Mutter**		**Nachbarin**	
슈베스터	sister	뭍터	mother	나흐바린	neighbor
여자 형제		어머니		여자 이웃	

TIP　'zu Hause'는 문법과 상관없이 '집에'라는 의미로 사용되는 표현이니 외워두는 것이 좋습니다.

우리 가족은 집에 있니? 344

is	our	family	at home?
Ist	**unsere**	**Familie**	**zu Hause?**
이스트	운저레	파밀리에	쭈 하우제?
~이다	우리의	가족	집에?

Schwester		**Lehrerin**		**Zimmergenossin**	
슈베스터	sister	을래에러린	teacher	찜머게노씬	roommate
여자 형제		여자 선생님		여자 룸메이트	

345

너희 차는 예쁘다.

your	car	is	pretty.
Euer	**Auto**	**ist**	**schön**.
오이어	아우토	이스트	쇤.
너희의	차&는	~이다	예쁜.

Haus		**Handy**		**Armband**	
하우스		핸디		아암반트	
집&	house	핸드폰&	cell phone	팔찌&	bracelet

346

너희 아들은 잘생겼다.

your	son	is	handsome.
Euer	**Sohn**	**ist**	**hübsch**.
오이어	조온	이스트	휩쉬.
너희의	아들&은	~이다	잘생긴.

Kind		**Baby**		**Hund**	
킨트		베이비		훈트	
아이&	child	아기&	baby	개&	dog

347

당신의 방은 크다.

your	room is big.
Ihr	**Zimmer ist groß**.
이어	찜머	이스트	그로쓰.
당신의	방&은	~이다	큰.

Sofa ist bequem		**Tisch ist schön**	
소파	이스트	베크벰V		티쉬	이스트	쇤	
소파&는	~이다	편안한	sofa is comfortable	책상&은	~이다	예쁜	table is nice

348

당신 딸은 날씬하다.

your	daughter is slim.
Ihre	**Tochter ist schlank**.
이어레	토흐터	이스트	슐랑크.
당신의	딸&은	~이다	날씬한.

Küche ist modern		**Mutter ist jung**	
퀴herr	이스트	모데언		뭍터	이스트	융	
부엌&은	~이다	현대적인	kitchen is modern	어머니&는	~이다	젊은 / 나이가 적은	mother is young

04. 대명사 & 소유형용사　　　728 "패턴"

그의 딸은 키가 크지 않니? 349

is	his	daughter	not	tall?
Ist	**seine**	**Tochter**	**nicht**	**groß**?
이스트	자이내	토흐터	니히트	그로오쓰?
~이다	그의	딸은	부정	키가 큰?

klein
클라인　small
키가 작은 / 작은

attraktiv
알트락티프　attractive
매력적인

berühmt
베뤼음트　famous
유명한

네 남자친구는 키가 크니? 350

is	your	boyfriend	tall?
Ist	**dein**	**Freund**	**groß**?
이스트	다인	프로인트	그로오쓰?
~이다	너의	남자친구(애인) 👤 는	키가 큰?

Sohn klein
조온 클라인　son small
아들 👤 은 작은

Vater berühmt
파터 베뤼음트　father famous
아버지 👤 는 유명한

그녀의 형제들은 나이가 많지 않니? 351

are	her	brothers	not	old?
Sind	**ihre**	**Brüder**	**nicht**	**alt**?
진트	이어레	브뤼더	니히트	알트?
~이다	그녀의	남자형제들은	부정	늙은?

jung
융　young
어린 / 나이가 적은

hübsch
휩쉬　handsome
잘생긴

intelligent
인텔리겐트　intelligent
영리한

네 부모님들은 나이가 많으시니? 352

are	your	parents old?
Sind	**deine**	**Eltern alt**?
진트	다이내	엘턴 알트?
~이다	너의	부모님들 👥 은 늙은?

Kinder jung
킨더 | 융
아이들 👥 | 어린

Brüder dumm
브뤼더 | 둠
남자형제들 👥 | 멍청한

353
그 나이 많으신 남자분이 너의 할아버지이시니?

is	the	old	man	your	grandfather?
Ist	der	alte	Mann	dein	Großvater?
이스트	데어	알테	만	다인	그로오쓰파터?
~이다	그	늙은	남자는	너의	할아버지👤?

Vater
파터
아버지👤 (father)

Onkel
옹켈
삼촌👤 (uncle)

Bruder
브루더
남자 형제👤 (brother)

354
그 예쁜 여자분이 너의 할머니이시니?

is	the	pretty	woman	your	grandmother?
Ist	die	hübsche	Frau	deine	Großmutter?
이스트	디	휩쉐	프라우	다이네	그로오쓰뭍터?
~이다	그	예쁜	여자는	너의	할머니👤?

Mutter
뭍터
어머니👤 (mother)

Tante
탄테
이모/고모👤 (aunt)

Schwester
슈베스터
여자 형제👤 (sister)

355
그 활동적인 소년은 나의 아들이다.

the active boy	is	my	son.
Der aktive Junge	ist	mein	Sohn.
데어 악티페 융에	이스트	마인	조온.
그 활동적인 소년은👤	~이다	나의	아들.

Das aktive Kind
다스 악티페 킨트
그 활동적인 아이👤

Der aktive Jugendlicher
데어 악티페 유겐틀리허
그 활동적인 청소년👤

356
그 사랑스러운 소년은 나의 아들이 아니다.

the lovable boy	is	not	my	son.
Der liebe Junge	ist	nicht	mein	Sohn.
데어 올리베 융에	이스트	니히트	마인	조온.
그 사랑스러운 소년👤은	~이다	부정	나의	아들.

Das liebe Kind
다스 올리베 킨트
그 사랑스러운 아이👤

Der liebe Jugendlicher
데어 올리베 유겐틀리허
그 사랑스러운 청소년👤

04. 대명사 & 소유형용사 728 "패턴"

나는 어머니를 믿는다. 357

I	believe	my	mother.
Ich	**glaube**	**meiner**	**Mutter.**
이히	글라우베	마이너	물터.
나는	믿다	나의	어머니 👤.

Freundin		**Lehrerin**		**Professorin**	
프로인딘		올래에러린		프로페쏘어린	
여자친구(애인) 👤	girlfriend	여자 선생님 👤	teacher	여자 교수님 👤	professor

너는 어머니를 믿니? 358

believe	you	your	mother?
Glaubst	**du**	**deiner**	**Mutter?**
글라웁스트	두	다이너	물터?
믿다	너는	너의	어머니 👤 ?

Freundin		**Großmutter**		**Partnerin**	
프로인딘		그로쓰물터		파아트너린	
여자친구(애인) 👤	girlfriend	할머니 👤	grandmother	여자 파트너 👤	partner

그는 남자 형제를 믿는다. 359

he	believes	his brother.	
Er	**glaubt**	**seinem Bruder.**	
에어	글라웁트	자이넴 브루더.	
그는	믿다	그의 남자 형제 👤 .	

seiner Schwester		**seinem Partner**	
자이너 슈베v스터		자이넴 파아트너	
그의 여자 형제 👤	sister	그의 파트너 👤	partner

그는 그의 형제를 믿지 않니? 360

believe	he	not	his brother?
Glaubt	**er**	**nicht**	**seinem Bruder?**
글라웁트	에어	니히트	자이넴 브루더?
믿다	그는	부정	그의 남자 형제 👤 ?

seiner Schwester		**seinem Nachbar**	
자이너 슈베v스터		자이넴 나흐바	
그의 여자 형제 👤	sister	그의 이웃 👤	neighbor

그녀는 그녀의 학생들을 돕는다.   361

she	helps	her	students.
Sie	**hilft**	**ihren**	**Schülern**.
지	힐프트	이어렌	쉴런.
그녀는	돕다	그녀의	학생들 👥.

Schülerinnen		**Eltern**	
쉴러린낸		엘턴	
여자 학생들 👥	students	부모님들 👥	parents

우리는 그의 아이들을 돕는다.   362

we	help	his	children.
Wir	**helfen**	**seinen**	**Kindern**.
비ᵛ어	헬펜	자이낸	킨던.
우리는	돕다	그의	아이들 👥.

Haustieren		**Patienten**		**Schülern**	
하우스티어렌		파치엔텐		쉴런	
애완동물들 👥	pets	환자들 👥	patients	학생들 👥	students

너는 그녀의 이야기를 신뢰하니?   363

trust	you	her	stories?
Vertraust	**du**	**ihren**	**Erzählungen**?
페ᶠ어트라우스트	두	이어렌	에어쨀룽엔?
신뢰하다	너는	그녀의	이야기들 👥.

Geschichten		**Geheimnissen**		**Nachrichten**	
게쉬히텐		게하임니쎈		나흐리히텐	
이야기들 / 역사들 👥	stories	비밀들 👥	secrets	뉴스들 👥	news

너희는 그녀의 이야기를 신뢰하니?   364

trust	you	her	stories?
Vertraut	**ihr**	**ihren**	**Erzählungen**?
페ᶠ어트라우트	이어	이어렌	에어쨀룽엔?
신뢰하다	너희는	그녀의	이야기들 👥.

Geschichten		**Informationen**		**Antworten**	
게쉬히텐		인포ᶠ어마치오낸		안트보ᵛ어텐	
이야기들 / 역사들 👥	stories	정보들 👥	information	대답들 👥	answers

Chapter 05

동사를 도와주는
조동사

---

mögen / möchten / wollen
werden / dürfen / können / müssen

05. 동사를 도와주는 조동사
동사를 도와주는 조동사

영어에서의 can, will, must 등을 뭐라고 부르지요? '조동사'라고 합니다.
조동사는 동사의 바로 앞에 놓여 동사를 돕습니다.
그리고 뒤의 동사는 항상 원형의 형태로 사용됩니다.

독일어에도 영어에서처럼 동사를 도와주는 동사, 즉 조동사가 있습니다.
하지만 독일어의 조동사 사용법은 영어에서의 그것과 매우 다릅니다.
'～할 수 있다'는 뜻의 독일어 조동사, können[쾬낸]을 예로 들어 보겠습니다.

▶ 나는 독일어를 할 수 있어.

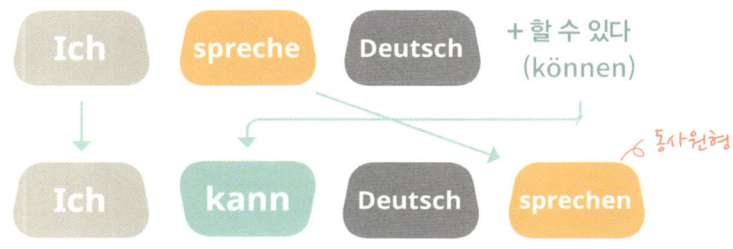

동사가 원형으로 쓰이는 것은 영어나 독일어나 똑같습니다.
하지만 조동사 바로 뒤에 동사원형이 붙어 나오는 영어와는 달리,
독일어에서는 조동사와 동사원형이 붙어 나오지 않습니다.
원래 동사가 있던 자리를 조동사가 차지하고, 동사는 문장의 맨 끝으로 밀려납니다.
여기서 조동사는 주어에 따라 변화하고 동사는 원형을 써줍니다.

TIP 조동사 mögen과 möchten

möchten은 사실 mögen이라는 동사의 변화형입니다.
mögen 동사는 '~을 좋아하다'는 뜻의 일반동사로도 쓰입니다.
mögen은 캐주얼한 표현, möchten은 예의 바르거나 정중한 표현으로 사용됩니다.

- **mögen** [친구끼리 사용하는 표현]
  Ich mag eine Pizza essen.

- **möchten** [예의 바른 표현]
  Ich möchte eine Pizza essen.

TIP wollen동사와 werden동사

wollen 동사와 werden 동사를 영어로 표현하면 둘 다 will에 가깝습니다.
하지만 wollen으로는 미래를 표현할 수 없고 단지 의지를 표현합니다.
미래의 will을 나타내는 조동사는 werden입니다.

1 의지를 표현하는 조동사 wollen
Ich will einen Hund haben!
[이히 빌V 아이낸 훈트 하벤]
나는 강아지를 갖고 싶어!

2 미래를 나타내는 조동사 werden
Ich werde einen Hund haben!
[이히 베V어데 아이낸 훈트 하벤]
나는 강아지를 가질 거야!
(강아지를 가진다는 사실을 이미 알고 있을 때,
혹은 앞으로 강아지를 가질 거라는 예상을 표현할 때)

조동사를 사용할 땐 동사를 맨 뒤로 ...

동사를 도와주는 조동사

조동사의 인칭 변화는 동사의 인칭 변화와 조금 다릅니다.
독일어의 조동사 7가지를 배워보도록 하겠습니다.

① mögen = want [~하고 싶다]

'~하고 싶다'는 뜻입니다. 평소에 쉽게 쓸 수 있는 말 입니다.
또, 이 동사는 영어의 like 같은 의미로도 사용됩니다.

▶ 나는 커피를 마시고 싶어.

Ich	mag	Kaffee	trinken
		커피	마시다

(trinken: 동사원형)

② möchten = want, would like to [~하고 싶다]

위에서 배운 mögen과 같은 의미의 동사입니다.
좀 더 공손하게 말하고 싶다거나, 원하는 바가 간절할 때 이 동사를 사용합니다.

▶ 저는 커피를 마시고 싶어요.

커피 / 마시다

(trinken: 동사원형)

③ wollen = will [~하고 싶다, ~할 것이다]

mögen과 möchten처럼 자신의 의지를 나타내지만,
그 의지가 좀 더 강할 때 쓰입니다.

▶ 나는 커피를 마시고 싶어!

커피 / 마시다

(trinken: 동사원형)

Chapter 05

④ werden = will [~할 것이다, ~한다]

'~할 것이다'라는 뜻의 조동사입니다. 미래시제 표현의 조동사 입니다.

▶ 나는 커피를 마실 거예요.

⑤ dürfen = can, may [~해도 된다]

'~해도 된다'라고 무엇인가를 허가해 줄 때 사용하는 조동사입니다.

▶ 커피를 마셔도 괜찮습니다.

⑥ können = can [~할 수 있다]

'~할 수 있다'는 뜻입니다. 영어의 can과 같이 '가능'을 뜻하는 조동사입니다.

▶ 나는 커피를 마실 수 있습니다.

⑦ müssen = have to, must [~해야 한다]

'~해야 한다'는 뜻의 조동사입니다.
영어의 have to 처럼 강제성을 가진 의무를 나타냅니다.

▶ 나는 커피를 마셔야 한다.

동사를 도와주는 조동사

mögen [뫼겐] ~일지도 모른다

Ich	mag	막
Du	magst	막스트
Er/ Sie / Es	mag	막
Wir	mögen	뫼겐
Ihr	mögt	뫽트
Sie	mögen	뫼겐

möchten [뫼히텐] ~하고 싶다

Ich	möchte	뫼히테
Du	möchtest	뫼스테스트
Er/ Sie / Es	möchte	뫼스테
Wir	möchten	뫼스텐
Ihr	möchtet	뫼스테드
Sie	möchten	뫼히텐

wollen [볼ᵛ렌] ~할 것이다

Ich	will	빌ᵛ
Du	willst	빌ᵛ스트
Er/ Sie / Es	will	빌ᵛ
Wir	wollen	볼ᵛ렌
Ihr	wollt	볼ᵛ트
Sie	wollen	볼ᵛ렌

werden [베ᵛ어덴] ~할 것이다

Ich	werde	베ᵛ어데
Du	wirst	비ᵛ어스트
Er/ Sie / Es	wird	비ᵛ어트
Wir	werden	베ᵛ어덴
Ihr	werdet	베ᵛ어데트
Sie	werden	베ᵛ어덴

Ich möchte Spaghetti Carbonara essen!
[이히 뫼히테 슈파겔티 카보나라 에쎈!]
스파게티 카르보나라 먹고 싶다!

Chapter 05

dürfen [뒤르펜] ~해도 된다

Ich	d**arf**	다아프f
Du	d**arfst**	다아프f스트
Er/ Sie / Es	d**arf**	다아프f
Wir	dürf**en**	뒤어펜f
Ihr	dürf**t**	뒤어프f트
Sie	dürf**en**	뒤어펜f

können [퀜난] ~ 할 수 있다

Ich	k**ann**	칸
Du	k**annst**	칸스트
Er/ Sie / Es	k**ann**	칸
Wir	könn**en**	퀜낸
Ihr	könn**t**	퀜트
Sie	könn**en**	퀜낸

müssen [뮈쎈] ~해야 한다

Ich	m**uss**	무쓰
Du	m**usst**	무쓰트
Er/ Sie / Es	m**uss**	무쓰
Wir	müss**en**	뮈쎈
Ihr	müss**t**	뮈쓰트
Sie	müss**en**	뮈쎈

arbeiten [아바이텐] ~일하다

Ich	arbeit**e**	아바이테
Du	arbeit**est**	아바이테스트
Er/ Sie / Es	arbeit**et**	아바이테트
Wir	arbeit**en**	아바이텐
Ihr	arbeit**et**	아바이테트
Sie	arbeit**en**	아바이텐

Ich kann nicht gut kämpfen.
[이히 칸 니히트 구트 캠프펜f]
나는 싸움을 잘 못해.

05. 동사를 도와주는 조동사
조동사 부정문 만들기

이번에는 조동사 부정문을 만들어 보도록 하겠습니다.
방식은 다른 부정문을 만들 때와 똑같습니다.

▶ 나는 그 커피를 좋아하지 않아.

▶ 나는 커피를 좋아하지 않아.

다만 **조동사가 사용되면,**
일반동사는 문장의 맨 뒤로 이동한다는 사실에 주의하셔야 합니다.
그 후에 상황에 맞게 nicht나 kein을 사용해 부정문을 완성합니다.

▶ 조동사가 있을 때의 부정문 nicht

▶ 조동사가 있을 때의 부정문 kein

조동사의 **Kein** 부정문을 만들면서,
Kein의 격 변화 표를 다시 한 번 살펴보겠습니다.

	남성 단수	여성 단수	중성 단수	복수
1격 주격	*kein* [카인]	*keine* [카이내]	*kein* [카인]	*keine* [카이내]
2격 소유격	*keines* [카이내스]	*keiner* [카이너]	*keines* [카이내스]	*keiner* [카이너]
3격 간접목적격	*keinem* [카이냄]	*keiner* [카이너]	*keinem* [카이냄]	*keinen* [카이낸]
4격 목적격	*keinen* [카이낸]	*keine* [카이내]	*kein* [카인]	*keine* [카이내]

nicht 냐 kein 이냐

05. 동사를 도와주는 조동사
독일어의 복합동사

분리동사 & 비분리동사

영어에서도 두 표현을 이어붙여 한 단어로 만드는 경우가 있습니다.
언어에서 이런 현상이 일어나는 이유는 너무 많은 표현을 새로 만들어내는 대신,
기존의 표현들을 조합해 효율적으로 사용하기 위해서입니다.

re + turn = return

독일어의 동사에도 이러한 현상이 일어납니다. 이를 '**복합동사**'라고 부릅니다.

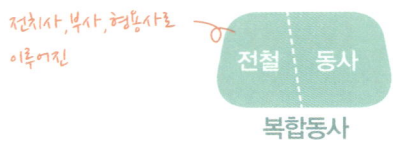

복합동사들은 다시 다음의 세 종류로 나누어 생각할 수 있습니다.

어떤 전철들은 **동사와 분리되어**
문장의 맨 뒤로 이동해버립니다.
이러한 형태의 복합동사를 '**분리동사**'라 부릅니다.

~와 함께 오다
mitkommen
[밑콤맨] 같이 가다
to come along

같이 가는 거야? *Kommst du mit?*

어떤 전철들은 **동사와 분리되지 않고**
한 덩어리로 사용됩니다.
이러한 형태의 복합동사를 '**비분리동사**'라 부릅니다.

반대(un) 사들이다
verkaufen
[페f어카우펜f] 팔다
to sell

그녀는 컴퓨터를 판다. *Sie verkauft den Computer.*

ab, an, auf, mit, nach
가 나오면 대부분 분리동사

어떤 전철들은 이랬다저랬다 합니다.
이러한 형태의 복합동사를 '**분리 비분리동사**'라 부릅니다.

TIP 분리동사, 비분리동사

어떤 것이 분리동사이고, 어떤 것이 비분리동사일까요? 이 뜨한 구분하는 방법이 있습니다.
전철의 생김새를 보고 분리인지 비분리인지 알 수 있습니다.
자주 쓰이는 몇몇 전철을 살펴보도록 하겠습니다.

1 분리동사 전철
- ab- : abfahren (출발하다)
- an- : anfangen (시작하다)
- auf- : aufmachen (열다)
- mit- : mitbring (가지고 가다)
- nach- : nachdenken (숙고하다)

위와 같은 전철을 가진 분리동사는 전철을 기준으로 분리하여
전철만 문장의 맨 뒤로 보내줍니다.

2 비분리동사 전철
- be- : bestellen (주문하다)
- ge- : gefallen (~의 마음에 들다)
- ver- : verstehen (이해하다)

위와 같은 전철을 가진 동사들은 비분리동사이므로 평소와 같이 문장을 만듭니다.

TIP 어제, 오늘, 내일

어제, 오늘, 내일에는 다음 두 가지 특징이 있습니다.
1 원래는 부사인데 명사로도 사용됩니다.
2 명사로 사용될 때에도 소문자로 시작합니다.

- gestern = 어제
- heute = 오늘
- morgen = 내일

05. 동사를 도와주는 조동사
재귀대명사, 재귀동사

나 스스로에게 행동한다

영어에서는 자기 스스로를 대상으로 할 때,
다시 말해 주어와 목적어가 일치할 때 재귀대명사를 사용합니다.

I love you.   나는 너를 사랑해.
I love myself.   나는 나를 사랑해.
　주어　　　목적어

독일어도 이와 똑같이 재귀대명사를 사용합니다.

Ich liebe dich.   나는 너를 사랑해.
[이히 리베 디히]

　　주어　　　목적어
Ich liebe mich.   나는 나를 사랑해.
[이히 리베 미히]

하지만 독일어에서는 재귀대명사를 훨씬 더 자주 사용합니다.
왜냐하면, 어떤 행동의 결과가 자기 자신과 연관성이 있기만 해도
재귀대명사를 사용하기 때문입니다.
재귀대명사는 대부분 4격을 사용합니다.

생각보다 자주 등장하는 재귀대명사

> **TIP** 4격이 아니고 3격인 경우
>
> 주어가 1인칭 단수 Ich 혹은 2인칭 단수 Du일 때,
> 문장의 목적어가 있는 경우에는 인칭대명사 3격을 사용합니다.
>
> - Ich wasche mir meine Hände.
>   [이히 바쉐 미어 마이내 핸데]
>   나는 내 손을 씻는다.
>
> - Ich ziehe mir das Hemd an.
>   [이히 찌이에 미어 다스 햄트 안]
>   나는 그 셔츠를 입는다.

독일어는 이럴 때마저도 재귀대명사를 사용한다.

1. 자기 신체, 혹은 신체 일부에 어떤 행동을 할 때

Er wäscht sich.
[에어 배v쉬트 지히]
그는 씻는다.

2. 행동의 결과로 자기 자신이 영향받을 때

Er zieht sich an.
[에어 찌이트 지히 안]
그는 옷을 입는다.

3. 목적어가 자기 자신과 연관이 있을 때

Er wünscht sich viel Erfolg.
[에어 뷘v쉬트 지히 피f이일 에어폴f그]
그는 그 자신의 성공을 바란다.

4. 재귀동사가 사용될 때

재귀대명사, 재귀동사

4격 재귀대명사

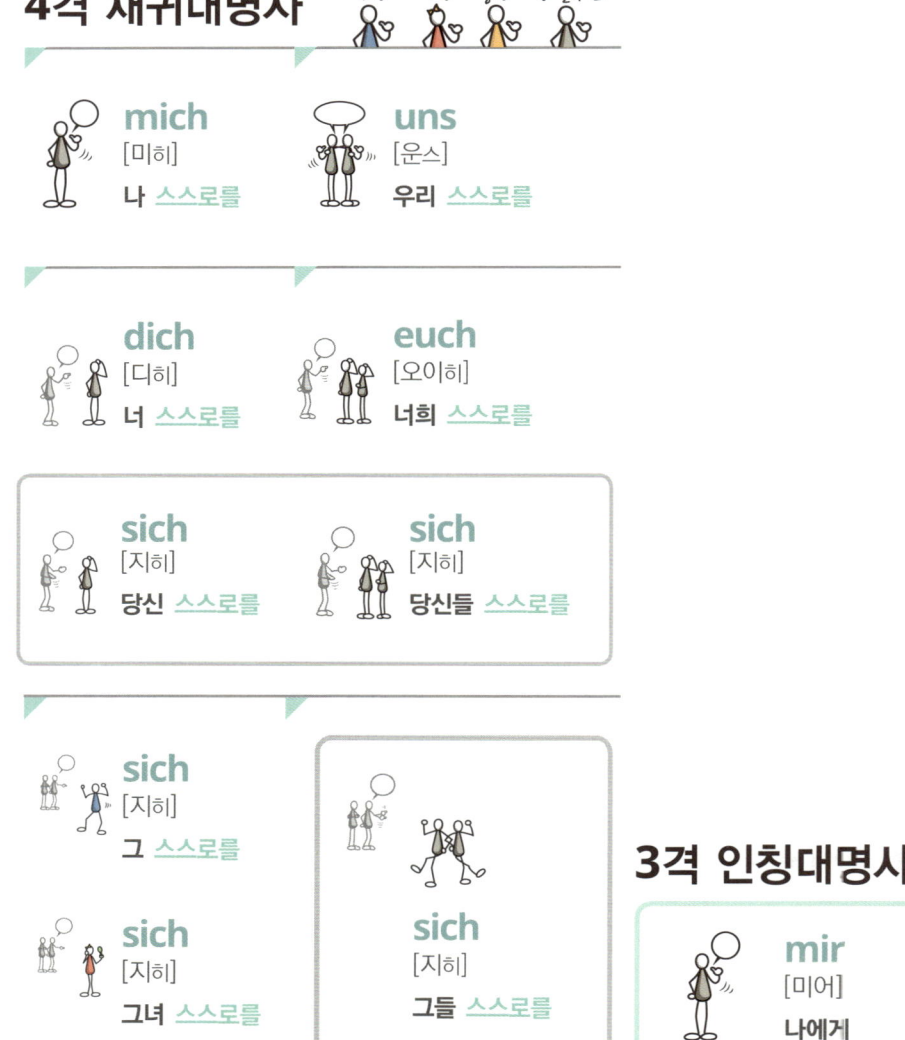

3격 인칭대명사

Chapter 05

재귀대명사를 사용하지 않는 동사 리스트

schwimmen [슈빔ᵛ맨]	수영하다
schlafen [슐라펜f]	자다
fahren [파f아뤤]	운전하다, (타고)가다
haben [하벤]	가지다
beginnen [베긴낸]	시작하다
antworten [안트보ᵛ어텐]	대답하다
singen [징엔]	노래하다
akzeptieren [악쩹티어뤤]	받아들이다
unterrichten (운터리히텐)	수업하다

재귀대명사를 무조건 사용하는 재귀동사 리스트

sich freuen [지히 프f로이엔]	기뻐하다
sich fühlen [지히 쀨f랜]	느끼다
sich erholen [지히 에어홀랜]	쉬다
sich vorstellen [지히 포f어슈텔렌]	소개하다, 상상하다
sich entspannen [지히 엔트슈판낸]	쉬다
sich entschuldigen [지히 엔트슐디겐]	사과하다
sich bedanken [지히 베당켄]	고마워하다
sich kümmern [지히 큄먼]	보살피다

TIP 재귀동사란?

재귀동사란 무조건 재귀대명사를 사용하는 몇 개의 동사를 말하는데,
이 동사들의 의미를 들여다보면 자기 자신과의 연관성이 조금은 느껴집니다.

재귀대명사, 재귀동사

어디로 간다고 말하는 3가지 방법

독일어에서 '나는 어디로 간다'라고 말할 때 사용하는 동사는 3가지입니다.
무엇을 타고 가느냐에 따라 동사를 구분해서 사용해 주어야 하는데요.
결국, 무엇을 타고 가느냐는 거리에 관한 이야기일 수도 있겠습니다.

 gehen

지상에서 걸어가거나, 뛰어서 발로 갈 수 있는 정도의 거리를 표현할 때 사용합니다.
'간다'라는 의미를 가진 동사 중에 가장 포괄적으로 사용할 수 있습니다.

gehen
[게에엔]
가다, 걷다

Ich	geh**e**	게에
Du	geh**st**	게에스트
Er/ Sie / Es	geh**t**	게에트
Wir	geh**en**	게에엔
Ihr	geh**t**	게에트
Sie	geh**en**	게에엔

2. fahren

비행기를 제외한 교통수단을 이용해서 간다고 표현할 때 사용합니다.
배를 타고 바다를 통해 갈 때도 이 동사를 사용합니다.

fahren
[파f아렌]
가다
(자동차 따위로)

Ich	fahr**e**	파f아레
Du	f**ä**hr**st**	패f아스트
Er/ Sie / Es	f**ä**hr**t**	패f아트
Wir	fahr**en**	파f아렌
Ihr	fahr**t**	파f아트
Sie	fahr**en**	파f아렌

Chapter 05

3. fliegen

비행기 등 날아다니는 교통수단을 이용할 때 사용합니다.

fliegen
[플f리이겐]
가다
(비행기 따위로)

Ich	flieg**e**	플f리이게
Du	flieg**st**	플f리익스트
Er/ Sie / Es	flieg**t**	플f리익트
Wir	flieg**en**	플f리이겐
Ihr	flieg**t**	플f리익트
Sie	flieg**en**	플f리이겐

이 3가지 동사를 사용하여 간다고 할 때는 꼭 전치사를 함께 사용하게 됩니다.
앞서 배운 in, auf, zu, nach 전치사와 3개의 동사의 조합이면
어디에 간다는 표현은 할 수 있게 되겠네요.

1 in + 4격
어느 곳 안으로 들어가는 경우 [in]

Ich gehe in die Schule.
나는 학교에 간다.

Ich fahre in die Schweiz.
나는 스위스에 간다.

Ich fliege in die USA.
나는 미국에 간다.

3 zu + 3격
단순히 어디로 향해 갈 때 [to]

Ich gehe zur Schule.
나는 학교에 간다.

Ich fahre zur Schule.
나는 학교에 간다.

Ich fliege zur Schule.
나는 학교에 간다.

2 auf + 4격
어디 위로 가는 경우 [at]

Ich gehe aufs Land.
나는 시골에 간다.

Ich fahre aufs Land.
나는 시골에 간다.

Ich fliege auf Jeju.
나는 제주도에 간다.

4 nach + 3격
도시, 나라, 특정 장소로 갈 때 [to]

Ich gehe nach Hause.
나는 집에 간다.

Ich fahre nach Österreich.
나는 오스트리아에 간다.

Ich fliege nach Südkorea.
나는 한국에 간다.

05. 동사를 도와주는 조동사   728"패턴"

나는 운전을 할 수 있다.   365

I	can		drive.
Ich	**kann**		**fahren**.
이히	칸		파아렌.
나는	할 수 있다		운전하다.

schwimmen 슈빔V맨 수영하다	swim	**singen** 징엔 노래하다	sing	**tanzen** 탄쩬 춤추다	dance

나는 운전을 못한다.   366

I	can	not	drive.
Ich	**kann**	**nicht**	**fahren**.
이히	칸	니히트	파아렌.
나는	할 수 있다	부정	운전하다.

schwimmen 슈빔V맨 수영하다	swim	**putzen** 풋쩬 청소하다	clean	**gehen** 게에엔 걷다	walk

너는 뛸 수 있니?   367

can	you		run?
Kannst	**du**		**laufen**?
칸스트	두		을라우펜?
할 수 있다	너는		뛰다?

kochen 코헨 요리하다	cook	**rennen** 렌낸 달리다	run	**versprechen** 페어슈프레히엔 약속하다	promise

너는 뛸 수 없니?   368

can	you	not	run?
Kannst	**du**	**nicht**	**laufen**?
칸스트	두	니히트	을라우펜?
할 수 있다	너는	부정	뛰다?

kochen 코헨 요리하다	cook	**hören** 회렌 (소리를) 듣다	hear	**essen** 에쎈 먹다	eat

나는 물을 마시고 싶다. 369

I	like	water	drink.
Ich	**mag**	**Wasser**	**trinken.**
이히	막	바ᵛ써	트링켄.
나는	좋아하다	물을	마시다.

Cola
콜라
콜라 &

cola

Saft
자프트
주스 &

juice

Bier
비어
맥즈 &

beer

너는 물을 마시고 싶지 않니? 370

like	you	no	water	drink?
Magst	**du**	**kein**	**Wasser**	**trinken?**
막스트	두	카인	바ᵛ써	트링켄?
좋아하다	너는	부정	물을	마시다?

Cola
콜라
콜라 &

cola

heißes Wasser
하이쎄스 바ᵛ써
뜨거운 물 &

hot water

kaltes Wasser
칼테스 바ᵛ써
차가운 물 &

cold water

나는 파스타를 먹고 싶다. 371

I	like	pasta	eat.
Ich	**mag**	**Pasta**	**essen.**
이히	막	파스타	에쎈.
나는	좋아하다	파스타를	먹다.

Gemüse
게뮈제
채소 &

vegetable

Fleisch
플라이쉬
고기 &

meat

Steak
스테이크
스테이크 &

steak

너는 파스타를 먹고 싶지 않니? 372

like	you	no	pasta	eat?
Magst	**du**	**kein**	**Pasta**	**essen?**
막스트	두	카인	파스타	에쎈?
좋아하다	너는	부정	파스타를	먹다?

Gemüse
게뮈제
채소 &

vegetable

Schweinefleisch
슈바ᵛ이내플라이쉬
돼지고기 &

pork

Hühnerfleisch
휘너플라이쉬
닭고기 &

chicken

05. 동사를 도와주는 조동사　　728 "패턴"

373
나는 사과를 먹고 싶다.

I	want	a	apple	eat.
Ich	**möchte**	**einen**	**Apfel**	**essen.**
이히	뫼히테	아이낸	앞펠	에쎈.
나는	원하다	한	사과	먹다.

Kuchen 쿠헨 / 케이크
Hamburger 함부어거 / 햄버거
Fisch 피쉬 / 생선

374
나는 사과가 먹기 싫다.

I	want	no	apple	eat.
Ich	**möchte**	**keinen**	**Apfel**	**essen.**
이히	뫼히테	카이낸	앞펠	에쎈.
나는	원하다	부정	사과	먹다.

Kuchen 쿠헨 / 케이크
Honig 호니히 / 꿀
Brownie 브라우니 / 브라우니

375
우리는 바나나를 사고 싶다.

we	want	a	banana	buy.
Wir	**möchten**	**eine**	**Banane**	**kaufen.**
비어	뫼히텐	아이내	바나내	카우펜.
우리는	원하다	한	바나나	사다.

Traube 트라우베 / 포도
Box 복스 / 상자
Brieftasche 브리프타쉐 / 지갑

376
우리는 오래된 바나나를 사고 싶지 않다.

we	want	no	old	banana	buy.
Wir	**möchten**	**keine**	**alte**	**Banane**	**kaufen.**
비어	뫼히텐	카이내	알테	바나내	카우펜.
우리는	원하다	부정	늙은	바나나	사다.

Traube 트라우베 / 포도
Blume 블루매 / 꽃
Frucht 푸루흐트 / 과일

377
너 살 빼지 않을래?

will	you	not	lose weight?
Willst	**du**	**nicht**	**abnehmen?**
빌ᵛ스트	두	니히트	압내에맨?
하고 싶다	너는	부정	살을 빼다?

zunehmen 쭈내에맨 살이 찌다 gain weight
schlafen 슐라펜 자다 sleep
lesen 을래젠 독서하다 read

378
너 독일어 배울래?

will	you	German	learn?
Willst	**du**	**Deutsch**	**lernen?**
빌ᵛ스트	두	도잇취	을래어낸?
하고 싶다	너는	독일어	배우다?

Koreanisch 코레아니쉬 한국어 Korean
Spanisch 슈파니쉬 스페인어 Spanish
Italienisch 이탈리에니쉬 이탈리아어 Italian

379
당신은 어떤 것을 사고 싶습니까?

will	you	something	buy?
Wollen	**Sie**	**etwas**	**kaufen?**
볼ᵛ랜	지	에트바ᵛ스	카우펜ᶠ?
하고 싶다	당신은	어떤 것을	사다?

das 다스 그것을 — that
die 디 그것을 that
den 댄 그것을 that

380
당신은 차를 사고 싶습니까?

will	you	a	car	buy?
Wollen	**Sie**	**ein**	**Auto**	**kaufen?**
볼ᵛ랜	지	아인	아우토	카우펜ᶠ?
하고 싶다	당신은	한	자동차	사다?

Haus 하우스 집 house
Buch 부흐 책 book
Tuch 투흐 수건 towel

05. 동사를 도와주는 조동사   728 "패턴"

그는 무언가를 먹을 것이다. 381

he	will	something	eat.
Er	wird	etwas	essen.
에어	비ᵛ어트	에트바ᵛ스	에쎈.
그는	할 것이다	어떤 것을	먹다.

sagen 자겐 (입으로) 말하다 say

brauchen 브라우헨 필요하다 need

singen 징엔 노래하다 sing

그녀는 오래 잘 것이다. 382

she	will	long	sleep.
Sie	wird	lange	schlafen.
지	비ᵛ어트	을랑에	슐라펜ᶠ.
그녀는	할 것이다	오래	자다.

spazieren 슈파찌어렌 산책하다 stroll

laufen 을라우펜ᶠ 뛰다 run

schwimmen 슈빔ᵛ맨 수영하다 swim

TIP lang = 긴 (길이를 나타내는 형용사), lange = 오래 (시간을 나타내는 부사)

우리는 자기만 할 것이다. 383

we	will	only	sleep.
Wir	werden	nur	schlafen.
비ᵛ어	베ᵛ어덴	누어	슐라펜ᶠ.
우리는	할 것이다	단지	자다.

arbeiten 아바이텐 일하다 work

kochen 코헨 요리하다 cook

sehen 제에엔 보다 see

그들 또한 공부할 것이다. 384

they	will	also	learn.
Sie	werden	auch	lernen.
지	베ᵛ어덴	아우흐	을레어낸.
그들은	할 것이다	또한	공부하다.

spielen 슈피일랜 놀다 play

essen 에쎈 먹다 eat

mögen 뫼겐 좋아하다 like

당신은 월요일에 일하실 거죠? 385

will	you	at the	Monday	work?
Werden	**Sie**	**am**	**Montag**	**arbeiten?**
베ᵛ어덴	지	암	몬탁	아바이텐?
할 것이다	당신은	~에	월요일	일하다?

lernen
을래어낸
공부하다 / 배우다

learn

schwimmen
슈빔ᵛ맨
수영하다

swim

laufen
을라우펜ᶠ
뛰다

run

> **TIP** 요일은 항상 남성 명사입니다.

당신은 화요일에 일하실 거죠, 그렇죠? 386

you	will	at the	Tuesday	work	or?
Sie	**werden**	**am**	**Dienstag**	**arbeiten**	**oder?**
지	베ᵛ어덴	암	디인스탁	아바이텐	오더?
당신은	할 것이다	~에	화요일	일하다	또는?

lernen
을래어낸
공부하다 / 배우다

learn

beginnen
베긴낸
시작하다

begin

treffen
트레펜ᶠ
만나다

meet

너희는 수요일에 운동할 거니? 387

will	you	at the	Wednesday	train?
Werdet	**ihr**	**am**	**Mittwoch**	**trainieren?**
베ᵛ어데트	이어	암	밑트보ᵛ흐	트레니어렌?
할 것이다	너희는	~에	수요일	운동하다?

putzen
풋쩬
청소하다

clean

kochen
코헨
요리하다

cook

rennen
렌낸
달리다

run

너희는 목요일에 운동할 거야, 그렇지? 388

you	will	at the	Thursday	train	or?
Ihr	**werdet**	**am**	**Donnerstag**	**trainieren**	**oder?**
이어	베ᵛ어데트	암	도너스탁	트레니어렌	오더?
너희는	할 것이다	~에	목요일	운동하다	또는?

putzen
풋쩬
청소하다

clean

fahren
파ᶠ아렌
운전하다

drive

arbeiten
아바이텐
일하다

work

05. 동사를 도와주는 조동사 728 "패턴"

나는 금요일에 산책해도 되니?   **389**

may	I	at the	Friday	stroll?
Darf	**ich**	**am**	**Freitag**	**spazieren?**
다아프	이히	암	프'라이탁	슈파찌어렌?
해도 되다	나는	~에	금요일	산책하다?

arbeiten	verlassen	zurückgehen
아바이텐	페'얼라쎈	쭈뤽게에엔
일하다	떠나다	되돌아가다

 work   leave   return

너는 토요일에 산책해도 돼.   **390**

you	may	at the	Saturday	stroll?
Du	**darfst**	**am**	**Samstag**	**spazieren.**
두	다아프'스트	암	잠스탁	슈파찌어렌.
너는	해도 되다	~에	토요일	산책하다.

arbeiten	kommen	gehen
아바이텐	콤맨	게에엔
일하다	오다	가다

 work   come   go

나는 일요일에 술을 마셔도 되니?   **391**

may	I	at the	Sunday	alcohol	drink?
Darf	**ich**	**am**	**Sonntag**	**Alkohol**	**trinken?**
다아프	이히	암	조온탁	알코홀	트'링켄?
해도 되다	나는	~에	일요일	술	마시다?

nichts Alkohol	viel Alkohol	wenig Alkohol
니히츠 알코홀	피'일 알코홀	베'니히 알코홀
0개 (술)	많이 (술)	조금 (술)

 nothing   much   little

당신은 일요일에 술을 마셔도 됩니다.   **392**

you	may	at the	Sunday	alcohol	drink.
Sie	**dürfen**	**am**	**Sonntag**	**Alkohol**	**trinken.**
지	뒤어펜'	암	조온탁	알코홀	트'링켄.
당신은	해도 되다	~에	일요일	술	마시다.

nichts Alkohol	viel Alkohol	sehr viel Alkohol
니히츠 알코홀	피'일 알코홀	제어 피'일 알코홀
0개 (술)	많이 (술)	매우 많이 (술)

 nothing   much   very much

나는 주말에 일해야 돼.   393

I	must	at the	weekend		work.	
Ich	**muss**	**am**	**Wochenende**		**arbeiten**.	
이히	무쓰	암	보ᵛ헨엔데		아바이텐.	
나는	해야만 하다	~에	주말		일하다.	

lernen
을래어낸
공부하다 / 배우다

zurückgehen
쭈륔게에엔
되돌아가다

ruhen
루엔
쉬다

그녀는 오늘 일해야 하니?   394

must	she	today	work?
Muss	**sie**	**heute**	**arbeiten?**
무쓰	지	호이테	아바이텐?
해야만 하다	그녀는	오늘	일하다?

putzen
풋쩬
청소하다

waschen
바ᵛ쉔
씻다

gehen
게에엔
가다

그녀는 내일 일해야만 해.   395

she	must	tomorrow	work.
Sie	**muss**	**morgen**	**arbeiten**.
지	무쓰	모어겐	아바이텐.
그녀는	해야만 하다	내일	일하다.

lernen
을래어낸
공부하다 / 배우다

verlassen
페얼라쎈
떠나다

fahren
파ᵛ아렌
운전하다

그는 슬프게도 주말에 일을 많이 해야만 해.   396

he	must	sadly	at the	weekend	much	work.
Er	**muss**	**leider**	**am**	**Wochenende**	**viel**	**arbeiten**.
에어	무쓰	을라이더	암	보ᵛ헨엔데	피ᵛ일	아바이텐.
그는	해야만 하다	슬프게	~에	주말	많이	일하다.

lernen
을래어낸
공부하다 / 배우다

fahren
파ᵛ아렌
운전하다

gehen
게에엔
걷다

05. 동사를 도와주는 조동사 728 "패턴"

내가 너에게 무엇을 줘도 될까? 397

can	I	you	something		give?
Kann	**ich**	**dir**	**etwas**		**geben?**
칸	이히	디어	에트바ˇ스		게벤?
할 수 있다	나는	너에게	어떤 것을		주다?

kaufen		**verkaufen**		**versprechen**	
카우펜	buy	페어카우펜	sell	페어슈프레히엔	promise
사다		팔다		약속하다	

네가 나에게 그 물병을 줄 수 있니? 398

can	you	me	the	water bottle	give?
Kannst	**du**	**mir**	**die**	**Wasserflasche**	**geben?**
칸스트	두	미어	디	바ˇ써플ˇ라쉐	게벤?
할 수 있다	너는	나에게	그	물병	주다?

kaufen		**werfen**		**mitnehmen**	
카우펜	buy	베ˇ어펜	throw	밑내에맨	take
사다		던지다		가지고 가다	

내가 너희에게 영어로 말해도 될까? 399

can	I	you	on	English	say?
Kann	**ich**	**euch**	**auf**	**Englisch**	**sagen?**
칸	이히	오이히	아우프ˇ	앵글리쉬	자겐?
할 수 있다	나는	너희에게	~위에	영어	말하다?

Koreanisch	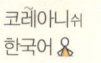	**Deutsch**		**Japanisch**	
코레아니쉬	say	도잇취	German	야파니쉬	Japanese
한국어		독일어		일본어	

TIP '~언어로'의 표현에는 전치사 'auf'를 꼭 붙여서 말합니다.

당신은 우리에게 조용히 말해 주실 수 있나요? 400

can	you	us	quietly	say?
Können	**Sie**	**uns**	**leise**	**sagen?**
쾬낸	지	운스	을라이제	자겐?
할 수 있다	당신은	우리에게	조용하게	말하다?

laut		**oft**		**mehr**	
을라우트	loud	오프ˇ트	often	매어	more
소리가 크게		자주		더	

401

당신은 무엇을 먹길 원하나요?

want	you	something	eat?
Möchten	**Sie**	**etwas**	**essen?**
뫼히텐	지	에트바ᵛ스	에쎈?
원하다	당신은	어떤 것을	먹다?

| **irgendetwas** 이어겐트에트바ᵛ스 어떤 것 | | **es** 에스 그것 | | **das** 다스 그것 | |

TIP 'etwas'와 'irgendetwas'는 비슷하게 쓰이지만 'irgendetwas (어떤 것이라도)'의 포괄 범위가 조금 더 큽니다.

402

네, 저는 그 피자를 먹고 싶어요.

yes, I	want	the	pizza	eat.
Ja, ich	**möchte**	**die**	**Pizza**	**essen.**
야, 이히	뫼히테	디	핏짜	에쎈.
네, 나는	원하다	그	피자를	먹다.

| **Suppe** 슈페 수프 | | **Frucht** 푸루흐트 과일 | | **Erdbeere** 에어드베어레 딸기 | |

403

너 물 마실래?

want	you	water	drink?
Möchtest	**du**	**Wasser**	**trinken?**
뫼히테스트	두	바ᵛ써	트링켄?
원하다	너는	물	마시다?

| **Bier** 비어 맥주 | | **Saft** 자프트 주스 | | **Cola** 콜라 콜라 | |

404

아니, 나는 물 안 마실래.

no, I	want	not	water	drink.
Nein, ich	**möchte**	**kein**	**Wasser**	**trinken.**
나인, 이히	뫼히테	카인	바ᵛ써	트링켄.
아니, 나는	원하다	부정	물	마시다.

| **Bier** 비어 맥주 | | **Wein** 바ᵛ인 와인 | | **Sekt** 젝트 샴페인 | |

05. 동사를 도와주는 조동사 728 "패턴"

405
그녀는 요리할 수 있다, 하지만 그는 못한다.

she	can	cook,	but	he	not.
Sie	**kann**	**kochen,**	**aber**	**er**	**nicht.**
지	칸	코헨,	아버	에어	니히트.
그녀는	할 수 있다	요리하다,	하지만	그는	부정

- **schwimmen** 슈빔ᵛ맨 수영하다  swim
- **laufen** 을라우펜 달리다 run
- **singen** 징엔 노래하다 sing

TIP 접속사 앞에 완전한 문장을 썼다면, 접속사를 뒤따르는 문장에서 중복되는 부분을 생략할 수 있습니다.

406
그는 요리를 할 수 없다, 하지만 그녀는 할 수 있다.

he	can	not	cook,	but	she	can	it.
Er	**kann**	**nicht**	**kochen,**	**aber**	**sie**	**kann**	**es.**
에어	칸	니히트	코헨,	아버	지	칸	에스.
그는	할 수 있다	부정	요리하다,	하지만	그녀는	할 수 있다	그것을.

- **schwimmen** 슈빔ᵛ맨 수영하다 swim
- **singen** 징엔 노래하다 sing
- **tanzen** 탄쩬 춤추다 dance

407
우리는 영어를 못한다, 하지만 너희는 한다.

we	can	no	English	speak,	but	you	already.
Wir	**können**	**kein**	**Englisch**	**sprechen,**	**aber**	**ihr**	**schon.**
비ᵛ어	쾬낸	카인	앵글리쉬	슈프레히엔,	아버	이어	숀.
우리는	할 수 있다	부정	영어 를	말하다,	하지만	너희는	벌써.

- **Koreanisch** 코레아니쉬 한국어 를 Korean
- **Deutsch** 도잇취 독일어 를 German
- **Chinesisch** 키이내지쉬 중국어 를 Chinese

408
당신은 노래를 잘한다, 하지만 우리는 그렇지 않다.

you	can	well	sing,	but	we	not.
Sie	**können**	**gut**	**singen,**	**aber**	**wir**	**nicht.**
지	쾬낸	구트	징엔,	아버	비ᵛ어	니히트.
당신은	할 수 있다	잘	노래하다,	하지만	우리는	부정

- **schlecht** 슐래히트 나쁘게 badly
- **schön** 쉔 아름답게 beautifully
- **lustig** 을루스티히 즐겁게 funny

409
루카스는 같이 온다.

Lukas	comes	with.
Lukas	**kommt**	**mit .**
을루카스	콤트	밑.
루카스는	오다	분리전철

Leonie	**Anna**	**Cecilie**
을레오니이	안나	치칠리에
레오니	안나	치칠리에

410
레오니는 오늘 같이 온다.

Leonie	comes	today	with.
Leonie	**kommt**	**heute**	**mit .**
을레오니이	콤트	호이테	밑.
레오니는	오다	오늘	분리전철

morgen		**übermorgen**		**später**	
모어겐		위버모어겐		슈패터	
내일	tomorrow	모레	day after tomorrow	나중에	later

411
루카스는 기뻐 보인다.

Lukas	sees	happy	out.
Lukas	**sieht**	**glücklich**	**aus .**
을루카스	지이트	글뤽클리히	아우스.
루카스는	보다	기쁜	분리전철

traurig		**gut**		**schlecht**	
트라우리히		구트		슐레히트	
슬픈	sad	좋은	well	나쁜	bad

412
레오니는 기쁘지 않아 보인다.

Leonie	sees	not	happy	out.
Leonie	**sieht**	**nicht**	**glücklich**	**aus .**
을레오니이	지이트	니히트	글뤽클리히	아우스.
레오니는	보다	부정	기쁜	분리전철

traurig		**zufrieden**		**hübsch**	
트라우리히		쭈프리이덴		휩쉬	
슬픈	sad	만족스러운	satisfied	예쁜	pretty

05. 동사를 도와주는 조동사　728 "패턴"

413
나는 맥주를 가지고 간다.

I	take	beer	with.
Ich	nehme	Bier	mit.
이히	내에매	비어	밑.
나는	가지고 가다	맥주	분리전철.

Wein		Wasser		Kuchen	
바ᵛ인		바ᵛ써		쿠헨	
와인	wine	물	water	케이크	cake

414
나는 맥주를 가지고 갈 수 있다.

I	can	beer	take.
Ich	kann	Bier	mitnehmen.
이히	칸	비어	밑내에맨.
나는	할 수 있다	맥주	가지고 가다.

Wein		Tequila		Vodka	
바ᵛ인		테킬라		보ᵛ드카	
와인	wine	테킬라	tequil	보드카	vodka

415
너는 친구를 데리고 가니?

take	you	a	friend	with?
Nimmst	du	einen	Freund	mit?
님스트	두	아이낸	프ᶠ로인트	밑?
가지고 가다	너는	한	남자친구(친구)	분리전철?

Hund		Alkohol		Cocktail	
훈트		알코홀		컥테일	
개	dog	술	alcohol	칵테일	cocktail

416
너는 친구를 데리고 올 수 있니?

can	you	a	friend	take?
Kannst	du	einen	Freund	mitnehmen?
칸스트	두	아이낸	프ᶠ로인트	밑내에맨?
할 수 있다	너는	한	남자친구(친구)	가지고 가다?

Hund		Brownie		Laptop	
훈트		브라우니		을렙톱	
개	dog	브라우니	brownie	휴대용 컴퓨터	laptop

나는 점심에 도착한다. 417

I	come	at the	afternoon		at.
Ich	**komme**	**am**	**Nachmittag**		**an.**
이히	콤매	암	나흐밑탁		안.
나는	오다	~에	점심 👤		분리전철 .

Abend		**Morgen**		**Mittag**	
아벤트		모어겐		밑탁	
저녁 👤	evening	아침 👤	tomorrow	정오 👤	noon

너는 월요일에 오니? 418

come	you	at the	Monday	at?
Kommst	**du**	**am**	**Montag**	**an?**
콤스트	두	암	몬탁	안?
오다	너는	~에	월요일 👤	분리전철 ?

Dienstag		**Mittwoch**		**Donnerstag**	
디인스탁		밑트보ᵛ흐		도너스탁	
화요일 👤	Tuesday	수요일 👤	Wednesday	독요일 👤	Thursday

나는 월요일에 서울에 온다. 419

I	come	at the	Monday	in Seoul	at.
Ich	**komme**	**am**	**Montag**	**in Seoul**	**an.**
이히	콤매	암	몬탁	인 세오울	안.
나는	오다	~에	월요일 👤	~안 서울	분리전철 .

Dienstag		**Freitag**		**Samstag**	
디인스탁		프라이탁		잠스탁	
화요일 👤	Tuesday	금요일 👤	Friday	토요일 👤	Saturday

> **TIP** '~에 도착한다'는 표현에서는 장소 앞에 항상 전치사 'in'을 사용합니다.

당신은 오늘 옵니까? 420

come	you	today	at?
Kommen	**Sie**	**heute**	**an?**
콤맨	지	호이테	안?
오다	당신은	오늘	분리전철 ?

morgen		**früh**		**spät**	
모어겐		프뤼		슈패트	
내일	tomorrow	이르게 / 빨리	early	늦게	late

05. 동사를 도와주는 조동사　　728 "패턴"

나는 친구 한 명을 초대한다. 421

I	invite	a	friend	in.
Ich	**lade**	**einen**	**Freund**	**ein.**
이히	을라데	아이낸	프ㅎ로인트	아인.
나는	초대하다	한	친구	분리전철

Mitarbeiter
밑아바이터
직장 동료 coworker

Ausländer
아우스랜더
외국인 foreigner

Besucher
베주허
방문객 visitor

TIP 'einladen'은 '초대한다'는 뜻이지만 '사준다'라는 뜻도 있습니다.

그는 좋은 친구 한 명을 초대한다. 422

he	invites	a	good	friend	in.
Er	**lädt**	**einen**	**guten**	**Freund**	**ein.**
에어	을래트	아이낸	구텐	프ㅎ로인트	아인.
그는	초대하다	한	좋은	남자친구(친구)	분리전철

Mitarbeiter
밑아바이터
직장 동료 coworker

Student
슈투덴트
대학생 college student

Schüler
쉴러
학생 student

나는 모든 친구를 초대한다. 423

I	invite	all	friends	in.
Ich	**lade**	**alle**	**Freunde**	**ein.**
이히	을라데	알레	프ㅎ로인데	아인.
나는	초대하다	모든	친구들	분리전철

Kollegen
콜레겐
동료들 colleagues

Mitarbeiter
밑아바이터
직장 동료들 coworkers

Lehrer
을래에러
선생님들 teachers

그녀는 친구들 중 누구도 초대하지 않는다. 424

she	invites	no	friends	in.
Sie	**lädt**	**keine**	**Freunde**	**ein.**
지	을래트	카이네	프ㅎ로인데	아인.
그녀는	초대하다	부정	친구들	분리전철

Mitarbeiter
밑아바이터
직장 동료들 coworkers

Ausländer
아우스랜더
외국인들 foreigners

Studenten
슈투덴텐
대학생들 students

제가 당신의 핸드폰을 빌릴 수 있을까요? 425

may	I	your	cell phone	borrow?
Darf	**ich**	**Ihr**	**Handy**	**ausleihen?**
다아프	이히	이어	핸디	아우슬라이엔?
해도 되다	나는	당신의	핸드폰	빌리다?

Fahrrad 파아라트 자전거 bicycle
Auto 아우토 자동차 car
Buch 부흐 책 book

그는 많이 준비해야만 하니? 426

must	he	much	prepare?
Muss	**er**	**viel**	**vorbereiten?**
무쓰	에어	피일	포어베라이텐?
해야만 하다	그는	많이	준비하다?

schon 숀 벌써 already
bald 발트 곧 / 이르게 soon
sofort 소포어트 즉시 immediately

이제 그만하지 않을래? 427

will	you	not	now	stop?
Willst	**du**	**nicht**	**jetzt**	**aufhören?**
빌V스트	두	니히트	옛쯔트	아우프회렌?
하고 싶다	너는	부정	지금	멈추다?

schon 숀 이미 already
bitte 빝테 제발 please
sofort 스포어트 즉시 immediately

TIP 독일어 'schon(숀) - 이미'라는 뜻으로, 영어 already 와 뜻이 같지만 조금 더 포괄적으로 사용됩니다.

너는 나에게 이따 전화해 줄 수 있니? 428

can	you	me	later	call?
Kannst	**du**	**mich**	**später**	**anrufen?**
칸스트	두	미히	슈패터	안루펜?
할 수 있다	너는	나를	나중에	전화하다?

jetzt 옛쯔트 지금 now
früher 프뤼어 더 이르게 earlier
bald 발트 곧 / 이르게 soon

05. 동사를 도와주는 조동사 728 "패턴"

내 남자친구를 초대해도 되니? 429

may	I	my	boyfriend	invite?
Darf	**ich**	**meinen**	**Freund**	**einladen?**
다아프	이히	마이낸	프로인트	아인을라덴?
해도 되다	나는	나의	남자친구(애인)	초대하다?

Bruder		Cousin		Mitarbeiter	
브루더		커정		밑아바이터	
남자 형제	brother	사촌	cousin	직장 동료	coworker

응, 너는 너의 남자친구를 초대해도 돼. 430

yes, you	can	your boyfriend	invite.
Ja, du	**kannst**	**deinen Freund**	**einladen.**
야, 두	칸스트	다이낸 프로인트	아인을라덴.
응, 너는	할 수 있다	너의 남자친구(애인)를	초대하다.

Bruder		Cousin		Manager	
브루더		커정		매네져	
남자 형제	brothers	사촌	cousin	매니저	manager

내 여자친구를 초대해도 되니? 431

may	I	my	girlfriend	invite?
Darf	**ich**	**meine**	**Freundin**	**einladen?**
다아프	이히	마이내	프로인딘	아인을라덴?
해도 되다	나는	나의	여자친구(애인)	초대하다?

Schwester		Cousine		Mitarbeiterin	
슈베스터		쿠지이네		밑아바이터린	
여자 형제	sister	여자 사촌	cousin	여자 직장 동료	coworker

아니, 너는 네 여자친구를 초대하면 안 돼. 432

no,	you	can	your	girlfriend	not	invite.
Nein,	**du**	**kannst**	**deine**	**Freundin**	**nicht**	**einladen.**
나인,	두	칸스트	다이내	프로인딘	니히트	아인을라덴.
아니,	너는	할 수 있다	너의	여자친구(애인)	부정	초대하다.

Schwester		Cousine		Managerin	
슈베스터		쿠지이네		매네져린	
여자 형제	sister	여자 사촌	cousin	여자 매니저	manager

나는 기분이 좋다. 433

I	feel	oneself	well.
Ich	**fühle**	**mich**	**gut**.
이히	퓔래	미히	구트.
나는	느끼다	자신	잘.

schlecht
슐래히트
나쁜
bad

besser
베써
더 좋은
better

schlechter
슐래히터
더 나쁜
worse

기분 좋니? 434

feel	you	oneself	well?
Fühlst	**du**	**dich**	**gut**?
퓔스트	두	디히	구트?
느끼다	너는	자신	잘?

schlecht
슐래히트
나쁜
bad

glücklich
글뤼클리히
행복한
happy

traurig
트라우리히
슬픈
sad

그는 움직인다. 435

he	moves	oneself.
Er	**bewegt**	**sich**.
에어	베벡ᵛ트	지히.
그는	움직이다	자신.

Der Wurm
데어 부ᵛ엄
그 벌레
worm

Die Pflanze
디 프플란쩨
그 식물
plant

Die Blume
디 블루매
그 꽃
flower

그들은 움직인다. 436

they	move	oneself.
Sie	**bewegen**	**sich**.
지	베베ᵛ겐	지히.
그들은	움직이다	자신.

Die Würmer
디 뷔ᵛ어머
그 벌레들
worms

Die Pflanzen
디 프플란쩬
그 식물들
plants

Die Blumen
디 블루맨
그 꽃들
flowers

05. 동사를 도와주는 조동사 728 "패턴"

나는 아침에 휴식한다. 437

I	relax	oneself	at the	morning.
Ich	**entspanne**	**mich**	**am**	**Morgen**.
이히	엔트슈판내	미히	암	모어겐.
나는	쉬다	자신	~에	아침에.

Abend		**Mittag**		**Nachmittag**	
아벤트		미탁		나흐미탁	
저녁에	evening	정오에	noon	오후에	afternoon

TIP 시간, 때를 나타내는 전치사로 대부분 'am'을 씁니다.

너는 아침에 쉬니? 438

relax	you	oneself	at the	morning?
Entspannst	**du**	**dich**	**am**	**Morgen**?
엔트슈판스트	두	디히	암	모어겐?
쉬다	너	자신	~에	아침에?

Abend		**Mittag**		**Nachmittag**	
아벤트		미탁		나흐미탁	
저녁에	evening	정오에	noon	오후에	afternoon

우리는 드물게 쉰다. 439

we	relax	oneself	rarely.
Wir	**erholen**	**uns**	**selten**.
비ᵛ어	에어홀랜	운스	셀텐.
우리는	쉬다	자신	드물게.

kaum		**auch**		**noch**	
카움	(×)	아우흐		노흐	
전혀 ~않다	barely	우리도 ~하다 / 마찬가지로 also		아직도	still

너희는 드물게 쉬니? 440

relax	you	oneself	rarely?
Erholt	**ihr**	**euch**	**selten**?
에어홀트	이어	오이히	셀텐?
쉬다	너희는	자신	드물게?

kaum		**schon**		**jetzt**	
카움	(×)	숀		옛쯔트	
전혀 ~않다	barely	이미	already	지금	now

꽃들도 감정을 느낄 수 있니? 441

can	the flowers	oneself	feel?
Können	**die Blumen**	**sich**	**fühlen?**
쿈낸	디 블루맨	지히	퓔랜?
할 수 있다	그 꽃들은	자신	느끼다?

Bäume		**Hunde**		**Katzen**	
보이매		훈데		캇쪤	
나무들	trees	개들	dogs	고양이들	cats

꽃들도 움직일 수 있니? 442

can	the	flowers	oneself	move?
Können	**die**	**Blumen**	**sich**	**bewegen?**
쿈낸	디	블루맨	지히	베베겐?
할 수 있다	그	꽃들은	자신	움직이다?

Bäume		**Babys**		**Wolken**	
보이매		베이비스		볼켄	
나무들	trees	아기들	baby	구름들	clouds

운동선수들은 많이 움직여야만 하니? 443

must	the sportsmen	oneself	much	move?
Müssen	**die Sportler**	**sich**	**viel**	**bewegen?**
뮈쎈	디 슈포어틀러	지히	피일	베베겐?
해야만 한다	그 운동선수들은	자신	많이	움직이다?

oft		**mehr**		**schnell**	
오프트		매어		슈넬	
자주	often	더 많이	more	빠르게	fast

노인 분들은 많이 움직이셔야만 하니? 444

must	the seniors	oneself	much	move?
Müssen	**die Senioren**	**sich**	**viel**	**bewegen?**
뮈쎈	디 세니오언	지히	피일	베베겐?
해야만 한다	그 노인 분들은	자신	많이	움직이다?

oft		**wenig**		**langsam**	
오프트		베니히		을랑잠	
자주	often	조금	little	느리게	slowly

05. 동사를 도와주는 조동사　　728 "패턴"

그는 멋있게 옷을 입는다.　　445

he	dresses	oneself	handsomely	at.
Er	zieht	sich	hübsch	an.
에어	찌이트	지히	휩쉬	안.
그는	입다	자신	멋있게	분리전철.

schick		gut		gleich	
쉬크		구트		글라이히	
시크하게	schick	잘	well	같게	alike

그녀는 긴장한 채로 자신을 소개한다.　　446

she	introduces	oneself	nervously	before.
Sie	stellt	sich	nervös	vor.
지	슈텔트	지히	네어뵈ᵛ스	포ᶠ어.
그녀는	소개하다	자신	긴장되게	분리전철.

laut		kreativ		vorsichtig	
올라우트		크레아티프		포ᶠ어지히티히	
소리가 크게	loud	창의력 있게	creatively	조심스럽게	carefully

우리는 멋있게 옷을 입는다.　　447

we	dress	oneself	handsome	at.
Wir	ziehen	uns	hübsch	an.
비ᵛ어	찌이엔	운스	휩쉬	안.
우리는	입다	자신	멋있게	분리전철.

schick		richtig		falsch	
쉬크		리히티히		팔ᶠ쉬	
세련되게	schick	알맞게	correctly	틀리게	incorrectly

그들은 긴장하며 자신들을 소개한다.　　448

they	introduce	oneself	nervously	before.
Sie	stellen	sich	nervös	vor.
지	슈텔렌	지히	네어뵈ᵛ스	포ᶠ어.
그들은	소개하다	자신	긴장되게	분리전철.

laut		intelligent		leise	
올라우트		인텔리겐트		올라이제	
소리가 크게	loud	영리하게	cleverly	조용하게	quietly

그는 옷을 잘 입는다. 449

he	dresses	oneself	well	at.
Er	zieht	sich	gut	an.
에어	찌이트	지히	구트	안.
그는	입다	자신	잘	분리전철.

schlecht		hübsch		schick	
슐래히트		휩쉬		쉬크	
나쁘게	badly	예쁘게	prettily	시크하게	schick

그는 옷을 잘 입을 수 있다. 450

he	can	oneself	well	dress.
Er	kann	sich	gut	anziehen.
에어	칸	지히	구트	안찌이엔.
그는	할 수 있다	자신	잘	입다.

schlecht		anders		gleich	
슐래히트		안더스		글라이히	
나쁘게	badly	다르게	differently	같게	alike

TIP 조동사가 등장하는 문장에서 분리전철은 원형으로 문장 맨 뒤에 옵니다.

그녀는 따뜻하게 옷을 입는다. 451

she	dress	oneself	warmly	at.
Sie	zieht	sich	warm	an.
지	찌이트	지히	바ˇ암	안.
그녀는	입다	자신	따뜻하게	분리전철.

kalt		heiß		kühl	
칼트		하이쓰		퀼	
춥게	coldly	덥게	muggily	시원하게	coolly

그녀는 따뜻하게 옷을 입을 것이다. 452

she	will	oneself	warmly	dress.
Sie	wird	sich	warm	anziehen.
지	비ˇ어트	지히	바ˇ암	안찌이엔.
그녀는	할 것이다	자신	따뜻하게	~입다.

kalt		normal		natürlich	
칼트		노어말		나튀얼리히	
춥게	coldly	정상적으로	normally	자연스럽게	naturally

05. 동사를 도와주는 조동사

728 "패턴"

너는 예쁘게 옷을 입을 수 있니? 453

can	you	oneself	prettily	dress?
Kannst	**du**	**dich**	**schön**	**anziehen?**
칸스트	두	디히	쇤	안찌이엔?
할 수 있다	너는	자신	예쁘게	입다?

hübsch		**richtig**		**schick**	
휩쉬		리히티히		쉬크	
멋있게	handsomely	알맞게	correctly	세련되게	schick

응, 나는 예쁘게 입을 수 있어. 454

yes, I	can	oneself	prettily	dress.
Ja, ich	**kann**	**mich**	**schön**	**anziehen.**
야, 이히	칸	미히	쇤	안찌이엔.
응, 나는	할 수 있다	자신	예쁘게	입다.

hübsch		**richtig**		**schick**	
휩쉬		리히티히	correctly	쉬크	schick
멋있게	handsomely	알맞게		세련되게	

나는 예쁘게 입어야만 하니? 455

must	I	oneself	prettily	dress?
Muss	**ich**	**mich**	**schön**	**anziehen?**
무쓰	이히	미히	쇤	안찌이엔?
해야만 하다	나는	자신	예쁘게	입다?

hübsch		**warm**		**kühl**	
휩쉬		바V암		퀼	
멋있게	handsomely	따뜻하게	warmly	시원하게	coolly

응, 너는 예쁘게 입어야만 해. 456

yes, you	must	oneself	prettily	dress.
Ja, du	**musst**	**dich**	**schön**	**anziehen.**
야, 두	무쓰트	디히	쇤	안찌이엔.
응, 너는	해야만 하다	자신	예쁘게	입다.

hübsch		**warm**		**kühl**	
휩쉬		바V암		퀼	
멋있게	handsomely	따뜻하게	warmly	시원하게	coolly

memo

05. 동사를 도와주는 조동사　795 "문장"

---

433 나는 할 수 있어요.

I	can	it. X
Ich	**kann**	**es.**
이히	칸	에스.
나	할 수 있다	그것을.

---

434 가야겠어요.

I	must	go. O
Ich	**muss**	**gehen.**
이히	무쓰	게에엔.
나	해야만 한다	가다.

---

435 이제 가야겠어.

I	must	now	go. △
Ich	**muss**	**jetzt**	**gehen.**
이히	무쓰	옛쯔트	게에엔.
나	해야만 한다	지금	가다.

---

436 걸어가면 돼요.

I	can	go. O
Ich	**kann**	**gehen.**
이히	칸	게에엔.
나	할 수 있다	걷다.

---

437 기다릴 수 있어요.

I	can	wait. O
Ich	**kann**	**warten.**
이히	칸	바아텐.
나	할 수 있다	기다리다.

---

438 나는 할 수 있어요!

I	can	it	manage. △
Ich	**kann**	**es**	**schaffen.**
이히	칸	에스	샤프펜.
나	할 수 있다	그것을	해내다.

---

439 가고 싶어.

I	want	go. △
Ich	**möchte**	**gehen.**
이히	뫼히테	게에엔.
나	원하다	가다.

---

440 내가 알아서 할 수 있어요.

I	can	therewith	go around. X
Ich	**kann**	**damit**	**umgehen.**
이히	칸	다밑	움게에엔.
나	할 수 있다	그것과 함께	우회하다.

441
나 야근해야 해요.

I	must	overtime	do. △
Ich	**muss**	**Überstunden**	**machen.**
이히	무쓰	위버슈툰덴	마헨.
나	해야만 한다	야근을	하다.

442
수영하고 싶어요.

I	want	swim. △	
Ich	**möchte**	**schwimmen.**	
이히	뫼히테	슈빔V맨.	
나	원하다	수영하다.	

443
시도해 보고 싶어요.

I	want	it	try. △
Ich	**möchte**	**es**	**versuchen.**
이히	뫼히테	에스	페어주헨.
나	원하다	그것을	시도하다.

444
당신과 이야기 좀 하고 싶어요.

I	want	with	you	talk. X
Ich	**möchte**	**mit**	**Ihnen**	**reden.**
이히	뫼히테	밑	이넨	레덴.
나	원하다	~와 함께	당신에게	말하다.

445
환불하고 싶어요.

I	want	a refund. O	
Ich	**möchte**	**eine Rückerstattung.**	
이히	뫼히테	아이내 뤽에어슈탓퉁.	
나	원하다	하나의 환급을.	

446
당신에게 할 말이 있어요.

I	must	you	something	say. X
Ich	**muss**	**Ihnen**	**etwas**	**sagen.**
이히	무쓰	이넨	에트바스	자겐.
나	해야만 한다	당신에게	어떤 것을	말하다.

447
저 바로 여기 있을게요.

I	will	simply	here	be. △
Ich	**werde**	**einfach**	**da**	**sein.**
이히	베V어데	아인파f흐	다	자인.
나	할 것이다	간단한	여기	있다.

448
너는 할 수 있어!

You	can	it	manage! O
Du	**kannst**	**es**	**schaffen!**
두	칸스트	에스	샤프f펜!
너	할 수 있다	그것을	해내다!

05. 동사를 도와주는 조동사 795 "문장"

449 7시까지 와야 해.

You	must	until	7	come. △
Du	**musst**	**bis**	**7**	**kommen.**
두	무쓰트	비스	지벤	콤맨.
너	해야만 한다	~까지	7시	오다.

450 언제든 나에게 말해도 돼.

You	can	me	anytime	say. △
Du	**kannst**	**mir**	**jederzeit**	**sagen.**
두	칸스트	미어	예더짜이트	자겐.
너	할 수 있다	나에게	언제든지	말하다.

451 내 말을 들어야 해요!

You	must	me	listen. △	
Sie	**musst**	**mir**	**zuhören.**	
지	뮈쎈	미어	쭈회렌.	
당신	해야만 한다	나에게	듣다.	

452 얼마든지 물어보세요.

You	can	me	anytime	ask. △
Sie	**können**	**mich**	**jederzeit**	**fragen.**
지	쾬낸	미히	예더짜이트	프라겐.
당신	할 수 있다	나를	언제든	묻다.

453 그건 할 필요 없어요.

You	must	this	not	do. △
Sie	**müssen**	**das**	**nicht**	**tun.**
지	뮈쎈	다스	니히트	툰.
당신	해야만 한다	그것	부정	하다.

454 그렇다면야 뭐.

If	it	be	must. X
Wenn	**es**	**sein**	**muss.**
벤V	에스	자인	무쓰.
만약	그것이	~이다	해야만 한다.

455 내가 해 봐도 돼요?

Can	I	try? O
Kann	**ich**	**versuchen?**
칸	이히	페어주헨?
할 수 있다	나	시도하다?

456 들어가도 될까요?

May	I	come in? O
Darf	**ich**	**hereinkommen?**
다아프	이히	헤라인콤맨?
해도 되다	나	안으로 들어가다?

457 이제 가도 되나요?

May	I	now	go? △
Darf	**ich**	**jetzt**	**gehen?**
다아프	이히	옛쯔트	게에엔?
해도 되다	나	지금	가다?

458 도와 드릴까요?

Can	I	helpful	be? ○
Kann	**ich**	**behilflich**	**sein?**
칸	이히	베힐플리히	자인?
할 수 있다	나	도움이 되는	~이다?

459 이것 좀 볼 수 있을까요?

Can	I	this	once	see? ✕
Kann	**ich**	**das**	**einmal**	**sehen?**
칸	이히	다스	아인말	제에엔?
할 수 있다	나	그것을	한 번	보다?

460 뭐 좀 마실 수 있을까요?

Can	I	a drink	have? △
Kann	**ich**	**ein Getränk**	**haben?**
칸	이히	아인 게트랭크	하벤?
할 수 있다	나	하나의 음료를	가지고 있다?

461 리필이 되나요?

Can	I	a refill	have? △
Kann	**ich**	**eine Nachfüllung**	**haben?**
칸	이히	아이네 나흐퓔룽	하벤?
할 수 있다	나	하나의 리필을	가지고 있다?

462 커피로 부탁해요.

Can	I	a coffee	have? △
Kann	**ich**	**einen Kaffee**	**haben?**
칸	이히	아이낸 카페에	하벤?
할 수 있다	나	하나의 커피를	가지고 있다?

463 전화번호 좀 알려 주세요.

Can	I	you number	have? △
Kann	**ich**	**Ihre Nummer**	**haben?**
칸	이히	이어레 눔머	하벤?
할 수 있다	나	당신의 번호를	가지고 있다?

464 자리를 바꿀 수 있을까요?

Can	I	my seat	change? △
Kann	**ich**	**meinen Platz**	**tauschen?**
칸	이히	마이넨 플랏쯔	타우쉔?
할 수 있다	나	나의 자리를	바꾸다?

05. 동사를 도와주는 조동사 795 "문장"

465 인터넷을 사용할 수 있나요?

Can	I	the internet	use? △
Kann	**ich**	**das Internet**	**verwenden?**
칸	이히	다스 인터넷	페어벤V덴?
할 수 있다	나	그 인터넷을	사용하다?

466 입어 봐도 되나요?

Can	I	this	try? △
Kann	**ich**	**es**	**anprobieren?**
칸	이히	에스	안프로비어렌?
할 수 있다	나	그것을	입어 보다?

467 기다려야 하나요?

Must	I	wait? O	
Muss	**ich**	**warten?**	
무쓰	이히	바아텐?	
해야만 한다	나	기다리다?	

468 내가 해야 해?

Must	I	this	do? △
Muss	**ich**	**das**	**machen?**
무쓰	이히	다스	마헨?
해야만 한다	나	그것을	하다?

469 차로 좀 데려다줄 수 있어요?

Can	I	ride along? O	
Kann	**ich**	**mitfahren?**	
칸	이히	밑파V아렌?	
할 수 있다	나	같이 타고 가다?	

470 침대를 추가로 이용할 수 있어요?

Can	I	an	additional	bed	have? X
Kann	**ich**	**ein**	**zusätzliches**	**Bett**	**haben?**
칸	이히	아인	쭈잿쯜리히에스	벳트	하벤?
할 수 있다	나	하나의	추가	침대를	가지고 있다?

471 영수증 좀 주세요.

Can	I	the receipt	have? △
Kann	**ich**	**die Rechnung**	**haben?**
칸	이히	디 레히눙	하벤?
할 수 있다	나	그 영수증을	가지고 있다?

472 여기서 내려줄 수 있어?

May	I	here	get out? △
Darf	**ich**	**hier**	**aussteigen?**
다아프f	이히	히어	아우스슈타이겐?
해도 되다	나	여기	내리다?

473
거기까지 걸어서 갈 수 있나요?

Can	I	there	to foot	go? X
Kann	**ich**	**dort**	**zu Fuß**	**gehen?**
칸	이히	도어트	쭈 푸ᵛ쓰	게에엔?
할 수 있다	나	거기에	발로	가다?

474
할 수 있어?

Can	you	this	do? △
Kannst	**du**	**das**	**tun?**
칸스트	두	다스	툰?
할 수 있다	너	그것	하다?

475
우리 내기할까?

Want	you	bet? X
Willst	**du**	**wetten?**
빌ᵛ스트	두	벧ᵛ텐?
원하다	너	내기하다?

476
너 꼭 이래야 겠어?

Must	you	this	really	do? △
Musst	**du**	**das**	**wirklich**	**machen?**
무쓰트	두	다스	비ᵛ어클리히	마헨?
해야만 한다	너	그것	정말로	하다?

477
부탁 하나 해도 될까요?

Can	you	me	a favor	do? △
Können	**Sie**	**mir**	**einen Gefallen**	**tun?**
쾬낸	지	미어	아이낸 게팔ᵛ랜	툰?
할 수 있다	당신	나에게	하나의 쿠탁을	하다?

478
저를 거기로 데려다줄 수 있어요?

Can	you	me	there	bring? △
Können	**Sie**	**mich**	**dorthin**	**bringen?**
쾬낸	지	미히	도어트힌	브링엔?
할 수 있다	당신	나를	거기로	데려가다?

479
놀리시는 거 아니죠?

Want	you	me	on	the arm	take? X
Wollen	**Sie**	**mich**	**auf**	**den Arm**	**nehmen?**
볼ᵛ랜	지	미히	아우프ᶠ	덴 아암	내에맨?
원하다	당신	나를	~위로	그 팔을	잡다?

480
와 줄 수 있어요?

Can	you	come? O
Können	**Sie**	**kommen?**
쾬낸	지	콤맨?
할 수 있다	당신	오다?

05. 동사를 도와주는 조동사   795 "문장"

481 천천히 말해 주실 수 있나요?

Can	you	slower	talk? △
Können	**Sie**	**langsamer**	**reden?**
쾬넨	지	을랑잠어	레덴?
할 수 있다	당신	더 천천히	말하다?

482 그거 기억나요?

Can	you	you	thereto	remember? ✗
Können	**Sie**	**sich**	**daran**	**erinnern?**
쾬넨	지	지히	다란	에어인넌?
할 수 있다	당신	당신을	그것에 대해	기억하다?

483 커피 좀 드실래요?

Want	you	a coffee	have? △
Möchten	**Sie**	**einen Kaffee**	**haben?**
뫼히텐	지	아이넨 카페에	하벤?
원하다	당신	하나의 커피를	가지고 있다?

484 영어 할 줄 알아요?

Can	you	English	speak? △
Können	**Sie**	**Englisch**	**sprechen?**
쾬넨	지	앵글리쉬	슈프레히엔?
할 수 있다	당신	영어	말하다?

485 나 대신 좀 부탁해요.

Can	you	for	me	fill in? △
Können	**Sie**	**für**	**mich**	**einspringen?**
쾬넨	지	퓌어	미히	아인슈프링엔?
할 수 있다	당신	~위해	나를	들어가다?

486 믿을 수 없어!

I	can	it	not	believe. △
Ich	**kann**	**es**	**nicht**	**glauben.**
이히	칸	에스	니히트	글라우벤.
나	할 수 있다	그것을	부정	믿다.

487 받아들일 수 없어!

I	can	it	not	accept. △
Ich	**kann**	**es**	**nicht**	**akzeptieren.**
이히	칸	에스	니히트	악쨉티어렌.
나	할 수 있다	그것을	부정	받아들이다.

488 방해하고 싶지 않아요.

I	want	you	not	disturb. △
Ich	**möchte**	**Sie**	**nicht**	**stören.**
이히	뫼히테	지	니히트	슈퇴렌.
나	원하다	당신을	부정	방해하다.

489
나는 그를 만나고 싶지 않아.

I	*want*	*him*	*not*	*see.* X
Ich	**möchte**	**ihn**	**nicht**	**sehen.**
이히	뫼히테	인	니히트	제에엔.
나	원하다	그를	부정	보다.

490
못 믿겠어요.

I	*can*	*it*	*not*	*believe.* △
Ich	**kann**	**es**	**nicht**	**glauben.**
이히	칸	에스	니히트	글라우벤.
나	할 수 있다	그것을	부정	믿다.

491
그거 안 사도 돼요.

We	*must*	*this*	*not*	*buy.* △
Wir	**müssen**	**das**	**nicht**	**kaufen.**
비ᵛ어	뮈쎈	다스	니히트	카우펜.
우리	해야만 한다	그것을	부정	사다.

492
포장하지 않아도 됩니다.

You	*must*	*it*	*not*	*wrap.* △
Sie	**müssen**	**es**	**nicht**	**einpacken.**
지	뮈쎈	에스	니히트	아인팍켄.
당신	해야만 한다	그것을	부정	포장하다.

493
그렇게 할게.

I	*will*	*I*	*will*	*it*	*do.* X
Ich	**werde.**	**Ich**	**werde**	**es**	**machen.**
이히	베ᵛ어데.	이히	베ᵛ어데	에스	마헨.
나	할 것이다.	나	할 것이다	그것을	하다.

494
보고 싶을 거야.

I	*will*	*you*	*miss.* △
Ich	**werde**	**dich**	**vermissen.**
이히	베ᵛ어데	디히	페ᵛ어미쎈.
나	~할 것이다	너를	그리워하다.

495
시도해 볼게요.

I	*will*	*try.* O
Ich	**werde**	**versuchen.**
이히	베ᵛ어데	페ᵛ어주헨.
나	~할 것이다	시도하다.

496
이걸로 고를게요.

I	*will*	*this*	*take.* △
Ich	**werde**	**das**	**nehmen.**
이히	베ᵛ어데	다스	내에맨.
나	~할 것이다	이것을	가져가다.

05. 동사를 도와주는 조동사　　795 "문장"

497 그에게는 내가 얘기해 볼게요.

I	will	with	him	talk. X
Ich	**werde**	**mit**	**ihm**	**reden.**
이히	베ᵛ어데	밑	임	레덴.
나	~할 것이다	~와 함께	그에게	말하다.

498 집까지 데려다 줄게요.

I	will	you	to	home	bring. X
Ich	**werde**	**Sie**	**nach**	**Hause**	**bringen.**
이히	베ᵛ어데	지	나흐	하우제	브링엔.
나	~할 것이다	당신을	~로	집에	데려가다.

499 같은 거로 주세요.

I	will	this alike	have. X
Ich	**werde**	**das gleiche**	**haben.**
이히	베ᵛ어데	다스 글라이히에	하벤.
나	~할 것이다	그 같은 것을	가지고 있다.

500 생각해 볼게.

I	will	thereover	think. O
Ich	**werde**	**darüber**	**nachdenken.**
이히	베ᵛ어데	다뤼버	나흐뎅켄.
나	~할 것이다	그것에 대해	고민하다.

501 내가 거기 있을게.

I	will	there	be. △
Ich	**werde**	**dort**	**sein.**
이히	베ᵛ어데	도어트	자인.
나	~할 것이다	거기에	~이다.

502 곧 알게 될 거예요.

You	will	it	already	see. X
Sie	**werden**	**es**	**schon**	**sehen.**
지	베ᵛ어덴	에스	숀	제에엔.
당신	~할 것이다	그것을	이미	보다.

503 후회하지 않을 거예요.

You	will	it	not	regret. △
Sie	**werden**	**es**	**nicht**	**bereuen.**
지	베ᵛ어덴	에스	니히트	베로이엔.
당신	~할 것이다	그것을	부정	후회하다.

504 진실인 것이 없어요.

Nothing	is	true. O
Nichts	**ist**	**wahr.**
니히츠	이스트	바아.
0개는	~이다	사실.

505 그들 중 하나요.

One | *from* | *them.* △
Einer | **von** | **ihnen.**
아이너 | 폰 | 이낸.
하나 | ~중에 | 그들에게.

506 둘 다요.

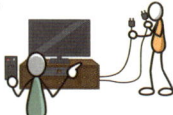

Both. O
Beide.
바이데.
둘 다.

507 그들 중 몇이요.

Some | *from* | *them.* △
Manche | **von** | **ihnen.**
만히에 | 폰 | 이낸.
몇몇 | ~중에 | 그들어 게.

508 그들 전부요.

They all. O
Sie alle.
지 알래.
그들 전부.

509 그들 모두 아니에요.

Non | *from* | *both.* △
Keines | **von** | **beiden.**
카이내스 | 폰 | 바이덴.
아무것도 | ~중에 | 양쪽에게.

510 둘 다 아니에요.

Non | *from* | *them.* △
Keines | **von** | **ihnen.**
카이내스 | 폰 | 이낸.
아무것도 | ~중에 | 그들에게.

511 저런 비슷한 거요.

So like. X
So ähnlich.
소 애엔리히.
그런 비슷한.

512 아무것도 아니에요.

Nothing. O
Nichts.
니히츠.
0개.

Chapter
06
의문사
활용하기

wer / wann / wo
was / wie / warum

06. 의문사 활용하기
의문사 적용 의문문

영어와 비슷하다

아래 6개의 의문사에 대해서 배워보도록 하겠습니다.

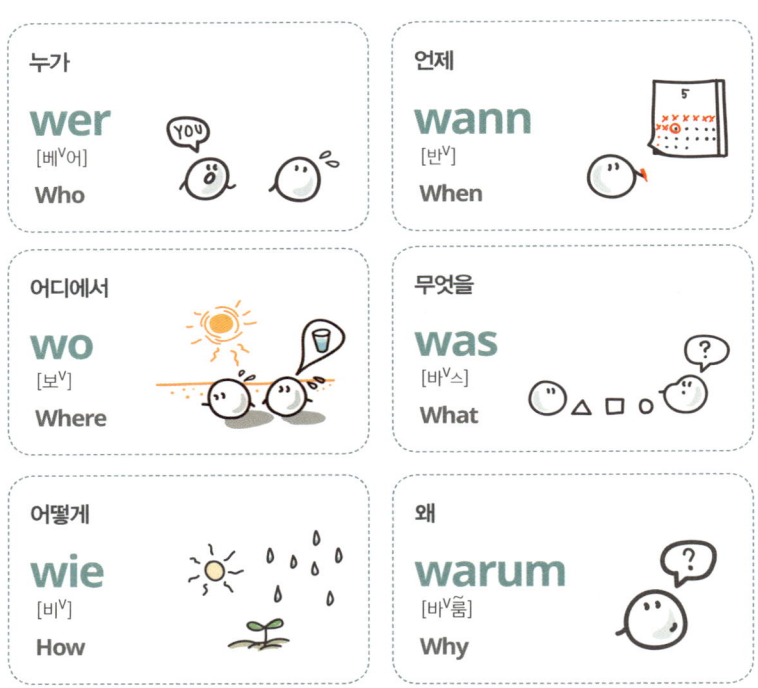

누가	언제
wer [베ⱽ어] Who	**wann** [반ⱽ] When

어디에서	무엇을
wo [보ⱽ] Where	**was** [바ⱽ스] What

어떻게	왜
wie [비ⱽ] How	**warum** [바ⱽ룸] Why

TIP 대명사 주어의 생략

왜 어떤 단어는 생략이 가능하고 어떤 단어는 안 되는 것일까요?
어떤 단어를 생략한다는 것은 말하는 사람과 듣는 사람이 서로 내용을 빤히 안다는 것을 의미합니다. 서로 어떤 내용인지 알 수 없는데 생략을 할 수는 없으니까요. 대명사도 마찬가지입니다. 서로 빤히 아는 경우에만 '그것'이라고 대명사를 통해 말할 수 있는 것이죠. 어찌 보면 대명사를 사용한다는 것 자체가 이미 일종의 생략이라고 볼 수 있습니다.

명사	대명사	생략
불명확할 때		명확할 때

독일어에서 의문사를 사용하는 방법은 영어와 비슷합니다.
'**의문사 + 동사 + 주어**'의 어순대로 배치하면 됩니다.

▶ 이것이 무엇입니까?

단, 영어의 일반동사 의문문에서 쓰이는
조동사 '**do, does**' 같은 것은 사용하지 않습니다.

▶ 어디에 사십니까?

wohnen [보ᵛ오낸] 살다

Ich	wohne	보ᵛ오내
Du	wohnst	보ᵛ온스트
Er/ Sie / Es	wohnt	보ᵛ온트
Wir	wohnen	보ᵛ오낸
Ihr	wohnt	보ᵛ온트
Sie	wohnen	보ᵛ오낸

denken [뎅켄] 생각하다

Ich	denke	뎅케
Du	denkst	뎅크스트
Er/ Sie / Es	denkt	뎅크트
Wir	denken	뎅켄
Ihr	denkt	뎅크트
Sie	denken	뎅켄

06. 의문사 활용하기
격변화를 하는 의문사

주어냐 목적어냐

영어의 who를 사용한 의문문 문장 두 개를 보시겠습니다.
똑같은 who를 사용했지만, 문장 속에서의 역할은 완전히 다릅니다.

Case1
Who knows?
누가 알지?

He knows.
그가 알지.

Case2
Who do you know?
너는 누구를 알지?

I know him.
나는 그를 알아.

첫 번째 who는 주어(he)에 대해 묻는 의문사입니다.
두 번째 who는 목적어(him)에 대해 묻는 의문사입니다.

영어에서는 목적어에 대해 묻든 주어에 대해 묻든 똑같이 who를 사용했지만,
독일어에서는 그에 따라 의문사의 모양을 다르게 써 주어야 합니다.

Case1 주격

Wer wohnt in diesem Haus?
누가 이 집에 살아?　　　[베V어 보V온트 인 디이젬 하우스]

Er wohnt in diesem Haus.
그가 이 집에 살아.　　　[에어 보V온트 인 디이젬 하우스]

Case2 목적격

Wen liebst du?
너는 누구를 사랑하니?　[벤V 올리입스트 두]

Ich liebe Sie.
나는 당신을 사랑해.　　[이히 올리이베 지]

다행히도 모든 의문사가 격변화를 하는 것은 아닙니다.
앞에서 배운 여섯 개의 의문사 중, **wer**(누가)와 **was**(무엇)만이 격변화를 합니다.
게다가 **was**는 3격(간접목적격, ~에게)이 없고,
1격(주격)과 4격(목적격)의 모양은 똑같습니다.

● wie + ◯ 의문사 ●

얼마나 많은 (셀 수 있을 때)
wie viele
[비^V 피^{f}일래]
how many

얼마나 많은 (셀 수 없을 때)
wie viel
[비^V 피^{f}일]
how much

얼마나 먼
wie weit
[비^V 바^{V}이트]
how far

얼마나 오래
wie lange
[비^V 을랑에]
how long

얼마나 빨리
wie schnell
[비^V 슈넬]
how soon / fast

얼마나 큰 / 키가 큰
wie groß
[비^V 그로쓰]
how big / tall

TIP 의문사의 격 변화

1 1격: 누가 wer [베^{V}어]
Wer wohnt in diesem Haus?
[베^{V}어 보^{V}온트 인 디이젬 하우스]
누가 이 집에서 살아?

2 2격: 누구의 wessen [베^{V}쎈]
Wessen Buch ist das?
[베^{V}쎈 부흐 이스트 다스]
이건 누구의 책이야?

3 3격: 누구에게 wem [벰^V]
Wem gibt der Lehrer das Buch?
[벰^V 깁트 데어 을래에러 다스 부흐]
선생님이 이 책을 누구에게 주었어?

4 4격: 누구를 wen [벤^V]
Wen liebst du?
[벤^V 을리입스트 두]
너는 누구를 사랑해?

293

06. 의문사 활용하기

그것은 뭐니? 457

what	is	it?
Was	**ist**	**es?**
바ᵛ스	이스트	에스?
무엇	~이다	그것은?

| **das** 다스 이것 | this | **der** 데어 그것 | this | **die** 디 그것 | this |

그것은 내 핸드폰이야. 458

it	is	my	cell phone.
Es	**ist**	**mein**	**Handy.**
에스	이스트	마인	핸디.
그것은	~이다	나의	핸드폰👤.

| **Computer** 콤퓨터 컴퓨터👤 | computer | **Laptop** 을렙톱 휴대용 컴퓨터👤 | laptop | **Haus** 하우스 집👤 | house |

너의 이름은 뭐니? 459

what	is	your	name?
Was	**ist**	**dein**	**Name?**
바ᵛ스	이스트	다인	나매?
무엇	~이다	너의	이름👤?

| **Nachname** 나흐나매 성👤 | surname | **Vorname** 포ᶠ어나매 이름👤 | first name | **Zweitname** 쯔바ᵛ이트나매 중간 이름👤 | middle name |

TIP 서양에는 'Wolfgang Amadeus Mozart' 처럼 두 번째 이름(Zweitname)이 있는 경우가 많습니다.

나의 이름은 볼프강이야. 460

my	name	is	Wolfgang.
Mein	**Name**	**ist**	**Wolfgang.**
마인	나매	이스트	볼ᵛ프강.
나의	이름은	~이다	볼프강.

| **Mozart** 모짜아트 모짜르트 | Mozart | **Ludwig** 을루드비ᵛ히 루드비히 | | **Beethoven** 배에트호펜ᶠ 베토벤 | Beethoven |

그는 뭐 하고 있니? 461

what	does	he?
Was	**macht**	**er?**
바ᵛ스	마흐트	에어?
무엇	하다	그는?

der Mann
데어 만
그 남자

der Junge
데어 융에
그 소년

der Kellner
데어 켈너
그 웨이터

그는 산책하고 있다. 462

he	strolls.
Er	**spaziert.**
에어	슈파찌어트.
그는	산책하다.

Der Mann
데어 만
그 남자

Der Junge
데어 융에
그 소년

Der Kellner
데어 켈너
그 웨이터

그녀는 뭐 하고 있니? 463

what	does	she?
Was	**macht**	**sie?**
바ᵛ스	마흐트	지?
무엇	하다	그녀는?

die Frau
디 프ᶠ라우
그 여자

die Lehrerin
디 을래에러린
그 여자 선생님

die Kellnerin
디 켈너린
그 여자 웨이터

그녀는 일하고 있다. 464

she	works.
Sie	**arbeitet.**
지	아바이테트.
그녀는	일하다.

Die Frau
디 프ᶠ라우
그 여자

Die Lehrerin
디 을래에러린
그 여자 선생님

Die Kellnerin
드 켈너린
그 여자 웨이터

06. 의문사 활용하기 728 "패턴"

너는 뭐 마시고 싶니? 465

what	will	you	drink?
Was	**willst**	**du**	**trinken?**
바ᵛ스	빌ᵛ스트	두	트링켄?
무엇	하고 싶다	너는	마시다?

essen	singen	schreiben
에쎈	징엔	슈롸이벤
먹다	노래하다	쓰다

나는 물 마시고 싶어. 466

I	will	water | drink.
Ich	**will**	**Wasser trinken.**
이히	빌ᵛ	바ᵛ써 | 트링켄.
나는	하고 싶다	물을 | 마시다.

Spaghetti essen
슈파겔티 \| 에쎈
스파게티를 \| 먹다

Elvis Presley singen
엘비ᵛ스 프레슬리 \| 징엔
엘비스 프레슬리를 \| 노래하다

너는 뭐 마시고 싶니? 467

what	want	you	drink?
Was	**möchtest**	**du**	**trinken?**
바ᵛ스	뫼히테스트	두	트링켄?
무엇	원하다	너는	마시다?

essen	sehen	schreiben
에쎈	제에엔	슈롸이벤
먹다	보다	쓰다

TIP 조동사 'wollen' 과 'möchten'은 의지를 나타내는 단어지만 'möchten'이 조금 더 공손한 표현입니다. 하지만 두 단어 모두 존댓말과 반말을 할 때 사용할 수 있습니다.

나는 맥주 마시고 싶어. 468

I	want	beer | drink.
Ich	**möchte**	**Bier trinken.**
이히	뫼히테	비어 | 트링켄.
나는	원하다	맥주를 | 마시다.

Lasagne essen
을라자냐 \| 에쎈
라자냐를 \| 먹다

Harry Potter sehen
해리 폿터 \| 제에엔
해리 포터를 \| 보다

당신은 뭐 사고 싶으신가요? 469

what	will	you	buy?
Was	**wollen**	**Sie**	**kaufen?**
바ᵛ스	볼ᵛ랜	지	카우펜ᶠ?
무엇	하고 싶다	당신은	사다?

haben
하벤
가지다

verkaufen
페ᶠ어카우펜ᶠ
팔다

lesen
을래젠
읽다

저는 와인 한 병을 사고 싶습니다. 470

I	will	a	bottle	wine	buy.
Ich	**will**	**eine**	**Flasche**	**Wein**	**kaufen.**
이히	빌ᵛ	아이내	플ᶠ라쉐	바ᵛ인	카으펜ᶠ.
나는	하고 싶다	한	병	와인	사다.

haben
하벤
가지다

öffnen
외프ᶠ낸
열다

trinken
트링켄
마시다

당신은 뭘 사고 싶으세요? 471

what	want	you	buy?
Was	**möchten**	**Sie**	**kaufen?**
바ᵛ스	뫼히텐	지	카우펜ᶠ?
무엇	원하다	당신은	사다?

haben
하벤
가지다

essen
에쎈
먹다

trinken
트링켄
ㅁ-시다

저는 예쁜 안경을 사고 싶어요. 472

I	want	a	pretty	glasses	buy.
Ich	**möchte**	**eine**	**schöne**	**Brille**	**kaufen.**
이히	뫼히테	아이내	쇠내	브릴래	카우펜ᶠ.
나는	원하다	한	예쁜	안경	사다.

haben
하벤
가지다

verkaufen
페ᶠ어카우펜ᶠ
팔다

tragen
트라겐
쓰다

06. 의문사 활용하기　　728 "패턴"

너는 뭐 할 거야?　473

what	will	you	do?
Was	**wirst**	**du**	**machen?**
바ᵛ스	비ᵛ어스트	두	마헨?
무엇	할 것이다	너는	하다?

tun 　**lesen** 　**essen**
툰　　　　　　올레젠　　　　　에쎈
하다　　　　　독서하다　　　 먹다

TIP 'machen'과 'tun'은 뜻이 비슷하지만, 실제 행동으로 나타낼 때에는 'tun'이 더 자주 쓰입니다.

나는 잘 거야.　474

I	will	sleep.
Ich	**werde**	**schlafen.**
이히	베ᵛ어데	슐라펜.
나는	할 것이다	자다.

joggen 　**spazieren** 　**ruhen**
조겐　　　　　슈파찌어렌　　　루엔
조깅하다　　　산책하다　　　　쉬다

당신은 뭐 할 거예요?　475

what	will	you	do?
Was	**werden**	**Sie**	**machen?**
바ᵛ스	베ᵛ어덴	지	마헨?
무엇	할 것이다	당신은	하다?

tun 　**sehen** 　**kaufen**
툰　　　　　　제에엔　　　　　카우펜
하다　　　　　보다　　　　　　사다

나는 쇼핑할 것이다.　476

I	will	shop.
Ich	**werde**	**shoppen.**
이히	베ᵛ어데	쇼펜.
나는	할 것이다	쇼핑.

einkaufen 　**schwimmen** 　**schlafen**
아인카우펜　　　슈빔ᵛ멘　　　　슐라펜
장을 보다　　　 수영하다　　　　잠자다

시험 언제니? 477

when	is	the	test?
Wann	**ist**	**der**	**Test?**
반ᵛ	이스트	데어	테스트?
언제	~이다	그	시험 👤?

Jahrestag
야아레스탁
기념일 👤

anniversary

Geburtstag
게부엇츠탁
생일 👤

birthday

Samstag
잠스탁
토요일 👤

Saturday

시험은 오늘이야. 478

the	test	is	today.
Der	**Test**	**ist**	**heute.**
데어	테스트	이스트	호이테.
그	시험	~이다	오늘.

morgen
모어겐
내일

tomorrow

übermorgen
위버모어겐
모레

day after tomorrow

schwer
슈베ᵛ어
어려운

difficult

마감이 언제니? 479

when	is	the	deadline?
Wann	**ist**	**die**	**Frist?**
반ᵛ	이스트	디	프ᵛ리스트?
언제	~이다	그	마감 👤?

Vorlesung
포ᵛ얼래중
강의 👤

lecture

Übung
위붕
연습 👤

practice

Tour
투어
관광 / 여행 👤

tour

마감은 12시야. 480

at	12	o'clock	is	the	deadline.
Um	**12(zwölf)**	**Uhr**	**ist**	**die**	**Frist.**
움	쯔뵐ᵛ프ᵛ	우어	이스트	디	프ᵛ리스트.
~에	12	시	~이다	그	마감 👤.

Vorlesung
포ᵛ얼래중
강의 👤

lecture

Ankunft
안쿤프ᵛ트
도착 👤

arrival

Abfahrt
앞파ᵛ아트
출발 👤

departure

TIP 시간을 나타낼 때에는 항상 전치사 'um'을 사용합니다.

06. 의문사 활용하기   728 "패턴"

축제는 언제 시작하니? **481**

when	begins	the	festival?
Wann	**beginnt**	**das**	**Festival?**
반ᵛ	베긴트	다스	페'스티발ᵛ?
언제	시작하다	그	축제&?

Konzert 콘쩨어트 / 콘서트&
Event 이벤ᵛ트 / 이벤트&
Musical 뮤지클 / 뮤지컬&

축제는 저녁에 시작해. **482**

the	festival	begins	at the	evening.
Das	**Festival**	**beginnt**	**am**	**Abend.**
다스	페'스티발ᵛ	베긴트	암	아벤트.
그	페스티벌은	시작하다	~에	저녁&.

Nachmittag 나흐밑탁 / 오후&
Morgen 모어겐 / 아침&
Mittag 밑탁 / 정오&

언제 봄이 시작되니? **483**

when	begins	the	spring?
Wann	**beginnt**	**der**	**Frühling?**
반ᵛ	베긴트	데어	프'뤼을링?
언제	시작하다	그	봄&?

Sommer 좀머 / 여름&
Winter 빈ᵛ터 / 겨울&
Herbst 헤읍스트 / 가을&

봄은 곧 시작해. **484**

the spring	begins	shortly.
Der Frühling	**beginnt**	**kürzlich.**
데어 프'뤼을링	베긴트	퀴어쯜리히.
그 봄	시작하다	얼마 안 되어.

bald 발트 / 곧 / 이르게
jetzt 옛쯔트 / 지금
sofort 소포'어트 / 곧 / 즉시

너는 아침을 언제 먹니? 485

when	eat	you	breakfast?
Wann	**isst**	**du**	**Frühstück?**
반ⱽ	이쓰트	두	프뤼슈튁?
언제	먹다	너는	아침 식사 ?

Mittagessen 밑탁에쎈 점심 식사	Abendessen 아벤트에쎈 저녁 식사	Snack 스네크 간식	Snack
lunch	dinner		

TIP 'Frühstück'은 'frühstücken (아침을 먹는다)'라는 동사로 변형되어 사용도 기도 합니다.

나는 아침을 12시에 먹어. 486

I	eat	at	12	breakfast.
Ich	**esse**	**um**	**12(zwölf)**	**Frühstück.**
이히	에쎄	움	쯔뵐ⱽ프	프뤼슈튁.
나는	먹다	~에	12	아침 식사.

Mittagessen 밑탁에쎈 점심 식사	Brunch 브런취 브런치	brunch	etwas 에트바ⱽ스 무엇이든	something
lunch				

당신은 언제 아침 먹습니까? 487

when	eat	you	breakfast?
Wann	**essen**	**Sie**	**Frühstück?**
반ⱽ	에쎈	지	프뤼슈틱?
언제	먹다	당신은	아침 식사 ?

Mittagessen 밑탁에쎈 점심 식사	Brunch 브런취 브런치	brunch	irgendetwas 이어겐트에트바ⱽ스 어떤 것	something
lunch				

나는 아침을 오후 1시에 먹는다. 488

I	eat	at	13	breakfast.
Ich	**esse**	**um**	**13(dreizehn)**	**Frühstück.**
이히	에쎄	움	드라이첸	드뤼슈튁.
나는	먹다	~에	13	아침 식사.

Mittagessen 밑탁에쎈 점심 식사	Abendessen 아벤트에쎈 저녁 식사	Brunch 브런취 브런치	brunch
lunch	dinner		

06. 의문사 활용하기   728 "패턴"

너는 오늘 언제 자니? 489

when	sleep	you	today?
Wann	**schläfst**	**du**	**heute?**
반ᵛ	슐래ᵖ스트	두	호이테?
언제	자다	너는	오늘?

morgen		übermorgen		so	
모어겐		위버모어겐		소	
내일	 tomorrow	모레	 day after tomorrow	평소에	so

TIP 독일어는 '의지'를 나타내는 문장일 때에도 현재형 문장을 자주 사용합니다.
예) wann schläfst du heute? (직역: 너는 오늘 언제자니? / 의역: 너는 오늘 언제 잘 거니?)

나는 오늘 빨리 자. 490

I	sleep	today	early.
Ich	**schlafe**	**heute**	**früh.**
이히	슐라페	호이테	프ʳ휘.
나는	자다	오늘	빨리.

spät		früher		später	
슈패트		프ʳ휘어		슈패터	
늦게	late	더 이르게	earlier	더 늦게	later

너는 내일 언제 일어나니? 491

when	wake	you	tomorrow	up?
Wann	**stehst**	**du**	**morgen**	**auf?**
반ᵛ	슈테에스트	두	모어겐	아우ᵖ?
언제	일어나다	너는	내일	분리전철?

übermorgen		oft		immer	
위버모어겐		오프ᵗ		임머	
모레	day after tomorrow	자주 / 평소에	often	항상	always

나는 내일 일찍 일어나. 492

I	wake	tomorrow	early	up.
Ich	**stehe**	**morgen**	**früh**	**auf.**
이히	슈테에	모어겐	프ʳ휘	아우ᵖ.
나는	일어나다	내일	일찍	분리전철.

spät		früher		später	
슈패트		프ʳ휘어		슈패터	
늦게	day after tomorrow	더 일찍	earlier	더 늦게	later

493
너는 학교 언제 가니?

when	have	you	school?
Wann	**hast**	**du**	**Schule?**
반ᵛ	하스트	두	슈울래?
언제	가지다	너는	학교👤?

Unterricht		**Zeitplan**		**Arbeit**	
운터리히트		짜이트플란		아바이트	
수업👤	class	시간표👤	schedule	직업👤	work

494
당신은 대학교에 언제 가세요?

when	have	you	university?
Wann	**haben**	**Sie**	**Universität?**
반ᵛ	하벤	지	우니베ᵛ어시태트?
언제	가지다	당신은	대학교👤?

Vorlesung		**Reservierung**		**Training**	
포ᶠ얼레중		레저비ᵛ어룽		트레이닝	
강의👤	lecture	예약👤	reservation	훈련👤	training

495
그 버스는 언제 운행하나요?

when	drives	the bus?	
Wann	**fährt**	**der Bus?**	
반ᵛ	패ᶠ아트	데어 부스?	
언제	운전하다	그 버스👤는?	

der Zug		**das Taxi**		**der Flug**	
데어 쭉		다스 탁시		데어 플ᶠ룩	
그 기차👤	train	그 택시👤	taxi	그 항공편👤	flight

496
그 버스들은 언제 운행합니까?

when	drives	the	busses?
Wann	**fahren**	**die**	**Busse?**
반ᵛ	파ᶠ아렌	디	부쎄?
언제	운전하다	그	버스들👤👤은?

Züge		**Taxis**		**Flüge**	
쮜게		탁시스		플ᶠ뤼게	
기차들👤👤	trains	택시들👤👤	taxis	항공편들👤👤	flights

06. 의문사 활용하기

너는 언제 독일어 공부를 하니? 497

when	learn	you	German?
Wann	**lernst**	**du**	**Deutsch?**
반ᵛ	을래언스트	두	도잇취?
언제	공부하다	너는	독일어?

Mathematik 마테마틱 / 수학
Geschichte 게쉬히테 / 역사 / 이야기
Chemie 케미이 / 화학

너는 토스트를 언제 먹니? 498

when	eat	you	toast?
Wann	**isst**	**du**	**Toast?**
반ᵛ	이쓰트	두	토스트?
언제	먹다	너는	토스트?

Schweinshaxe 슈바ᵛ인스학세 / 독일식 돼지 요리
Rindfleisch 린트플라이쉬 / 소고기
Brot 브로트 / 빵

당신은 술을 언제 먹습니까? 499

when	drink	you	alcohol?
Wann	**trinken**	**Sie**	**Alkohol?**
반ᵛ	트링켄	지	알코홀?
언제	마시다	너는	술?

Bier 비어 / 맥주
Kaffee 카페ᵛ에 / 커피
Cocktail 컥테일 / 카테일

당신은 언제 남자친구를 만납니까? 500

when	visit	you	your boyfriend?
Wann	**besuchen**	**Sie**	**Ihren Freund?**
반ᵛ	베주헨	지	이어렌 프ᶠ로인트?
언제	방문하다	당신은	너의 남자친구(애인)?

Ihre Freundin 이어레 프ᶠ로인딘 / 당신의 여자친구(애인)
Ihre Mutter 이어레 물터 / 당신의 어머니
Ihren Vater 이어렌 파ᶠ터 / 당신의 아버지

그는 왜 슬프니? 501

why	is	he	sad?
Warum	**ist**	**er**	**traurig?**
바ᵛ룸	이스트	에어	트라우리히?
왜	~이다	그는	슬픈?

| **glücklich**
글뤽클리히
행복한 | happy | **eilig**
아일리히
급한 | hurry | **wütend**
뷔ᵛ텐트
화가 난 | angry |

그는 아프기 때문이야. 502

because	he	sick	is.
Weil	**er**	**krank**	**ist.**
바ᵛ일	에어	크랑크	이스트.
왜냐하면	그는	아픈	~이다.

| **gesund**
게순트
건강한 | healthy | **beschäftigt**
베쉐프ᵛ티히트
바쁜 | hurry | **alt**
알트
나이가 많은 / 오래된 | old |

그녀는 왜 피곤하니? 503

why	is	she	tired?
Warum	**ist**	**sie**	**müde?**
바ᵛ룸	이스트	지	뮈데?
왜	~이다	그녀는	피곤한?

| **krank**
크랑크
아픈 | sick | **traurig**
트라우리히
슬픈 | sad | **glücklich**
글뤽클리히
행복한 | happy |

그녀는 많이 읽기 때문이야. 504

because	she	much	reads.
Weil	**sie**	**viel**	**liest.**
바ᵛ일	지	피ᵛ일	을리이스트.
왜냐하면	그녀는	많이	읽다.

| **arbeitet**
아바이테트
일하다 | works | **trainiert**
트레이니어트
운동하다 | trains | **schläft**
슐래프ᵛ트
자다 | sleeps |

06. 의문사 활용하기 728 "패턴"

왜 그리 불친절하니? 505

why	are	you	so	unfriendly?
Warum	**bist**	**du**	**so**	**unfreundlich?**
바v룸	비스트	두	소	운프!로인틀리히?
왜	~이다	너는	그리	불친절한?

böse	evil	**freundlich** 프!로인틀리히 친절한	friendly	**nett** 넷트 친절한	kind
뵈제 심술궂은					

TIP 'so'는 '참, 아주'의 뜻이 있지만 '그렇게'라는 의미로도 많이 사용됩니다.

나는 불친절하지 않아. 506

I	am	not	unfriendly.
Ich	**bin**	**nicht**	**unfreundlich.**
이히	빈	니히트	운프!로인틀리히.
나는	~이다	부정	불친절한.

böse 뵈제 심술궂은	evil	**ungesund** 운게준트 건강하지 않은	unhealthy	**dumm** 둠 어리석은	stupid

오늘 당신 왜 그리 무례해요? 507

why	are	you	so	impolite	today?
Warum	**sind**	**Sie**	**so**	**unhöflich**	**heute?**
바v룸	진트	지	소	운회플리히	호이테?
왜	~이다	당신은	그리	무례한	오늘?

eilig 아일리히 서두르는	hurry	**anders** 안더스 다르게	different	**schön** 쇤 예쁜	beautiful

저는 무례하지 않습니다. 508

I	am	not	impolite.
Ich	**bin**	**nicht**	**unhöflich.**
이히	빈	니히트	운회플리히.
나는	~이다	부정	무례한.

eilig 아일리히 서두르는	hurry	**anders** 안더스 다르게	different	**normal** 노어말 정상	normal

509
왜 수학을 공부하니?

why	learn	you	math?
Warum	**lernst**	**du**	**Mathematik?**
바ᵛ룸	을래언스트	두	마테마틱?
왜	공부하다	너는	수학을?

Biologie
비올로기이
생물학

Geographie
게오그라피이
지리학

Kunst
쿤스트
예술

510
수학이 재미있기 때문이야.

because	math	funny	is.
Weil	**Mathematik**	**lustig**	**ist.**
바ᵛ일	마테마틱	을루스티히	이스트.
왜냐하면	수학은	재미있는	~이다.

Biologie
비올로기이
생물학

Musik
무직
음악

Informatik
인포ᵣ어마틱
정보과학

511
왜 너는 주스를 마시니?

why	drink	you	juice?
Warum	**trinkst**	**du**	**Saft?**
바ᵛ룸	트링크스트	두	자프ᵣ트?
왜	마시다	너는	주스?

Kaffee
카페에
커피

Alkohol
알코홀
술

Sekt
섹트
샴페인

512
주스는 맛있기 때문이야.

because	juice	tasty	is.
Weil	**Saft**	**lecker**	**ist.**
바ᵛ일	자프ᵣ트	을래커	이스트.
왜냐하면	주스는	맛있는	~이다.

Kaffee
카페에
커피

Milch
밀히
우유

Cola
콜라
콜라

06. 의문사 활용하기　　728 "패턴"

왜 당신은 원숭이를 싫어하세요?　513

why	hate	you	monkeys?
Warum	**hassen**	**Sie**	**Affen?**
바V룸	하쎈	지	아펜V?
왜	싫어하다	당신은	원숭이들 👥 ?

Hamster
함스터
햄스터들 👥　

Elefanten
엘래판텐
코끼리들 👥　

Mäuse
모이제
쥐들 👥　　mice

원숭이가 못 생겼기 때문이야.　514

because	monkeys	ugly	are.
Weil	**Affen**	**hässlich**	**sind.**
바V일	아펜V	해쓸리히	진트.
왜냐하면	원숭이들 👥 은	못생긴	~이다.

Hamster
함스터
햄스터들 👥　

Pferde
프페V어데
말들 👥　　horses

Hasen
하젠
토끼들 👥　　rabbits

왜 당신은 개를 좋아하세요?　515

why	like	you	dogs?
Warum	**mögen**	**Sie**	**Hunde?**
바V룸	뫼겐	지	훈데?
왜	좋아하다	당신은	개들 👥 ?

Katzen
캇쩬
고양이들 👥　cats

Schweine
슈바V이내
돼지들 👥　　pigs

Vögel
풰V겔
새들 👥　birds

개들은 사람을 잘 따르기 때문이야.　516

because	dogs	friendly	are.
Weil	**Hunde**	**freundlich**	**sind.**
바V일	훈데	프V로인틀리히	진트.
왜냐하면	개들 👥 은	친절한	~이다.

Katzen
캇쩬
고양이들 👥　　cats

Elefanten
엘래판텐
코끼리들 👥　　elephants

Schweine
슈바V이내
돼지들 👥　pigs

그는 어디 있니? 517

where	is	he?
Wo	**ist**	**er?**
보ᵛ	이스트	에어?
어디	~이다	그는?

| **der Lehrer** 데어 을래에러 그 선생님 | teacher | **der Schüler** 데어 쉴러 그 학생 | student | **der Student** 더 어 슈투덴트 그 대학생 | college student |

그녀는 어디 있니? 518

where	is	she?
Wo	**ist**	**sie?**
보ᵛ	이스트	지?
어디	~이다	그녀는?

| **die Lehrerin** 디 을래에러린 그 여자 선생 | teacher | **die Schülerin** 디 쉴러린 그 여자 학생 | student | **die Studentin** 디 슈투덴틴 그 여자 대학생 | college student |

그들은 어디 있니? 519

where	are	they?
Wo	**sind**	**sie?**
보ᵛ	진트	지?
어디	~이다	그들은?

| **die Lehrer** 디 을래에러 그 선생님들 | teacher | **die Schüler** 디 쉴러 그 학생들 | student | **die Studenten** 디 슈투덴텐 그 대학생들 | college students |

아이들은 어디 있니? 520

where	are	the	children?
Wo	**sind**	**die**	**Kinder?**
보ᵛ	진트	디	킨더?
어디	~이다	그	아이들은?

| **Lehrerinnen** 을래에러린낸 여자 선생님들 | teachers | **Schülerinnen** 쉴러린낸 여자 학생들 | students | **Studentinnen** 슈투덴틴넨 여자 대학생들 | college students |

06. 의문사 활용하기 728 "패턴"

521
너의 남자 형제는 어디 사니?

where	lives	your brother?
Wo	**wohnt**	**dein Bruder?**
보ᵛ	보ᵛ온트	다인 브루더?
어디	살다	너의 남자 형제 는?

deine Schwester
다이내 슈베ᵛ스터
너의 여자 형제

dein Cousin
다인 커정
너의 사촌

522
너의 남동생은 어디 사니?

where	lives	your little brother?
Wo	**wohnt**	**dein kleiner Bruder?**
보ᵛ	보ᵛ온트	다인 클라이너 브루더?
어디	살다	너의 작은 남자 형제 는?

deine kleine Schwester
다이내 클라이내 슈베ᵛ스터
너의 어린 여자 형제

dein kleiner Cousin
다인 클라이너 커정
너의 어린 사촌

523
부자들은 어디 사니?

where	live	the rich humans?
Wo	**wohnen**	**die reichen Menschen?**
보ᵛ	보ᵛ오낸	디 라이히엔 맨쉔?
어디	살다	그 부자인 사람들 ?

die reichen Männer
디 라이히엔 맨너
그 부유한 남자들

die reichen Frauen
디 라이히엔 프ᶠ라우엔
그 부유한 여자들

524
그는 이태원 어디에 사니?

where	in	Itaewon	lives	he?
Wo	**in**	**Itaewon**	**wohnt**	**er?**
보ᵛ	인	이태원	보ᵛ온트	에어?
어디	~안	이태원	살다	그는?

der Lehrer
데어 을래에러
그 선생님

der professor
데어 프로페ᶠ소어
그 교수님

der Krankenpfleger
데어 크랑켄프플래거
그 남자 간호사

그는 누구니? 525

who	is	he?
Wer	**ist**	**er?**
베^v어	이스트	에어?
누구	~이다	그는?

der Herr
데어 헤어
그 남자분 👤

der Mann
데어 만
그 남자 👤

der Mensch
데어 맨쉬
그 사람 👤

그녀는 누구니? 526

who	is	she?
Wer	**ist**	**sie?**
베^v어	이스트	지?
누구	~이다	그녀는?

die Frau
디 프^f라우
그 여자 👤

die Dame
디 다메
그 여자분 👤

die Person
디 페어존
그 사람 👤

그분은 누구니? 527

who	is	it?
Wer	**ist**	**es?**
베^v어	이스트	에스?
누구	~이다	그것은?

dasjenige
다스예니게
그분

diejenige
디예니게
그분

derjenige
데어예니게
그분

그들은 누구니? 528

who	are	they?
Wer	**sind**	**sie?**
베^v어	진트	지?
누구	~이다	그들은?

die Menschen
디 맨쉔
그 사람들 👥

die Jungen
디 융엔
그 소년들 👥

die Mädchen
디 매디히엔
그 소녀들 👥

06. 의문사 활용하기　728 "패턴"

루카스가 누구니?　529

who	is	Lukas?
Wer	**ist**	**Lukas?**
붸어	이스트	을루카스?
누구	~이다	루카스는?

Anna	**Karl**	**Arnold**
안나	카알	아놀드
안나	카알	아놀드

루카스는 내 남자친구야.　530

Lukas	is	my	boyfriend.
Lukas	**ist**	**mein**	**Freund.**
을루카스	이스트	마인	프로인트.
루카스는	~이다	나의	남자친구 ♂.

Schüler		**Kollege**		**Lehrer**	
쉴러	student	콜레게	colleague	을래에러	teacher
학생 ♂		동료 ♂		선생님 ♂	

누가 너의 남자친구니?　531

who	is	your boyfriend?
Wer	**ist**	**dein Freund?**
붸어	이스트	다인 프로인트?
누구	~이다	너의 남자친구(애인) ♂ ?

deine Freundin		**dein Nachbar**	
다이네 프로인딘	girlfriend	다인 나흐바	neighbor
너의 여자친구(애인) ♀		너의 이웃 ♂	

나의 여자친구는 안나이다.　532

my girlfriend	is	Anna.
Meine Freundin	**ist**	**Anna.**
마이네 프로인딘	이스트	안나.
나의 여자친구(애인) ♀ 는	~이다	안나.

Meine Schülerin		**meine Besucherin**	
마이네 쉴러린	student	마이네 베주허린	visitor
나의 여자 학생 ♀		나의 여자 방문객 ♀	

당신의 친구들은 누구예요? 533

who	are	your	friends?
Wer	**sind**	**Ihre**	**Freunde?**
베어	진트	이어레	프로인데?
누구	~이다	당신의	친구들?

Freundinnen
프로인딘낸
여자친구들 friends

Manager
매네져
매니저들

 manager

Patienten
파치엔텐
환자들

patients

그와 그녀는 나의 친구들이다. 534

he and she	are	my	friends.
Er und sie	**sind**	**meine**	**Freunde.**
에어 운트 지	진트	마이내	프로인데.
그 그리고 그녀는	~이다	나의	친구들.

Lukas und Anna
을루카스 운트 안나
루카스 그리고 안나

Der Mann und die Frau
데어 만 운트 디 프라우
그 남자 그리고 그 여자

그의 아이들은 누구니? 535

who	are	his children?	
Wer	**sind**	**seine Kinder?**	
베어	진트	자이내 킨더?	
누구	~이다	그의 아이들?	

seine Eltern
자이내 엘턴
그의 부모님들

 parents

seine Freunde
자이내 프로인데
그의 친구들

 friends

그들은 그의 아이들이다. 536

they	are	his	children.
Sie	**sind**	**seine**	**Kinder.**
지	진트	자이내	킨더.
그들은	~이다	그의	아이들.

Der Junge und das Mädchen
데어 융에 운트 다스 매디히엔
그 소년 그리고 그 소녀

Lukas und Anna
을루카스 운트 안나
루카스 그리고 안나

06. 의문사 활용하기   728 "패턴"

그 사진은 얼마나 예쁘니? 537

how	pretty	is	the	photo?
Wie	**schön**	**ist**	**das**	**Foto?**
비ᵛ	쉔	이스트	다스	포'토?
어떻게	예쁜	~이다	그	사진은?

cool		alt		leicht	
쿠울		알트		올라이히트	
멋진	cool	오래된 / 늙은	old	가벼운 / 쉬운	light

그 사진은 정말 예쁘다. 538

the	photo	is	very	pretty!
Das	**Foto**	**ist**	**sehr**	**schön!**
다스	포'토	이스트	제어	쉔!
그	사진은	~이다	매우	예쁜!

cool		groß		klein	
쿠울		그로우쓰		클라인	
멋진	cool	큰 / 키가 큰	big	작은 / 키가 작은	small

그 소녀는 얼마나 예쁘니? 539

how	pretty	is	the	girl?
Wie	**schön**	**ist**	**das**	**Mädchen?**
비ᵛ	쉔	이스트	다스	매디히엔?
어떻게	예쁜	~이다	그	소녀?

jung		nett		fleißig	
융		넷트		플'라이씨히	
어린 / 나이가 적은	young	친절한	kind	성실한	diligent

그 소녀는 대단히 예쁘다. 540

the	girl	is	super	pretty!
Das	**Mädchen**	**ist**	**super**	**schön!**
다스	매디히엔	이스트	수퍼	쉔!
그	소녀는	~이다	대단히	예쁜!

jung		glücklich		froh	
융		글뤼클리히		프'로우	
어린 / 나이가 적은	young	행복한	happy	기쁜	glad

TIP 'super(아주, 굉장히)'는 'sehr'보다 한층 높은 강조를 나타냅니다.

날씨가 어떠니? 541

how	is	the weather?
Wie	**ist**	**das Wetter?**
비ᵛ	이스트	다스 벧ᵛ터?
어떻게	~이다	그 날씨 👤 는?

die Arbeit		**das Leben**	life
디 아바이트	work	다스 을래벤	
그 일 👤		그 삶 👤	

die Reise	
디 롸이제	journey
그 여행 👤	

날씨가 좋다. 542

the weather	is	good.
Das Wetter	**ist**	**gut.**
다스 벧ᵛ터	이스트	구트.
그 날씨 👤 는	~이다	좋은.

Die Arbeit	work	**Der Ausflug**	excursion	**Der Urlaub**	vacation
디 아바이트		데어 아우스플룩		데어 우얼라웁	
그 일 👤		그 짧은 여행 👤		그 휴가 👤	

그 개는 어떠니? 543

how	is	the dog?
Wie	**ist**	**der Hund?**
비ᵛ	이스트	데어 훈트?
어떻게	~이다	그 개 👤 는?

die Katze	cat	**der Lehrer**	teacher	**die Lehrerin**	teacher
디 캇쩨		데어 을래에러		디 을래에러린	
그 고양이 👤		그 선생님 👤		그 여자 선생님 👤	

그 개는 예뻐. 544

the dog	is	pretty.
Der Hund	**ist**	**schön.**
데어 훈트	이스트	쉔.
그 개 👤 는	~이다	예쁜.

Die Katze	cat	**Die Studentin**	college student	**Die Lehrerin**	teacher
디 캇쩨		디 슈투덴틴		디 을래에러린	
그 고양이 👤		그 여자 대학생 👤		그 여자 선생님 👤	

06. 의문사 활용하기   728 "패턴"

너는 잘 지내니?   545

how	goes	it	you?
Wie	**geht**	**es**	**dir?**
비ᵛ	게에트	에스	디어?
어떻게	가다	그것은	너에게?

deinem Freund
다이냄 프ᶠ로인트
너의 남자친구(애인)

deinem Vater
다이냄 파ᶠ터
너의 아버지

나는 잘 지내.   546

me	goes	it	well.
Mir	**geht**	**es**	**gut.**
미어	게에트	에스	구트.
나에게	가다	그것은	좋게.

Meinem Freund
마이냄 프ᶠ로인트
나의 남자친구(애인)

Meinem Vater
마이냄 파ᶠ터
나의 아버지

당신은 잘 지내세요?   547

how	goes	it	you?
Wie	**geht**	**es**	**Ihnen?**
비ᵛ	게에트	에스	이낸?
어떻게	가다	그것은	당신에게?

Ihrer Freundin
이어러 프ᶠ로인딘
당신의 여자친구(애인)

Ihrer Schwester
이어러 슈베ᵛ스터
당신의 여자 형제

저는 잘 지내요.   548

me	goes	it	well.
Mir	**geht**	**es**	**gut.**
미어	게에트	에스	구트.
나에게	가다	그것은	좋게.

Meiner Freundin
마이너 프ᶠ로인딘
나의 여자친구(애인)

Meiner Schwester
마이너 슈베ᵛ스터
나의 여자 형제

너는 누구에게 그 선물을 주니?   549

whom	give	you	the present?
Wem	**gibst**	**du**	**das Geschenk?**
벰ᵛ	깁스트	두	다스 게쉥크?
누구에게	주다	너는	그 선물 👤 ?

das Buch
다스 부흐
그 책 👤 book

das Tuch
다스 투흐
그 수건 👤 towel

das Brot
다스 브로트
그 빵 👤 bread

나는 그 선물을 나의 남자친구에게 준다.   550

I	give	my boyfriend	the	present.
Ich	**gebe**	**meinem Freund**	**das**	**Geschenk.**
이히	게베	마이냄 프로인트	다스	게쉥크.
나는	주다	나의 남자친구(애인) 👤 에게	그	선물.

meiner Freundin
마이너 프로인딘
나의 여자친구(애인) 👤 girlfriend

meinem Bruder
마이냄 브루더
나의 남자 형제 👤 brother

너는 누구에게 그것을 사 주니?   551

whom	buy	you	it?
Wem	**kaufst**	**du**	**es?**
벰ᵛ	카우프스트	두	에스?
누구에게	사다	너는	그것을?

das
다스
이것 this

den
덴
이것 this

die
디
이 것 this

나는 내 여동생에게 이것을 사 준다.   552

I	buy	my younger sister	this.
Ich	**kaufe**	**meiner jüngeren Schwester**	**das.**
이히	카우페	마이너 윙어렌 슈베ᵛ스터	다스.
나는	사다	나의 어린 여자 형제 👤	이것을.

meinem jüngeren Bruder
마이냄 윙어렌 브루더
나의 더 어린 남자 형제 👤 younger brother

meiner jüngeren Cousine
마이너 윙어렌 쿠지네
나의 더 어린 여자 사촌 👤 younger cousin

06. 의문사 활용하기   728 "패턴"

당신은 오늘 누구를 만나세요?   **553**

whom	see	you	today?
Wen	**treffen**	**Sie**	**heute?**
벤ᵛ	트레펜	지	호이테?
누구를	보다	당신은	오늘?

morgen 모어겐 내일	tomorrow	**jetzt** 옛쯔트 지금	now	**später** 슈패터 나중에	later

당신은 누구를 더 좋아하세요?   **554**

whom	like	you	more?
Wen	**mögen**	**Sie**	**mehr?**
벤ᵛ	뫼겐	지	매어?
누구를	좋아하다	당신은	더?

weniger 베ᵛ니거 덜	less	**noch** 노흐 아직도	still	**immer** 임머 항상	always

당신은 누구를 더 싫어하세요?   **555**

whom	hate	you	more?
Wen	**hassen**	**Sie**	**mehr?**
벤ᵛ	하쎈	지	매어?
누구를	싫어하다	당신은	더?

weniger 베ᵛ니거 덜	less	**wieder** 비ᵛ이더 다시	again	**jetzt** 옛쯔트 지금	now

당신은 누구를 더 사랑하세요?   **556**

whom	love	you	more?
Wen	**lieben**	**Sie**	**mehr?**
벤ᵛ	올리이벤	지	매어?
누구를	사랑하다	당신은	더?

weniger 베ᵛ니거 덜	less	**noch** 노흐 아직	still	**hier** 히어 여기서	here

557

너는 바나나 몇 개를 사니?

how	many	bananas	buy	you?
Wie	**viele**	**Bananen**	**kaufst**	**du?**
비ⱽ	피'일래	바나넌	카우ᵖ스트	두?
어떻게	많은	바나들 👥을	사다	너는?

Birnen
비어넌
배들 👥 pears

Äpfel
앺펠
사과들 👥 apples

Trauben
트라우벤
포도들 👥 grapes

558

나는 바나나 3개를 산다.

I	buy	3	bananas.
Ich	**kaufe**	**3(drei)**	**Bananen.**
이히	카우페	드라이	바나넌.
나는	사다	3	바나들 👥을.

Birnen
비어넌
배들 👥 pears

Pilze
필쩨
버섯들 👥 mushrooms

Hamburger
함부어거
햄버거들 👥 hamburgers

559

당신은 딸기 몇 개를 사고 싶으세요?

how	many	strawberries	will	you	buy?
Wie	**viele**	**Erdbeeren**	**wollen**	**Sie**	**kaufen?**
비ⱽ	피'일래	에어드베어렌	볼ⱽ랜	지	카우펜'?
어떻게	많은	딸기들 👥을	하고 싶다	당신은	사다?

Wassermelonen
바ⱽ써멜로낸
수박들 👥 watermelons

Hefte
헤ᵖ테
노트들 👥 notebooks

Handys
핸디스
핸드폰들 👥 cell phones

560

나는 딸기 6개를 사고 싶습니다.

I	will	6	strawberries	buy.
Ich	**will**	**6(sechs)**	**Erdbeeren**	**kaufen.**
이히	빌ⱽ	젝스	에어드베어렌	카우펜'.
나는	하고 싶다	6	딸기들 👥을	사다.

Wassermelonen
바ⱽ써멜로낸
수박들 👥 watermelons

Spielzeuge
슈피일쪼이게
장난감들 👥 toys

Äpfel
앺펠
사과들 👥 apples

06. 의문사 활용하기   728 "패턴"

모자는 얼마예요?   561

how	much	cost	a	hat?
Wie	**viel**	**kostet**	**ein**	**Hut**?
비ᵛ	피ᅵ일	코스테트	아인	훗트?
어떻게	많이	비용이 들다	한	모자🔊는?

Teller
텔러
접시🔊

Löffel
을뢔펠
숟가락🔊

Kuchen
쿠헨
케이크🔊

모자는 7유로입니다.   562

a	hat	costs	7 euros.
Ein	**Hut**	**kostet**	**7(sieben) Euro.**
아인	훗트	코스테트	지벤 오이로.
한	모자🔊는	비용이 들다	7 유로.

Teller
텔러
접시🔊

Kugelschreiber
쿠겔슈라이버
펜🔊
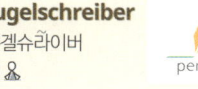

Hamburger
함부어거
햄버거🔊

우산은 얼마예요?   563

how	much	cost	a	umbrella?
Wie	**viel**	**kostet**	**ein**	**Regenschirm**?
비ᵛ	피ᅵ일	코스테트	아인	레겐쉬음?
어떻게	많이	비용이 들다	한	우산🔊은?

Spiegel
슈피이겔
거울🔊

Hund
훈트
개🔊

Mantel
만텔
코트🔊

우산은 10유로입니다.   564

a	umbrella	costs	10 euros.
Ein	**Regenschirm**	**kostet**	**10(zehn) Euro.**
아인	레겐쉬음	코스테트	첸 오이로.
한	우산🔊은	비용이 들다	10 유로.

Spiegel
슈피이겔
거울🔊

Kalender
칼랜더
달력🔊

Pfirsich
프피어지히
복숭아🔊

565

우체국은 여기서 얼마나 먼가요?

how	far	is	the	post office	from	here?
Wie	**weit**	**ist**	**die**	**Post**	**von**	**hier?**
비ᵛ	바ᵛ이트	이스트	디	포스트	폰	히어?
어떻게	먼	~이다	그	우체국	~에서	여기?

Polizeistation 폴리짜이슈타찌온 경찰서	police station	**Innenstadt** 인낸슈탓트 번화가	downtown	**Feuerwehr** 포ᵛ이어베ᵛ어 소방서	fire Department

566

우체국은 여기서 별로 안 멀어요.

the	post office	is	not	far	from	here.
Die	**Post**	**ist**	**nicht**	**weit**	**von**	**hier.**
디	포스트	이스트	니히트	바ᵛ이트	폰	히어.
그	우체국	~이다	부정	먼	~에서	여기.

Polizeistation 폴리짜이슈타찌온 경찰서	police station	**Firma** 피ᵛ어마 회사	company	**Bibliothek** 비블리오텍 도서관	library

567

병원은 여기서 얼마나 먼가요?

how	far	is	the	hospital	from	here?
Wie	**weit**	**ist**	**das**	**Krankenhaus**	**von**	**hier?**
비ᵛ	바ᵛ이트	이스트	다스	크랑켄하우스	폰	히어?
어떻게	먼	~이다	그	병원	~에서	여기?

Hotel 호텔 호텔	hotel	**Haus** 하우스 집	house	**Gebäude** 게보이데 빌딩	building

568

병원은 여기서 매우 멀어요.

the	hospital	is	verry	far	from	here.
Das	**Krankenhaus**	**ist**	**sehr**	**weit**	**von**	**hier.**
다스	크랑켄하우스	이스트	제어	바ᵛ이트	폰	히어.
그	병원은	~이다	부정	먼	~에서	여기.

Hotel 호텔 호텔	hotel	**Festival** 페스티발ᵛ 축제	festival	**Museum** 두제움 보ᵛ물관	museum

06. 의문사 활용하기

728 "패턴"

자전거는 얼마나 빠르니? 569

how	fast	is	a	bicycle?
Wie	**schnell**	**ist**	**ein**	**Fahrrad ?**
비ᵛ	슈넬	이스트	아인	파아라트?
어떻게	빠른	~이다	한	자전거 ♂는?

Auto
아우토
자동차 ♂

car

Skateboard
스케이트보어드
스케이트보드 ♂

skateboard

Motorrad
모토어라트
오토바이 ♂

motorcycle

자전거는 느려. 570

a	bicycle	is	slow.
Ein	**Fahrrad**	**ist**	**langsam .**
아인	파아라트	이스트	을랑잠.
한	자전거 ♂는	~이다	느린.

Auto
아우토
자동차 ♂

car

Schiff
쉬프'
배 ♂

ship

Flugzeug
플룩쪼이그
비행기 ♂

plane

배는 얼마나 느리니? 571

how	fast	is	a	ship?
Wie	**langsam**	**ist**	**ein**	**Schiff ?**
비ᵛ	을랑잠	이스트	아인	쉬프'?
어떻게	빠른	~이다	한	배 ♂는?

Flugzeug
플룩쪼이그
비행기 ♂

plane

Snowboard
스노우보어드
스노우보드 ♂

snowboard

Boot
보오트
보트 ♂

boat

배는 느리지 않다. 572

a	ship	is	not	slow.
Ein	**Schiff**	**ist**	**nicht**	**langsam .**
아인	쉬프'	이스트	니히트	을랑잠.
한	배 ♂는	~이다	부정	느린.

Motorrad
모토어라트
오토바이 ♂

motorcycle

Fahrrad
파아라트
자전거 ♂

bicycle

Flugzeug
플룩쪼이그
비행기 ♂

plane

저는 얼마나 기다려야만 하나요? 573

how	long	must	I	wait?
Wie	**lange**	**muss**	**ich**	**warten?**
비ᵛ	을랑에	무쓰	이히	바아텐?
어떻게	오래	해야만 하다	나는	기다리다?

meine Mutter
마이내 무터
나의 어머니
mother

meine Frau
마이내 프라우
나의 부인
wife

meine Freundin
마이내 프로인딘
나의 여자친구(애인)
girlfriend

너는 얼마나 기다려야만 하니? 574

how	long	must	you	wait?
Wie	**lange**	**musst**	**du**	**warten?**
비ᵛ	을랑에	무쓰트	두	바아텐?
어떻게	오래	해야만 하다	너는	기다리다?

dein Sohn
다인 조온
너의 아들
son

dein Mann
다인 만
너의 남편
husband

mein Mann
마인 만
나의 남편
husband

수술은 얼마나 걸리니? 575

how	long	lasts	a operation?
Wie	**lange**	**dauert**	**eine Operation?**
비ᵛ	을랑에	다우어트	아이내 오퍼라치온?
어떻게	오래	지속되다	한 수술은?

ein Unterricht
아인 운터리히트
한 수업
lesson

eine Vorlesung
아이내 포얼래숭
한 강의
lecture

ein Konzert
아인 콘쩨어트
한 공연
concert

강의는 얼마나 걸릴 수 있니? 576

how	long	can	a lecture	last?
Wie	**lange**	**kann**	**eine Vorlesung**	**dauern?**
비ᵛ	을랑에	칸	아이내 포얼래숭	다우언?
어떻게	오래	할 수 있다	한 강의는	지속되다?

ein Test
아인 테스트
한 시험
test

ein Musical
아인 뮤지클
한 뮤지컬
musical

ein Theater
아인 테아터
한 연극 / 극장
theater

06. 의문사 활용하기   728 "패턴"

네 딸은 키가 얼마나 크니?   577

how	tall	is	your	daughter?
Wie	**groß**	**ist**	**deine**	**Tochter?**
비ⱽ	그ㄹ오쓰	이스트	다이내	토ㅎ터?
어떻게	큰	~이다	너의	딸은?

Frau 프ㄹ라우 여자/아내 wife

Freundin 프ㄹ로인딘 여자친구(애인) girlfriend

Schwester 슈베스터 여자 형제 sister

한국인들은 키가 얼마나 크니?   578

how	tall	are	Koreans?
Wie	**groß**	**sind**	**Koreaner?**
비ⱽ	그ㄹ오쓰	진트	코ㄹ레아너?
어떻게	키가 큰	~이다	한국인들?

Deutschen 도이췐 독일인들 Germans

Brasilianer 브ㄹ라질리아너 브ㄹ라질인들 Brazilians

Australier 아우스트ㄹ랄리어 호주인들 Australians

토끼는 얼마나 작니?   579

how	small	is	a	rabbit?
Wie	**klein**	**ist**	**ein**	**Hase?**
비ⱽ	클라인	이스트	아인	하제?
어떻게	작은	~이다	한	토끼?

Hamster 함스터 햄스터 hamster

Affe 아페 원숭이 monkey

Fisch 피ㅣ쉬 생선 fish

일본인들은 키가 얼마나 작니?   580

how	short	are	Japanese?
Wie	**klein**	**sind**	**Japaner?**
비ⱽ	클라인	진트	야파너?
어떻게	키가 작은	~이다	일본인들?

Chinesen 키네에젠 중국인들 Chinese

Koreaner 코ㄹ레아너 한국인들 Korean

Kanadier 카나디어 캐나다인들 Canadian

581

그 아기는 몇 살이니?

how	old	is	the	baby?
Wie	**alt**	**ist**	**das**	**Baby?**
비ᵛ	알트	이스트	다스	베이비?
어떻게	늙은	~이다	그	아기 ?

Kind
킨트
아이

Mädchen
매디히엔
소녀

Tier
티어
동물

582

그 아기는 1살이야.

the	baby	is	1	year	old.
Das	**Baby**	**ist**	**1(ein)**	**Jahr**	**alt.**
다스	베이비	이스트	아인	야아	알트.
그	아기	~이다	1	년	늙은.

Gebäude
게보이데
빌딩

Haus
하우스
집

Kind
킨트
아이

TIP 독일어에서는 사람이 아닌, 사물의 나이도 사람과 같이 취급하여 말합니다.

583

너의 아버지는 몇 살이시니?

how	old	is	your father?
Wie	**alt**	**ist**	**dein Vater?**
비ᵛ	알트	이스트	다인 파터?
어떻게	늙은	~이다	너의 아버지 ?

deine Mutter
다이내 뭍터
너의 어머니

dein Kind
다인 킨트
너의 아이

dein Baby
다인 베이비
너의 아기

584

나의 아버지는 50살이셔.

my father	is	50	years	old.
Mein Vater	**ist**	**50(fünfzig)**	**Jahre**	**alt.**
마인 파터	이스트	퓐프찌히	야아레	알트.
나의 아버지는	~이다	50	년	늙은.

Meine Mutter
마이내 뭍터
나의 어머니

Mein Auto
마인 아우토
나의 자동차

Mein Tequila
다인 테킬라
나의 테킬라

06. 의문사 활용하기   728 "패턴"

한국은 얼마나 덥니?   585

how	hot	is	it	in	Korea?
Wie	**heiß**	**ist**	**es**	**in**	**Korea?**
비ˇ	하이쓰	이스트	에스	인	코레아?
어떻게	뜨거운	~이다	그것은	~안	한국?

Deutschland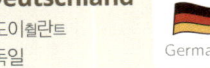
도이칠란트
독일

Australien
아우스트랄리엔
호주

China
키이나
중국

한국은 꽤 덥다.   586

In	Korea	is	it	pretty	hot.
In	**Korea**	**ist**	**es**	**ziemlich**	**heiß.**
인	코레아	이스트	에스	찌임을리히	하이쓰.
~안	한국	~이다	그것은	꽤	뜨거운.

Deutschland
도이칠란트
독일

Indien
인디엔
인도

Indonesien
인도네지엔
인도네시아

알래스카는 얼마나 춥니?   587

how	cold	is	it	in	Alaska?
Wie	**kalt**	**ist**	**es**	**in**	**Alaska?**
비ˇ	칼트	이스트	에스	인	알라스카?
어떻게	차가운	~이다	그것은	~안	알라스카?

Kanada
카나다
캐나다

Japan
야판
일본

Österreich
외스터라이히
오스트리아

알래스카는 정말 춥다.   588

In	Alaska	is	it	really	cold.
In	**Alaska**	**ist**	**es**	**wirklich**	**kalt.**
인	알라스카	이스트	에스	비ˇ어클리히	칼트.
~안	알라스카	~이다	그것은	정말	차가운.

Kanada
카나다
캐나다

Russland
루쓸란트
러시아

China
키이나
중국

memo

06. 의문사 활용하기　　795 "문장"

513 무슨 일이야?
What	is	off? O
Was	**ist**	**los?**
바ᵛ스	이스트	을로스?
무엇	~이다	발생한?

514 잘 지냈어?
What	is	off? O
Was	**ist**	**los?**
바ᵛ스	이스트	을로스?
무엇	~이다	발생한?

515 뭐든 네가 원하는 거로.
What	you	want. △
Was	**du**	**willst.**
바ᵛ스	두	빌ᵛ스트.
무엇	너	하고 싶다.

516 뭐 새로운 거 있어요?
What	is	new? O
Was	**ist**	**neu?**
바ᵛ스	이스트	노이?
무엇	~이다	새로운?

517 뭐 하고 있어요?
What	do	you? X
Was	**machen**	**Sie?**
바ᵛ스	마헨	지?
무엇	하다	당신?

518 뭘 원해?
What	will	you? X
Was	**willst**	**du?**
바ᵛ스	빌ᵛ스트	두?
무엇	하려고 하다	너?

519 뭘 원하는 거야?
What	need	you? X
Was	**brauchst**	**du?**
바ᵛ스	브라우ᵛ흐스트	두?
무엇	필요하다	너?

520 무슨 생각을 하는 거야?
What	think	you? X
Was	**denkst**	**du?**
바ᵛ스	덴크스트	두?
무엇	생각하다	너?

521
어떻게 생각하니?

What	think	you? X
Was	**denkst**	**du?**
바ᵛ스	뎅크스트	두?
무엇	생각하다	너?

522
또 뭐?

What	else? O	
Was	**sonst?**	
바ᵛ스	존스트?	
무엇	그 밖에?	

523
내가 무슨 말을 해요?

What	should	I	say? O
Was	**soll**	**ich**	**sagen?**
바ᵛ스	졸	이ㅎ	자겐?
무엇을	해야 하다	나	말하다?

524
뭘 골라야 하죠?

What	should	I	choose? O
Was	**soll**	**ich**	**wählen?**
바ᵛ스	졸	이ㅎ	봬ᵛ엘랜?
무엇을	해야 하다	나	고르다?

525
무슨 의미지요?

What	mean	you? X
Was	**meinen**	**Sie?**
바ᵛ스	마이낸	지?
무엇	의미하다	당신은?

526
어떤 일을 하세요?

What	are	you	from	job? X
Was	**sind**	**Sie**	**von**	**Beruf?**
바ᵛ스	진트	지	폰ᶠ	베ᵛ루프ᶠ?
무엇	~이다	당신	~에	직업?

527
예를 들면 어떤 거?

What	to	example? △
Was	**zum**	**Beispiel?**
바ᵛ스	쭘	바이슈피일?
무엇	~로	예?

528
대체 무슨 생각을 한 거야?

What	have	you	you	thereby	thought? X
Was	**hast**	**du**	**dir**	**dabei**	**gedacht?**
바ᵛ스	하스트	두	디어	다바이	게다흐트?
무엇	가지고 있다	너	너에게	그때	생각했다?

06. 의문사 활용하기

795 "문장"

529 뭐가 문제예요?

What	is	the problem? ○
Was	**ist**	**das Problem?**
바스	이스트	다스 프로블램?
무엇	~이다	그 문제?

530 너 도대체 왜 그래?

What	is	off	with	you? △
Was	**ist**	**los**	**mit**	**dir?**
바스	이스트	올로스	밑	디어?
무엇	~이다	발생한	~와 함께	너에게?

531 추천해 주실 만한 게 있나요?

What	would	you	recommend? ○
Was	**würden**	**Sie**	**empfehlen?**
바스	뷔V어덴	지	엠프페엘랜?
무엇	~할 것이다	당신	추천하다?

532 당신 계획은 뭐예요?

What	is	you	plan? ○
Was	**ist**	**Ihr**	**Plan?**
바스	이스트	이어	플란?
무엇	~이다	당신의	계획은?

533 내가 뭘 해야 해요?

What	should	I	do? ○
Was	**soll**	**ich**	**tun?**
바스	졸	이히	툰?
무엇	해야 하다	나	하다?

534 설명할 수가 없어요.

What	can	I	say? ○
Was	**kann**	**ich**	**sagen?**
바스	칸	이히	자겐?
무엇을	할 수 있다	나	말하다?

535 뭐 먹고 싶어?

What	want	you	eat? △
Was	**willst**	**du**	**essen?**
바스	빌V스트	두	에쎈?
무엇	하려고 하다	너	먹다?

536 무슨 차이예요?

What	is	the difference? ○
Was	**ist**	**der Unterschied?**
바스	이스트	데어 운터쉬이트?
무엇	~이다	그 차이?

537
이게 무슨 뜻이야?

What	is	the meaning? O
Was	**ist**	**die Bedeutung?**
바ᵛ스	이스트	디 베도이퉁?
무엇	~이다	그 뜻?

538
이건 어떤 음식인가요?

What	for	a dish	is	this? △
Was	**für**	**ein Gericht**	**ist**	**das?**
바ᵛ스	퓌어	아인 게리히트	이스트	다스?
어떤	~위해	하나의 음식은	~이다	이것?

539
여기가 어디예요?

Where	am	I? O
Wo	**bin**	**ich?**
보ᵛ	빈	이히?
어디	~이다	나?

540
제 자리가 어디인가요?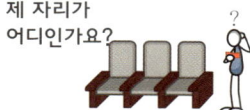

Where	is	my seat? O
Wo	**ist**	**mein Platz?**
보ᵛ	이스트	마인 플랏쯔?
어디	~이다	나의 자리는?

541
당신은 어디서 일하세요?

Where	work	you? X
Wo	**arbeiten**	**Sie?**
보ᵛ	아바이텐	지?
어디서	일하다	당신은?

542
우리 어디에서 만날까요?

Where	should	we	us	meet? △
Wo	**sollen**	**wir**	**uns**	**treffen?**
보ᵛ	졸랜	비ᵛ어	운스	트레펜ᶠ?
어디서	해야 하다	우리	우리를	만나다?

543
당신은 어디 사십니까?

Where	live	you? X
Wo	**wohnen**	**Sie?**
보ᵛ	보ᵛ오낸	지?
어디서	살다	당신은?

544
무엇을 기다리고 있어요?

Where on	wait	you? X
Worauf	**warten**	**Sie?**
보ᵛ라우프ᶠ	바ᵛ아텐	지?
어디 위에서	기다리다	당신은?

06. 의문사 활용하기   795 "문장"

545 어디에 가고 있어?

Where to	go	you? X
Wohin	**gehst**	**du?**
보ᵛ힌	게에스트	두?
어디로	가다	너?

546 내가 어떻게 알아요?

Where from	know	I	this? △
Woher	**weiß**	**ich**	**das?**
보ᵛ헤어	바ᵛ이쓰	이히	다스?
어디서	알다	나	그것을?

547 어디로 갈 거니?

Where to	will	you? X
Wohin	**willst**	**du?**
보ᵛ힌	빌ᵛ스트	두?
어디로	원하다	너?

548 어디서 오셨어요?

Where from	come	you? X
Woher	**kommen**	**Sie?**
보ᵛ헤어	콤맨	지?
어디서	오다	당신은?

549 뭘 찾고 있어요?

Where upon	search	you? X
Wonach	**suchen**	**Sie?**
보ᵛ나흐	주헨	지?
어떤 것에 대해	찾다	당신은?

550 뭘 보고 있어요?

Where	look	you	there? X
Wo	**schauen**	**Sie**	**hin?**
보ᵛ	쇼우엔	지	힌?
어디서	쳐다보다	당신	분리전철.

551 무슨 말을 하는 거야?

Where upon	talk	you? X
Worüber	**redest**	**du?**
보ᵛ뤼버	레데스트	두?
어떤 것에 대해	말하다	너?

552 요점이 뭐야?

Where on	will	you	out? X
Worauf	**willst**	**du**	**hinaus?**
보ᵛ라우프ᶠ	빌ᵛ스트	두	힌아우스?
어디 위에서	하려고 하다	너	밖으로?

553 언제까지?		*Until* **Bis** 비스 ~까지	*when?* O **wann?** 반ⱽ? 언제?

554 언제까지?		*By* **Bis** 비스 ~까지	*when?* O **wann?** 반ⱽ? 언제?

555 언제부터 그랬는데?		*Since* **Seit** 자이트 ~부터	*when?* O **wann?** 반ⱽ? 언제?

556 우리 언제 만날까요?		*When* **Wann** 반ⱽ 언제	*meet* **treffen** 트레펜 만나다	*we* **wir** 비ⱽ어 우리	*us?* X **uns?** 운스? 우리를?

557 언제 끝낼 수 있어요?		*When* **Wann** 반ⱽ 언제	*can* **können** 쾬낸 할 수 있다	*you* **Sie** 지 당신	*it* **es** 에스 그것을	*finish?* △ **fertigmachen?** 페어티히마헨? 끝내다?

558 언제 올 수 있는데?		*When* **Wann** 반ⱽ 언제	*can* **kannst** 칸스트 할 수 있다	*you* **du** 두 너	*come?* O **kommen?** 콤맨? 오다?

559 체크아웃은 언제인가요?		*When* **Wann** 반ⱽ 언제	*is* **ist** 이스트 ~이다	*you* **du** 두 너	*the check-out?* O **das Check-out?** 다스 첵아웃? 그 체크아웃은?

560 아침 식사는 언제인가요?		*When* **Wann** 반ⱽ 언제	*give* **gibt** 깁트 주다	*it* **es** 에스 그것을	*breakfast?* X **Frühstück?** 프뤼슈튁? 아침 식사를?

06. 의문사 활용하기　　　795 "문장"

561　언제부터 언제까지요?

From	when	till	when? O
Von	**wann**	**bis**	**wann?**
폰	반ᵛ	비스	반ᵛ?
~부터	언제	~까지	언제?

562　어떻게 그런 일이?

How	this? X		
Wie	**das?**		
비ᵛ	다스?		
어떻게	이것은?		

563　얼마나 멀리?

How	far? O		
Wie	**weit?**		
비ᵛ	바ᵛ이트?		
얼마나	멀리?		

564　어땠어?

How	was	it? O	
Wie	**war**	**es?**	
비ᵛ	바ᵛ아	에스?	
어떻게	~이었다	그것은?	

565　어떻게 돼가니 (상황)?

How	runs	it? X	
Wie	**läuft**	**es?**	
비ᵛ	을로이프ᵗ트	에스?	
어떻게	뛰다	그것은?	

566　몇 시입니까?

How	late	is	it? △
Wie	**spät**	**ist**	**es?**
비ᵛ	슈패트	이스트	에스?
얼마나	늦은	~이다	그것은?

567　성함이 어떻게 되세요?

How	call	you? X	
Wie	**heißen**	**Sie?**	
비ᵛ	하이쎈	지?	
어떻게	불리다	당신은?	

568　어떻게 된 거야?

How	comes	it? △	
Wie	**kommt**	**es?**	
비ᵛ	콤트	에스?	
어떻게	오다	그것은?	

569
이건 뭐라고 불러요?

How	calls	one	it? △
Wie	**nennt**	**man**	**es?**
비ᵛ	낸트	만	에스?
어떻게	부르다	누군가	그것을?

570
거기에 어떻게 갈 수 있죠?

How	come	I	there? X
Wie	**komme**	**ich**	**dorthin?**
비ᵛ	콤매	이히	도어트힌?
어떻게	가다	나	그곳에?

571
이곳이 얼마나 먼가요?

How far	is	it? O
Wie weit	**ist**	**es?**
비ᵛ 바ᵛ이트	이스트	에스?
얼마나 멀리	~이다	그것은?

572
나이가 어떻게 되시죠?

How old	are	you? O
Wie alt	**sind**	**Sie?**
비ᵛ 알트	진트	지?
얼마나 나이 든	~이다	당신은?

573
어떻게 도와줄까?

How	can	I	you	help? △
Wie	**kann**	**ich**	**dir**	**helfen?**
비ᵛ	칸	이히	디어	헬펜ᶠ?
어떻게	할 수 있다	나	너에게	돕다?

574
나한테 어떻게 이럴 수가 있어?

How	can	you	me	this	do? X
Wie	**könntest**	**du**	**mir**	**das**	**antun?**
비ᵛ	퀸테스트	두	미어	다스	안툰?
어떻게	할 수 있다	너	나에게	그것을	하다?

575
이거 얼마예요?

How much	costs	this? △
Wie viel	**kostet**	**das?**
비ᵛ 피ᶠ일	코스테트	다스?
얼마나 많이	비용이 들다	이것?

576
몇 정거장 떨어져 있나요?

How many	stops	from	here? O
Wie viele	**Haltestellen**	**von**	**hier?**
비ᵛ 피ᶠ일래	할테슈텔랜	폰ᶠ	히어?
얼마나 많은	정거장들	~에	여기?

06. 의문사 활용하기   795 "문장"

577 여기 얼마나 머무르실 건가요?

How long	*stay*	*you*	*here?* X
Wie lange	**bleiben**	**Sie**	**hier?**
비ᵛ 을랑에	블라이벤	지	히어?
얼마나 오래	머무르다	당신	여기에?

578 어떻게 알았어?

How	*know*	*you*	*this?* △
Wie	**weißt**	**du**	**das?**
비ᵛ	바ᵛ이쓰트	두	다스?
어떻게	알다	너	그것을?

579 너는 어때?

How	*see*	*it*	*by*	*you*	*out?* X
Wie	**sieht**	**es**	**bei**	**dir**	**aus?**
비ᵛ	지이트	에스	바이	디어	아우스?
어떻게	보이다	그것은	~에게	너에게	분리전철?

580 그건 어떻게 생겼어?

How	*see*	*it*	*out?* X
Wie	**sieht**	**es**	**aus?**
비ᵛ	지이트	에스	아우스?
어떻게	보이다	그것은	분리전철?

581 왜 안 돼요?

Why	*not?* O
Warum	**nicht?**
바ᵛ룸	니히트?
왜	부정?

582 내가 왜 그래야 하는데?

Why	*must*	*I*	*it*	*do?* △
Warum	**muss**	**ich**	**es**	**tun?**
바ᵛ룸	무쓰	이히	에스	툰?
왜	해야만 한다	나	그것을	하다?

583 그가 왜 좋은 거야?

Why	*like*	*you*	*him?* △
Warum	**magst**	**du**	**ihn?**
바ᵛ룸	막스트	두	인?
왜	좋아하다	너	그를?

584 왜 그렇게 말했던 거야?

Why	*have*	*you*	*so*	*said?* △
Warum	**hast**	**du**	**so**	**gesagt?**
바ᵛ룸	하스트	두	소	게작트?
왜	가지고 있다	너	그렇게	말했다?

585
왜 그렇게 걱정하는 거야?

Why	are	you	so	caring? ○
Warum	**bist**	**du**	**so**	**sorgsam?**
바ⱽ룸	비스트	두	소	조억잠?
왜	~이다	너	그렇게	걱정스러운?

586
그녀는 왜 그렇게 화를 내요?

Why	is	she	so	angry? ○
Warum	**ist**	**sie**	**so**	**böse?**
바ⱽ룸	이스트	지	소	뵈제?
왜	~이다	그녀	그렇게	화난?

587
그게 왜 그렇게 중요한가요?

Why	is	it	so	important? ○
Warum	**ist**	**es**	**so**	**wichtig?**
바ⱽ룸	이스트	에스	소	비ⱽ히티히?
왜	~이다	그것은	그렇게	중요한?

588
어느 쪽이야?

Which	way? ○			
Welche	**Richtung?**			
벨ⱽ히에	리히퉁?			
어떤	방향?			

589
어떤 게 좋니?

Which	like	you? ✕		
Welches	**magst**	**du?**		
벨ⱽ히에스	막스트	두?		
어떤 것	좋다	너?		

590
어떤 방법이 더 나아?

Which	style and way	is	better? △	
Welche	**Art und Weise**	**ist**	**besser?**	
벨ⱽ히에	아트 운트 바ⱽ이저	이스트	베써?	
어떤	방식 그리고 방법기	~이다	더 좋은?	

591
혹시 알아?

Who	knows? ○			
Wer	**weiß?**			
베ⱽ어	바ⱽ이쓰?			
누가	안다?			

592
또 누가 있겠어?

Who	else? ○			
Wer	**sonst?**			
베ⱽ어	존스트?			
누구	그 밖에?			

06. 의문사 활용하기

795 "문장"

---

593 오늘 어땠어요?

How	was	your	day? O
Wie	**war**	**Ihr**	**Tag?**
비ᵛ	바ᵛ아	이어	탁?
어떻게	~이었다	당신의	날?

---

594 누구를 찾고 있어요?

Who	you		search? X
Wen	**suchen**		**Sie?**
벤ᵛ	주헨		지?
누구를	찾다		당신은?

---

595 누구를 기다리고 있어요?

On	who	wait	you? X
Auf	**wen**	**warten**	**Sie?**
아우프ᶠ	벤ᵛ	바ᵛ아텐	지?
~위로	누구를	기다린다	당신은?

---

596 누구랑 같이 있어요?

Who	is	with	you? O
Wer	**ist**	**mit**	**Ihnen?**
베ᵛ어	이스트	밑	인낸?
누구	~이다	~와 함께	당신에게?

---

597 뭐라고 했어요?

What	have	you	said? X
Was	**haben**	**Sie**	**gesagt?**
바ᵛ스	하벤	지	게작트?
무엇	가지고 있다	당신	말했다?

---

598 어디에서 산 거예요?

Where	have	you	this	bought? △
Wo	**haben**	**Sie**	**das**	**gekauft?**
보ᵛ	하스트	지	다스	게카우프트?
어디서	가지고 있다	당신	그것을	샀다?

---

599 어디서 잃어버렸어?

Where	have	you	it	lost? △
Wo	**hast**	**du**	**es**	**verloren?**
보ᵛ	하스트	두	에스	페ᶠ얼어렌?
어디서	가지고 있다	너	그것을	잃어버렸다?

---

600 어디에서 찾았어요?

Where	have	you	it	found? △
Wo	**haben**	**Sie**	**es**	**gefunden?**
보ᵛ	하벤	지	에스	게푼ᶠ덴?
어디서	가지고 있다	당신	그것을	찾았다?

601 거긴 어떻게 간 거예요?

How	are	you	there	reached? X
Wie	**sind**	**Sie**	**da**	**hingekommen?**
비ᵛ	진트	지	다	힌게콤맨?
어떻게	~이다	당신	그곳에	갔다?

602 왜 그랬어?

Why	have	you	this	done? △
Warum	**hast**	**du**	**das**	**getan?**
바ᵛ룸	하스트	두	다스	게탄?
왜	가지고 있다	너	그것을	했다?

603 왜 전화했어?

Why	have	you	me	phoned? △
Warum	**hast**	**du**	**mich**	**angerufen?**
바ᵛ룸	하스트	두	미히	안게루펜ᶠ?
왜	가지고 있다	너	ㄴ를	전화했다?

604 누굴 만났니?

Who	have	you	met? O	
Wen	**hast**	**du**	**getroffen?**	
벤ᵛ	하스트	두	게트로펜ᶠ?	
누구를	가지고 있다	너	만났다?	

605 누가 이걸 부쉈니?

Who	has	this	done? △
Wer	**hat**	**das**	**getan?**
베ᵛ어	하트	다스	게탄?
누가	가지고 있다	그것	했다?

606 이게 뭐예요?

What	is	it? O
Was	**ist**	**es?**
바ᵛ스	이스트	에스?
무엇이	~이다	그것은?

607 어느 게 더 낫니?

Which	is	better? O
Was	**ist**	**besser?**
바ᵛ스	이스트	베써?
무엇	~이다	더 나은?

608 어디?

Where? O
Wo?
보ᵛ?
어디?

06. 의문사 활용하기

795 "문장"

---

609 그게 어디에 있나요?

Where	*is*	*it?* O
Wo	**ist**	**es?**
보ᵛ	이스트	에스?
어디	~이다	그것은?

---

610 어디예요?

Where	*are*	*you?* O
Wo	**sind**	**Sie?**
보ᵛ	진트	지?
어디	~이다	당신은?

---

611 어디 있었던 거예요?

Where	*were*	*you?* O
Wo	**waren**	**Sie?**
보ᵛ	바ᵛ렌	지?
어디	~이었다	당신은?

---

612 언제?

When? O
Wann?
반ᵛ?
언제?

---

613 그게 언제인데?

When	*is*	*it?* O
Wann	**ist**	**es?**
반ᵛ	이스트	에스?
언제	~이다	그것은?

---

614 공연이 언제 시작하나요?

When	*begins*	*the performance?* X
Wann	**beginnt**	**die Aufführung?**
반ᵛ	베긴트	디 아우프ᶠ퓌ᶠ룽?
언제	시작하다	그 공연은?

---

615 어떻게?

How? O
Wie?
비ᵛ?
어떻게?

---

616 얼마나 자주?

How	*often?* O
Wie	**oft?**
비ᵛ	오프ᶠ트?
얼마나	자주?

617
얼마큼?

How | much? O
Wie | **viel?**
비ˇ | 피ˇ일?
얼마나 | 많은?

618
몇 개?

How | many? O
Wie | **viele?**
비ˇ | 피ˇ일래?
얼마나 | 많은?

619
어때?

How | is | it? O
Wie | **ist** | **es?**
비ˇ | 이스트 | 에스?
어떻게 | ~이다 | 그것은?

620
얼마 동안?

How | long? O
Wie | **lange?**
비ˇ | 을랑에?
어떻게 | 오래?

621
얼마예요?

How | much | (money)? O
Wie | **viel** | **(Geld)?**
비ˇ | 피ˇ일 | (겔트)?
얼마나 | 많은 | (돈)?

622
음식은 어때요?

How | is | the food? O
Wie | **ist** | **das Essen?**
비ˇ | 이스트 | 다스 어쎈?
어떻게 | ~이다 | 그 음식은?

623
얼마나 빨리?

How | fast? O
Wie | **schnell?**
비ˇ | 슈넬?
어떻게 | 빨리?

624
어떻게 지내요?

How | goes | it | you? X
Wie | **geht** | **es** | **Ihnen?**
비ˇ | 게에트 | 에스 | 이낸?
어떻게 | 가다 | 그것은 | 당신에게?

06. 의문사 활용하기

795 "문장"

625
왜?

Why? ○
Warum?
바V룸?
왜?

626
여기 왜 온 거야?

Why	*are*	*you*	*here?* ○
Warum	**bist**	**du**	**hier?**
바V룸	비스트	두	히어?
왜	~이다	너	여기에?

627
당신은 왜 그렇게 슬퍼해요?

Why	*are*	*you*	*so*	*sad?* ○
Warum	**sind**	**Sie**	**so**	**traurig?**
바V룸	진트	지	소	트라우리히?
왜	~이다	당신	그렇게	슬픈?

628
당신은 왜 그렇게 행복해요?

Why	*are*	*you*	*so*	*happy?* ○
Warum	**sind**	**Sie**	**so**	**glücklich?**
바V룸	진트	지	소	글륔클리히?
왜	~이다	당신	그렇게	행복한?

629
어떤 거?

Which? △
Welches?
벨V히에스?
어떤 것?

630
무슨 일이 벌어진 거야?

what	*is*	*happened?* △
Was	**ist**	**passiert?**
바V스	이스트	파씨어트?
무엇	~이다	일어난?

631
누구?

Who? ○
Wer?
베V어?
누구?

632
누구세요?

Who	*are*	*you?* ○
Wer	**sind**	**Sie?**
베V어	진트	지?
누구	~이다	당신은?

633
누구세요?
(눈에 보이지 않을 때)

Who	is	it? O
Wer	**ist**	**das?**
베ᵛ어	이스트	다스?
누구	~이다	그것은?

634
너 어떡할 거야?

What	will	you	do? O
Was	**wirst**	**du**	**tun?**
바ᵛ스	비ᵛ어스트	두	툰?
무엇	~할 것이다	너	하다?

635
어디에 머물 예정입니까?

Where	will	you	live? O
Wo	**werden**	**Sie**	**wohnen?**
보ᵛ	베ᵛ어덴	지	보ᵛ오낸?
어디서	~할 것이다	당신	살다?

636
얼마나 걸립니까?

How long	will	it	take? O
Wie lange	**wird**	**es**	**dauern?**
비ᵛ 을랑에	비ᵛ어트	에스	다우언?
얼마나 오래	~할 것이다	그것은	걸리다?

637
아직이에요.

Still	not. X
Noch	**nicht.**
노흐	니히트.
아직	아닌.

638
그전에.

That before. △
Davor.
다포ᶠ어.
그 전에.

639
그 후에.

That after. △
Danach.
다나흐.
그 후에.

640
3일 전에.

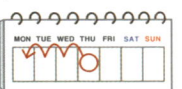

Before | 3 days. △
Vor | **3 Tagen.**
포ᶠ어 | 드라이 타겐.
~전에 | 3일들.

343

06. 의문사 활용하기

795 "문장"

641
한 시간마다.

Every hour. O
Jede Stunde.
예데 슈툰데.
1시간 마다.

642
3일 후에.
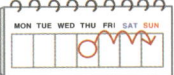
3 days later. O
3 Tage später.
드라이 타게 슈패터.
3일 후에.

643
오늘.

Today. O
Heute.
호이테.
오늘.

644
내일.

Tomorrow. O
Morgen.
모어겐.
내일.

645
모레.
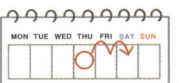
Over tomorrow. X
Übermorgen.
위버모어겐.
모레.

646
어제.

Yesterday. O
Gestern.
게스턴.
어제.

647
2일 전에.
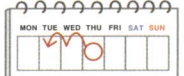
Over yesterday. X
Vorgestern.
포어게스턴.
그제.

648
지금.

Now. O
Jetzt.
옛쯔트.
지금.

649
이미.

Already. ○
Schon.
숀.
이미.

650
다음번.

Next | *time.* ○
Nächstes | **Mal.**
내히스테스 | 말.
다음 | 번.

651
언제든지.

Anytime. ○
Jederzeit.
예더짜이트.
언제든.

652
곧 (금세).

Soon. ○
Bald.
발트.
곧.

653
매일.

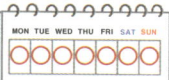

Daily. ○
Täglich.
태글리히.
매일.

654
나중에.

Later. ○
Später.
슈패터.
더 늦은.

655
아침에.

At | *morning.* △
Am | **Morgen.**
암 | 모어겐.
~에 | 아침.

656
오후에.

At | *afternoon.* △
Am | **Nachmittag.**
암 | 나흐밑탁.
~에 | 오후.

06. 의문사 활용하기　　　795 "문장"

657
저녁에.

At   *evening.* △
Am   **Abend.**
암   아벤트.
~에   저녁.

658
밤에.

In   *the night.* O
In   **der Nacht.**
인   데어 나흐트.
~안에   그 밤.

memo

07. 명사를 변신시키는 전치사

명사 앞에 붙이자

전치사

전치사란 무엇일까요? 우선 우리말로 쉽게 설명해드리겠습니다.

'침대'는 명사입니다.
하지만 '침대 위의'라는 표현도 있고, '침대 위로'라는 표현도 있죠?
이 아이들은 여전히 명사일까요? 그렇지 않습니다.
'침대'라는 명사에 어떤 표현을 결합하니 다른 품사로 변신했습니다.

    의자 : 명사
    의자 위의 : 형용사
    의자 위로 : 부사

이렇게 명사에 결합하는 표현을
우리말에서는 보통 '조사'라고 부르고, 유럽어에서는 '전치사'라고 부릅니다.
조사는 명사의 뒤에 두지만, 전치사는 그 이름대로 명사의 앞에 둡니다.

조사: 명사 뒤에 위치

▶ 우리말 : **의자 위에**

전치사: 명사 앞에 위치

▶ 유럽어 : **auf dem Stuhl**

그러면 다시 '의자 위의', 혹은 '의자 위로'라는 표현의
품사 이야기로 돌아가 보겠습니다.
'의자'라는 단어는 명사이지만
전치사가 붙고 나면 형용사나 부사로 변신합니다.

*우리말은 조사!
유럽어는 전치사!*

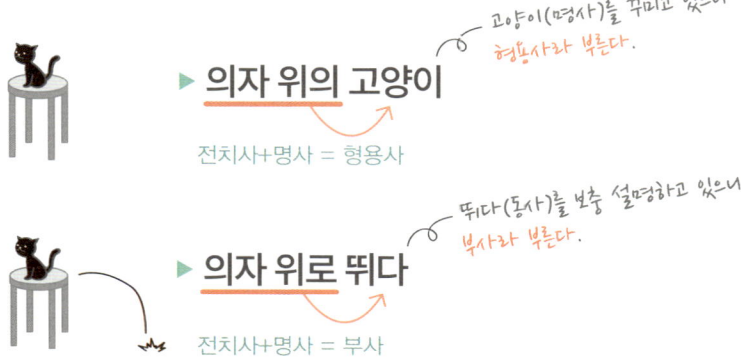

▶ <u>의자 위의 고양이</u>

전치사+명사 = 형용사

고양이(명사)를 꾸미고 있으니
형용사라 부른다.

▶ <u>의자 위로 뛰다</u>

전치사+명사 = 부사

뛰다(동사)를 보충 설명하고 있으니
부사라 부른다.

TIP 전치사 + 정관사

전치사와 정관사가 함께 나오는 경우 대부분 축약해서 아래와 같이 사용합니다.

- zu + der = zur
- zu + dem = zum
- von + dem = vom

Ich gehe zur Schule. (나는 학교에 간다.)
Ich gehe zum Kino. (나는 영화관에 간다.)
Ich komme vom Kino. (나는 영화관에서 온다.)

TIP '~위'를 뜻하는 전치사

'~위'를 뜻하는 전치사는 세 개나 있습니다. 서로 조금씩 다른 의미로 쓰입니다.

- **auf** : 물리적으로 위, 아래가 나뉘어 있는 물건의 위쪽을 가리키는 말입니다.
  Ich schlafe auf dem Bett. (나는 침대 위에서 잔다.)

- **an** : 영어의 'at'에 가깝습니다. 어떤 '표면 위'를 가리킵니다.
  Sehen wir uns am 63-Gebäude. (우리 63빌딩에서 보자.)

- **über** : 영어의 'over'와 비슷합니다. 공간을 띄운 상태에서의 위쪽을 가리킵니다.
  Eine Mücke fligt über mir. (모기 한 마리가 내 위에서 날아다닌다.)

● 위치와 방향을 나타내는 전치사 ●

in
[인]
영어의 in

in + dem + Stuhl
3격 관사
🪑 안에 있는 [형]
🪑 안에서 [부]

in + den + Stuhl
4격 관사
🪑 안으로 [부]

vor
[포ᵗ어]
영어의 in front of

vor + dem + Stuhl
3격 관사
🪑 앞에 있는 [형]
🪑 앞에서 [부]

vor + den + Stuhl
4격 관사
🪑 앞으로 [부]

zwischen
[쯔비ᵛ쉔]
영어의 between

zwischen + den + Stühlen
3격 관사
🪑 사이에 있는 [형]
🪑 사이에서 [부]

zwischen + die + Stühle
3격 관사
🪑 사이로 [부]

von [폰ᵗ]   영어의 from
von + dem + Stuhl
3격 관사
🪑 로부터 [형]

bei [바이]   영어의 by
bei + dem + Stuhl
3격 관사
🪑 옆에 [형]

zu [쭈]   영어의 to
zu + dem + Stuhl
3격 관사
🪑 로 향하는 [형]

nach [나흐]   영어의 to
nach + ⬜ + Deutschland
쿠관사
🇩🇪 로 향하는 [형]

Zu[쭈] 와 Nach[나흐] 모두 '~로 향하는'이라는 의미를 가지고 있습니다.
그중에서 Nach는 국가 같이 고정적인 방위를 가진 곳이나 구체적 목적지를 이야기할 때 사용됩니다.

시간을 나타내는 전치사

전치사는 사물의 위치에 대해 말해주는 것들이 대부분입니다.
그리고 두 번째로 많은 비중을 차지하는 것은 시간에 대한 것들입니다.
그 외에도 방법 혹은 기타 의미를 담은 전치사도 있습니다.

아래의 전치사들은 모두 시간 전치사들입니다.
시간 전치사 뒤에는 주로 시각이나 날짜를 알려주는 명사가 사용되지만,
그 외에 사건을 나타내는 명사나 문장이 사용되기도 합니다.

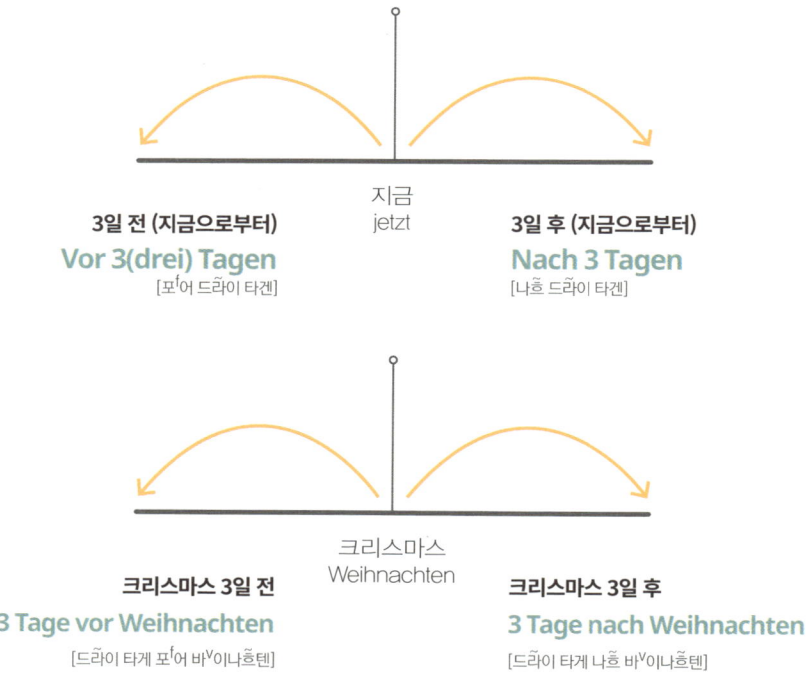

크리스마스 하루 전은
어떻게 말하지?

| 그저께 vorgestern | 어제 gestern | 오늘 heute | 내일 morgen | 모레 übermorgen |

Sekunde (초)

3초 전
Vor 3 Sekunden
[포ᶠ어 드라이 세쿤덴]

1초 전
Vor einer Sekunde
[포ᶠ어 아이너 세쿤데]

60"
Minute (분)

3분 전
Vor 3 Minuten
[포ᶠ어 드라이 미누텐]

1분 전
Vor einer Minute
[포ᶠ어 아기너 미누테]

24
Stunde (시)

3시간 전
Vor 3 Stunden
[포ᶠ어 드라이 슈툰덴]

1시간 전
Vor einer Stunde
[포ᶠ어 아이너 스툰데]

Woche (주)

3주 전
Vor 3 Wochen
[포ᶠ어 드라이 보ᵛ헨]

1주 전
Vor einer Woche
[포ᶠ어 오·이너 보ᵛ헤]

Monat (달)

3달 전
Vor 3 Monaten
[포ᶠ어 드라이 모나텐]

1달 전
Vor einem Monat
[포ᶠ어 아이냄 모나트]

365
Jahr (년)

3년 전
Vor 3 Jahren
[포ᶠ어 드라이 야아렌]

1년 전
Vor einem Jahr
[포ᶠ어 아이냄 야아]

● 시간을 나타내는 전치사 ●

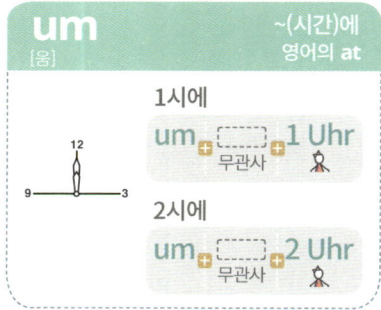
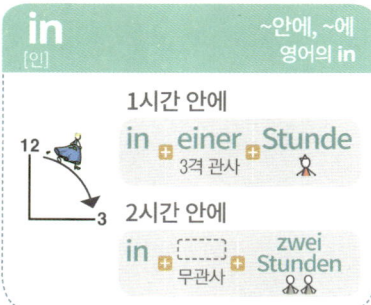

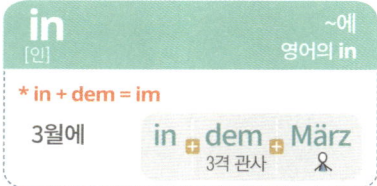
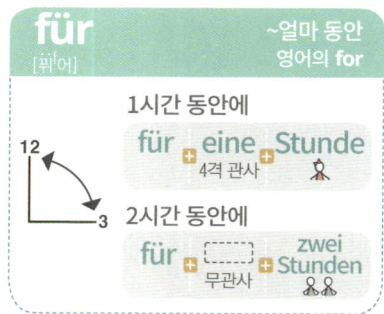

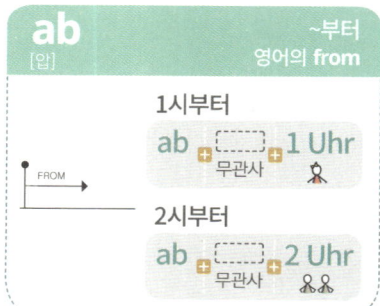
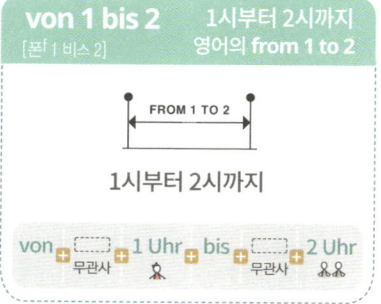

● 자주 활용되는 전치사 ●

07. 명사를 변신시키는 전치사
시간 말하는 방법

하루는 24시간

하루는 24시간입니다. 보통은 12시간으로 나누어 이야기하죠.
시계가 그렇게 생겼기 때문입니다.
하지만 독일 사람들은 특이하게 24시간을 기준으로 이야기합니다.
우리에게 오후 1시는 독일에서는 13시인 것이죠.

13Uhr
[드라이첸 / 우어]
13 / 시

아래 표를 보면서 24시간으로 말하기 연습을 해보겠습니다.
시간을 말하는 숫자들 역시 그냥 숫자와 다르지 않습니다.

0-24시

		오전			오후
12시	0/24Uhr	눌 / 피ᶠ어운쯔반ⱽ찌히 우어	12시	12Uhr	쯔뵐ⱽ프ᶠ 우어
1시	1Uhr	아인 우어	1시	13Uhr	드라이첸 우어
2시	2Uhr	쯔바ⱽ이 우어	2시	14Uhr	피ᶠ어첸 우어
3시	3Uhr	드라이 우어	3시	15Uhr	퓐ᶠ프ᶠ첸 우어
4시	4Uhr	피ᶠ어 우어	4시	16Uhr	제히첸 우어
5시	5Uhr	퓐ᶠ프ᶠ 우어	5시	17Uhr	집첸 우어
6시	6Uhr	젝스 우어	6시	18Uhr	아흐첸 우어
7시	7Uhr	지이벤 우어	7시	19Uhr	노인첸 우어
8시	8Uhr	아흐트 우어	8시	20Uhr	쯔반ⱽ찌히 우어
9시	9Uhr	노인 우어	9시	21Uhr	아인운 쯔반ⱽ찌히 우어
10시	10Uhr	첸 우어	10시	22Uhr	쯔바ⱽ이운 쯔반ⱽ찌히 우어
11시	11Uhr	엘프ᶠ 우어	11시	23Uhr	드라이운 쯔반ⱽ찌히 우어

TIP 15분, 30분, 45분

1시 15분

***Viertel* nach 1*(eins)* Uhr**
[피ᵃ어텔 나흐 아인스 우어]

nach 라는 전치사를 사용하여 15분을 표현합니다.

1시 30분

***halb* zwei Uhr**
[할브 쯔바ᵛ이 우어]

우리는 1시 반이라고 말하지요.
독일어는 2시에서 30분 전이라고 하네요.

1시 45분

***Viertel* vor 2*(zwei)* Uhr**
[피ᵃ어텔 포ᶠ어 쯔바ᵛ이 우어]

vor는 '~전에'를 뜻하는 전치사 입니다.

TIP 1시 25분, 1시 35분

1시 25분

5 vor halb 2
[퓐프ᶠ 포ᶠ어 할브 쯔바ᵛ이]

1시 반 되기 5분 전

1시 35분

5 nach halb 2
[퓐프ᶠ 나흐 할브 쯔바ᵛ이]

1시 반 되고 5분 후

시간 말하는 방법

앞 페이지에서는 매시 정각을 나타내는 방법을 배웠습니다.
이번에는 정각이 아닌 오후 1시 10분이라고 말해보도록 하겠습니다.
정각이 아닐 땐 하루를 12시간으로 나누어 사용합니다.
대신 낮인지 밤인지를 함께 말합니다.

1Uhr 10(zehn) mittags
[아인 / 우어 / 첸 / 밑탁s]
1 / 시 / 10분 / 오후

아래 표를 보면서 12시간으로 말하기 연습을 해보겠습니다.
우선 매시 10분을 연습하겠습니다.
분을 말하는 숫자들 역시 그냥 숫자와 다르지 않습니다.

◯시 + ◯분	오전		오후	
밤 12시 10분	12Uhr 10(zehn) nachts [쯔뵐ᵛ프f 우어 첸 나흐츠]	낮 12시 10분	12Uhr 10(zehn) mittags [쯔뵐ᵛ프f 우어 첸 밑탁s]	
새벽 1시 10분	1Uhr 10(zehn) nachts [아인 우어 첸 나흐츠]	낮 1시 10분	1Uhr 10(zehn) mittags [드라이첸 우어 첸 밑탁s]	
새벽 2시 10분	2Uhr 10(zehn) nachts [쯔바ᵛ이 우어 첸 나흐츠]	낮 2시 10분	2Uhr 10(zehn) mittags [피어첸 우어 첸 밑탁s]	
새벽 3시 10분	3Uhr 10(zehn) nachts [드라이 우어 첸 나흐츠]	낮 3시 10분	3Uhr 10(zehn) mittags [퓐f프f첸 우어 첸 밑탁s]	
새벽 4시 10분	4Uhr 10(zehn) nachts [피어 우어 첸 나흐츠]	낮 4시 10분	4Uhr 10(zehn) mittags [제히첸 우어 첸 밑탁s]	
새벽 5시 10분	5Uhr 10(zehn) nachts [퓐f프f 우어 첸 나흐츠]	낮 5시 10분	5Uhr 10(zehn) mittags [집첸 우어 첸 밑탁s]	
아침 6시 10분	6Uhr 10(zehn) morgens [젝s 우어 첸 모어겐s]	저녁 6시 10분	6Uhr 10(zehn) abends [아흐첸 우어 첸 아벤츠]	
아침 7시 10분	7Uhr 10(zehn) morgens [지이벤 우어 첸 모어겐s]	저녁 7시 10분	7Uhr 10(zehn) abends [노인첸 우어 첸 아벤츠]	
아침 8시 10분	8Uhr 10(zehn) morgens [아흐트 우어 첸 모어겐s]	저녁 8시 10분	8Uhr 10(zehn) abends [쯔반ᵛ찌 우어 첸 아벤츠]	
아침 9시 10분	9Uhr 10(zehn) morgens [노인 우어 첸 모어겐s]	저녁 9시 10분	9Uhr 10(zehn) abends [아인운 쯔반ᵛ찌 우어 첸 아벤츠]	
아침 10시 10분	10Uhr 10(zehn) morgens [첸 우어 첸 모어겐s]	밤 10시 10분	10Uhr 10(zehn) nachts [쯔바ᵛ이운 쯔반ᵛ찌 우어 첸 나흐츠]	
아침 11시 10분	11Uhr 10(zehn) morgens [엘f우어 첸 모어겐s]	밤 11시 10분	11Uhr 10(zehn) nachts [드라이운 쯔반ᵛ찌 우어 첸 나흐츠]	

TIP 오전, 오후

앞에서 배운 바와 같이 하루를 12시간으로 나눌 때는 낮인지 밤인지를 함께 말해줍니다.
그런데 새벽을 의미하는 표현은 3개나 되죠.
이들의 의미 차이는 없고 다만 사람마다 선호하는 표현이 다를 뿐입니다.
여러분도 하나씩 골라 사용하시면 됩니다.

• 새벽 시간

◯ **Uhr morgens**
[◯ 우어 모어겐스]

◯ **Uhr am Morgen**
[◯ 우어 암 모어겐]

◯ **Uhr nachts**
[◯ 우어 나흐츠]

• 아침 시간

◯ **Uhr morgens**
[◯ 우어 모어겐스]

◯ **Uhr am Morgen**
[◯ 우어 암 모어겐]

◯ **Uhr am Vormittag**
[◯ 우어 암 포ʳ어미탁]

• 낮 시간

◯ **12 Uhr Mittag**
[쯔뵐ᵛ프 우어 미탁]

◯ **Uhr Mittags**
[◯ 우어 미탁스]

• 오후 시간

◯ **Uhr mittags**
[◯ 우어 미탁스]

◯ **Uhr am Nachmittag**
[◯ 우어 암 나흐미탁]

• 저녁 시간

◯ **Uhr abends**
[◯ 우어 아벤츠]

◯ **Uhr am Abend**
[◯ 우어 암 아벤트]

• 밤 시간

◯ **Uhr nachts**
[◯ 우어 나흐츠]

◯ **Uhr in der Nacht**
[◯ 우어 인 데어 나흐트]

• 자정: **12Uhr nachts**
[쯔뵐ᵛ프 우어 나흐츠]
Mitternacht
[미터나흐트]

07. 명사를 변신시키는 전치사   728 "패턴"

그 고양이는 어디 있니?   589

where	is	the cat?
Wo	**ist**	**die Katze?**
보ᵛ	이스트	디 캇쩨?
어디	~이다	그 고양이는?

| **der Hund**
 데어 훈트
 그 개 | dog | **das Kind**
 다스 킨트
 그 아이 | child | **das Tier**
 다스 티어
 그 동물 | animal |

그 고양이는 텔레비전 위에 있다.   590

the	cat	is	on	the television.
Die	**Katze**	**ist**	**auf**	**dem Fernsehen.**
디	캇쩨	이스트	아우프	뎀 페언제에엔.
그	고양이는	~이다	~위	그 텔레비전.

| **dem Regal**
 뎀 레갈
 그 선반 | shelf | **dem Bett**
 뎀 벳트
 그 침대 | bed | **dem Dach**
 뎀 다흐
 그 지붕 | roof |

그 고양이는 텔레비전 옆에 있다.   591

the	cat	is	beside	the television.
Die	**Katze**	**ist**	**neben**	**dem Fernsehen.**
디	캇쩨	이스트	네벤	뎀 페언제에엔.
그	고양이는	~이다	~옆에	그 텔레비전.

| **dem Regal**
 뎀 레갈
 그 선반 | shelf | **dem Bild**
 뎀 빌트
 그 그림 | picture | **dem Baby**
 뎀 베이비
 그 아기 | baby |

그 고양이는 텔레비전 뒤에 있다.   592

the	cat	is	behind	the television.
Die	**Katze**	**ist**	**hinter**	**dem Fernsehen.**
디	캇쩨	이스트	힌터	뎀 페언제에엔.
그	고양이는	~이다	뒤에	그 텔레비전.

| **dem Regal**
 뎀 레갈
 그 선반 | shelf | **der Uhr**
 데어 우어
 그 시계 | clock | **der Tür**
 데어 튀어
 그 문 | door |

593

그 비행기는 어디 있니?

where	is	the	airplane?
Wo	**ist**	**das**	**Flugzeug?**
보ᵛ	이스트	다스	플ᴵ룩쪼이크?
어디	~이다	그	비행기 는?

Auto
아우토
자동차 car

Fahrrad
파ᴵ아라트
자전거 bicycle

Motorrad
모토어라트
오토바이 motorcycle

594

그 비행기는 하늘 위에 있다.

the	airplane	is	over	the sky.
Das	**Flugzeug**	**ist**	**über**	**dem Himmel.**
다스	플ᴵ룩쪼이크	이스트	위버	뎀 힘멜.
그	비행기는	~이다	~위에서	그 하늘.

dem Meer
뎀 매어
그 바다 sea

den Wolken
덴 볼ᵛ켄
그 구름들 clouds

den Menschen
덴 맨쉔
그 사람 people

595

그 차는 나무 아래에 있다.

the	car	is	under	the tree.
Das	**Auto**	**ist**	**unter**	**dem Baum.**
다스	아우토	이스트	운터	뎀 바움.
그	차는	~이다	~밑	그 나무.

dem Gebäude
뎀 게보이데
그 건물 building

dem Flugzeug
뎀 플ᴵ룩쪼이크
그 비행기 plane

dem Dach
뎀 다흐
그 지붕 roof

596

그 차는 나무 앞에 있다.

the	car	is	before	the tree
Das	**Auto**	**ist**	**vor**	**dem Baum.**
다스	아우토	이스트	포ᴵ어	뎀 바움.
그	차는	~이다	~앞	그 나무.

dem Gebäude
뎀 게보이데
그 건물 building

der Firma
데어 피ᴵ어마
그 회사 company

der Post
더어 포스트
그 우체국 post office

07. 명사를 변신시키는 전치사 728 "패턴"

597
나의 핸드폰은 어디 있니?

where	is	my cell?
Wo	**ist**	**mein Handy?**
보ᵛ	이스트	마인 핸디?
어디	~이다	나의 핸드폰은?

meine Geldtasche		**meine Tasche**	
마이내 겔트타쉐	wallet	마이네 타쉐	bag
나의 지갑은		나의 가방은	

598
나의 핸드폰은 가방 안에 있다.

my	cell	is	in	the bag.
Mein	**Handy**	**ist**	**in**	**der Tasche.**
마인	핸디	이스트	인	데어 타쉐.
나의	핸드폰은	~이다	~안	그 가방은.

der Handtasche		**der Toilette**	
데어 한트타쉐	purse	데어 토일랫테	toilet
그 손가방은		그 화장실은	

599
나의 핸드폰은 배낭 안에 있다.

my	cell	is	in the	backpack.
Mein	**Handy**	**ist**	**im**	**Rucksack.**
마인	핸디	이스트	임	룩작.
나의	핸드폰은	~이다	~안	배낭은.

Koffer		**Zimmer**		**Raum**	
코퍼	suitcase	찜머	room	라움	room
캐리어 / 여행 가방은		방은		방은	

> **TIP** 중성, 남성일 때 in + dem 은 'im'으로 바뀝니다.

600
나의 지갑은 방 안에 있다.

my	wallet	is	in the	room.
Meine	**Geldtasche**	**ist**	**im**	**Zimmer.**
마이내	겔트타쉐	이스트	임	찜머.
나의	지갑은	~이다	~안	방은.

Haus		**Taxi**		**Auto**	
하우스	house	탁시	taxi	아우토	car
집은		택시는		자동차는	

너의 가방은 어디 있니? 601

where	is	your	bag?
Wo	**ist**	**deine**	**Tasche?**
보ᵛ	이스트	다이네	타쉐?
어디	~이다	너의	가방 ?

Brille		**Schule**		**Universität**	
브릴래		슈울래		우니베ᵛ어시태트	
안경	glasses	학교	school	대학교	university

그 가방은 의자들 사이에 있다. 602

the	bag	is	between	the	chairs.
Die	**Tasche**	**ist**	**zwischen**	**den**	**Stühlen.**
디	타쉐	이스트	쯔비ᵛ쉔	덴	슈튀울랜.
그	가방은	~이다	~사이	그	의자들.

Tischen		**Betten**		**Computern**	
티쉔		벹텐		콤퓨턴	
식탁들	tables	침대들	beds	컴퓨터들	computers

그 가방은 너와 나 사이에 있다. 603

the	bag	is	between	you	and	me.
Die	**Tasche**	**ist**	**zwischen**	**dir**	**und**	**mir.**
디	타쉐	이스트	쯔비ᵛ쉔	디어	운트	미어.
그	가방은	~이다	~사이	너에게	그리고	나에게.

ihr		**ihm**		**uns**	
이어		임		운스	
그녀에게	her	그에게	him	우리에게	us

그 가방은 의자와 책상 사이에 있다. 604

the	bag	is	between	the chair and the desk.
Die	**Tasche**	**ist**	**zwischen**	**dem Stuhl und dem Tisch.**
디	타쉐	이스트	쯔비ᵛ쉔	뎀 슈투울 운트 뎀 티쉬.
그	가방은	~이다	~사이	그 의자 그리고 그 책상.

dem Koffer und dem Rucksack
뎀 코퍼ᶠ 운트 뎀 룩작
그 여행 가방 그리고 그 배낭

der Tür und der Uhr
데어 튀어 운트 데어 우어
그 문 그리고 그 시계

07. 명사를 변신시키는 전치사 728 "패턴"

너의 남자친구는 어디 있니? 605

where	is	your boyfriend?
Wo	**ist**	**dein Freund?**
보V	이스트	다인 프'로인트?
어디	~이다	너의 남자친구(애인) 👤 는?

deine Freundin
다이내 프'로인딘
너의 여자친구(애인) 👤

girlfriend

dein Rucksack
다인 룩작
너의 배낭 👤

backpack

나의 남자친구는 우체국 근처에 있다. 606

my	boyfriend	is	by	the post office.
Mein	**Freund**	**ist**	**bei**	**der Post.**
마인	프'로인트	이스트	바이	데어 포스트.
나의	남자친구(애인)는	~이다	~근처	그 우체국 👤.

der Bank
데어 방크
그 은행 👤

bank

der Polizeistation
데어 폴리짜이슈타찌온
그 경찰서 👤

police station

나의 여자친구는 레스토랑 근처에 있다. 607

my	girlfriend	is	by	restaurant.
Meine	**Freundin**	**ist**	**beim**	**Restaurant.**
마이내	프'로인딘	이스트	바임	레스터랑.
나의	여자친구(애인)는	~이다	~ 근처	레스터랑 👤.

Haus
하우스
집 👤

house

Gebäude
게보이데
빌딩 👤

building

Auto
아우토
자동차 👤

car

TIP 중성, 남성일 때 bei + dem 은 'beim'으로 바뀝니다.

나의 남자친구는 극장 근처에 있다. 608

my	boyfriend	is	by	theater.
Mein	**Freund**	**ist**	**beim**	**Theater.**
마인	프'로인트	이스트	바임	테아터.
나의	남자친구(애인)는	~이다	~ 근처	극장 👤.

Kino
키노
영화관 👤

cinema

See
제에
호수 👤

lake

Park
파아크
공원 👤

park

그 고양이는 어디서 왔니? 609

from	where	comes	the cat?
Von	wo	kommt	die Katze?
폰ᵛ	보ᵛ	콤트	디 캇쩨?
~부터	어디	오다	그 고양이 🐾 는?

der Hund
데어 훈트
그 개 🐾

dog

das Baby
다스 베이비
그 아기 🐾

baby

das Kind
다스 킨트
그 아이 🐾

child

그 개는 테라스에서 왔어. 610

the	dog	comes	from	the terrace.
Der	Hund	kommt	von	der Terrasse.
데어	훈트	콤트	폰ᵛ	데어 테라쎄.
그	개는	오다	~부터	그 테라스 🐾.

der Toilette
데어 토일랫테
그 화장실 🐾

toilet

der Straße
데어 슈트라쎄
그 길 / 도로 🐾

street

der Gasse
데어 가쎄
그 골목길 🐾

alley

그 개는 방에서 왔어. 611

the	dog	comes	from	room.
Der	Hund	kommt	vom	Zimmer.
데어	훈트	콤트	폼ᵛ	찜머.
그	개는	오다	~부터	방 🐾.

Geschäft
게쉐프트
상점 🐾

business

Gebäude
게보이데
빌딩 🐾

building

Haus
하우스
집 🐾

house

TIP 중성, 남성일 때 von + dem 은 'vom'으로 바뀝니다.

그 개는 숲에서 왔어. 612

the	dog	comes	from	forest.
Der	Hund	kommt	vom	Wald.
데어	훈트	콤트	폼ᵛ	발ᵛ트.
그	개 🐾 는	오다	~부터	숲.

Kasten
카스텐
상자 🐾

box

Fluss
플루쓰
강 🐾

river

Keller
켈러
지하 🐾

cellar

07. 명사를 변신시키는 전치사　728 "패턴"

그 대학생은 어디에 가니?　613

whereto	goes	the student?
Wohin	**geht**	**der Student?**
보ᵛ힌	게에트	데어 슈투덴트?
어디로	가다	그 대학생👤은?

die Studentin
디 슈투덴틴
그 여자 대학생👤

der Mann
데어 만
그 남자👤

die Frau
디 프ᶠ라우
그 여자👤

그 대학생은 대학교에 가고 있어.　614

the	student	goes	to	university.
Der	**Student**	**geht**	**zur**	**Universität.**
데어	슈투덴트	게에트	쭈어	우니베ᵛ어시태트.
그	대학생은	가다	~로	대학교👤.

Bibliothek
비블리오텍
도서관👤

Station
슈타찌온
정거장👤

Innenstadt
인낸슈탓트
번화가👤

> **TIP** 여성일 때 zu + der 는 'zur'으로, 중성이나 남성일때 zu + dem 은 'zum'으로 바뀝니다.

그 여대생은 영화관에 가고 있어.　615

the	student	goes	to	cinema.
Die	**Studentin**	**geht**	**zum**	**Kino.**
디	슈투덴틴	게에트	쭘	키노.
그	여자 대학생은	가다	~로	영화관👤.

Theater
테아터
극장👤

Konzert
콘쩨어트
공연👤

Krankenhaus
크랑켄하우스
병원👤

그 대학생은 쇼핑센터로 가고 있어.　616

the	student	goes	to	shopping center.
Der	**Student**	**geht**	**zum**	**Einkaufszentrum.**
데어	슈투덴트	게에트	쭘	아인카우ᶠ스쩬트룸.
그	대학생은	가다	~로	쇼핑센터👤.

Parkplatz
파아크플랏쯔
주차장👤

Kunstmuseum
쿤스트무제움
미술관👤

Supermarkt
수퍼마아크트
슈퍼마켓👤

우리는 집에 간다. 617

we	drive	to	house.
Wir	**fahren**	**nach**	**Hause.**
비ᵛ어	파ʰ아렌	나흐	하우제.
우리는	운전하다	~로	집.

Sokcho
속초
속초

Sokcho
Sokcho

Osten
오스텐
동쪽

east

Westen
베ᵛ스텐
ㅅ쪽

west

우리는 중국에 간다. 618

we	drive	to	China.
Wir	**fahren**	**nach**	**China.**
비ᵛ어	파ʰ아렌	나흐	키이나.
우리는	운전하다	~로	중국.

Japan
야판
일본

Japan

Norden
노어덴
북쪽

north

Süden
쉬덴
남쪽

south

우리는 미국에 간다. 619

we	fly	to	USA.
Wir	**fliegen**	**nach**	**USA.**
비ᵛ어	플ʰ리이겐	나흐	우에스아.
우리는	날다	~로	미국.

Deutschland
도이칠란트
독일

Germany

Europa
오이로파
유럽

Europe

Nordamerika
노어트아메리카
북아메리카

North America

우리는 알래스카에 간다. 620

we	fly	to	Alaska.
Wir	**fliegen**	**nach**	**Alaska.**
비ᵛ어	플ʰ리이겐	나흐	알라스카.
우리는	날다	~로	알래스카.

Afrika
아프리카
아프리카

Africa

Südamerika
쉬드아메리카
남아메리카

South America

Asien
아지엔
아시아

Asia

07. 명사를 변신시키는 전치사   728 "패턴"

나는 학교에 간다.   621

I	go	in	the	school.
Ich	**gehe**	**in**	**die**	**Schule**.
이히	게에	인	디	슈울래.
나는	가다	~안	그	학교.

Bank 방크 은행   **Polizeistation** 폴리짜이슈타찌온 경찰서   **Universität** 우니베어시태트 대학교

그는 영화관에 간다.   622

he	goes	in		cinema.
Er	**geht**	**ins**		**Kino**.
에어	게에트	인스		키노.
그는	가다	~안		영화관.

Theater 테아터 극장   **Krankenhaus** 크랑켄하우스 병원   **Restaurant** 레스터랑 식당

> **TIP** 중성일 때 in + das 는 'ins'로 바뀝니다.

그녀는 공원에 간다.   623

she	goes	in	the	park.
Sie	**geht**	**in**	**den**	**Park**.
지	게에트	인	덴	파아크.
그녀는	가다	~안	그	공원.

Wald 발ᵛ트 숲   **Keller** 켈러 지하   **Raum** 라움 방

우리는 방에 간다.   624

we	go	in		room.
Wir	**gehen**	**ins**		**Zimmer**.
비ᵛ어	게에엔	인스		찜머.
우리는	가다	~안		방.

Hotel 호텔 호텔   **Bett** 벳트 침대   **Schiff** 쉬프ᶠ 배

너희는 대학교에 가니? 625

drive	you	on	the	university?
Fahrt	**ihr**	**auf**	**die**	**Universität?**
파아트	이어	아우프	디	우니베어시태트?
운전하다	너희는	~위	그	대학교 ♀?

Insel		**Arbeit**		**Straße**	
인셀		아바이트		슈트라쎄	
섬 ♀	island	직장 ♀	job	길 / 도로 ♀	road

TIP 전치사 'auf'는 영어의 'on' 이라는 뜻이 있지만 영어보다 더 다양하게 쓰입니다. '~위로 간다'라는 뜻으로 사용할 수 있지만 '~로 간다'라는 뜻으로도 쓰입니다.

너희는 바다에 가니? 626

drive	you	on	sea?
Fahrt	**ihr**	**aufs**	**Meer?**
파아트	이어	아우프스	매어?
운전하다	너희는	~위	바다 ♀?

Land		**Haus**		**Krankenhaus**	
을란트		하우스		크랑켄하우스	
시골 / 나라 ♀	country	집 ♀	house	병원 ♀	hospital

TIP 중성일 때 auf + das 는 'aufs'로 바뀝니다.

너희는 산에 가니? 627

drive	you	on	the	mountain?
Fahrt	**ihr**	**auf**	**den**	**Berg?**
파아트	이어	아우프	덴	베어그?
운전하다	너희는	~위	그	산 ♀?

Parkplatz		**Fluss**		**Strand**	
파아크플랏쯔		플루쓰		슈트란트	
주차장 ♀	parking lot	강 ♀	river	해변 ♀	beach

너희는 집 위로 가니? 628

go	you	on	house?
Geht	**ihr**	**aufs**	**Haus?**
게에트	이어	아우프스	하우스?
가다	너희는	~위	집 ♀?

Dach		**Land**		**Meer**	
다흐		을란트		매어	
지붕 ♀	roof	시골 / 나라 ♀	country	바다 ♀	sea

07. 명사를 변신시키는 전치사   728 "패턴"

너의 남자친구는 어디로 가니?   629

whereto	drive	your boyfriend?
Wohin	**fährt**	**dein Freund?**
보V힌	패'아트	다인 프'로인트?
어디로	운전하다	너의 남자친구(애인) 👤 ?

deine Freundin		**dein Onkel**		**dein Cousin**	
다이내 프'로인딘		다인 옹켈		다인 커진	
너의 여자친구(애인) 👤	girlfriend	너의 삼촌 👤	uncle	너의 사촌 👤	cousin

내 남자친구는 집으로 가.   630

my	boyfriend	drives	to	home.
Mein	**Freund**	**fährt**	**nach**	**Hause.**
마인	프'로인트	패'아트	나흐	하우제.
나의	남자친구(애인)	운전하다	~로	집.

Busan		**Seoul**		**Ulsan**	
부산	*Busan*	세오울	*Seoul*	울산	*Ulsan*
부산	Busan	서울	Seoul	울산	Ulsan

그들은 어디로 가니?   631

whereto	drive	they?
Wohin	**fahren**	**sie?**
보V힌	파'아렌	지?
어디로	운전하다	그들은?

deine Eltern		**deine Freunde**		**deine Schüler**	
다이내 엘턴		다이내 프'로인데		다이내 쉴러	
너의 부모님들 👥	parents	너의 친구들 👥	friends	너의 학생들 👥	students

나의 부모님들은 인천으로 가.   632

my	parents	drive	to	Incheon.
Meine	**Eltern**	**fahren**	**nach**	**Incheon.**
마이내	엘턴	파'아렌	나흐	인천.
나의	부모님들은	운전하다	~로	인천.

Mokpo		**Köln**		**Düsseldorf**	
목포	*Mokpo*	쾰른	*Cologne*	뒤쎌도어프'	*Dusseldorf*
목포	Busan	쾰른	Cologne	뒤셀도르프	Dusseldorf

633
당신은 언제 집에 가세요?

when	drive	you	to	home?
Wann	**fahren**	**Sie**	**nach**	**Hause?**
반ᵛ	파ʰ아렌	지	나흐	하우제?
언제	운전하다	너는	~로	집?

Incheon	*Sokcho*	**Ulsan**	*Ulsan*	**Daegu**	*Daegu*
인천	Sokcho	울산	Ulsan	대구	Daegu
인천		울산		대구	

634
당신은 여름방학 하루 전에 대학교 가세요?

drive	you	a	day	before	summer holidays	on	the	university?
Fahren	**Sie**	**1(ein)**	**Tag**	**vor**	**Sommerferien**	**auf**	**die**	**Universität?**
파ʰ아렌	지	아인	탁	포ʰ어	좀머페ʰ리엔	아우프ʰ	디	우니베ᵛ어시태트?
운전하다	너는	한	날	~전	여름방학	~위	그	대학교?

Winterferien		**Weihnachtsferien**	**Osterferien**
빈ᵛ터페ʰ리엔		바ᵛ이나흐츠페ʰ리엔	오스터페ʰ어리엔
겨울방학	winter holidays	크리스마스방학	부활절방학

635
나는 크리스마스 3일 전에 집에 간다.

I	drive	3	days	before	Christmas	to	home.
Ich	**fahre**	**3(drei)**	**Tage**	**vor**	**Weihnachten**	**nach**	**Hause.**
이히	파ʰ아레	드라이	타게	포ʰ어	바ᵛ이나흐텐	나흐	하우제.
나는	운전하다	3	날들	~전	크리스마스	~로	집.

Silvester		**Ostern**		**Festival**	
실베ᵛ스터		오스턴		페ʰ스티발ᵛ	
12월 31일	New Year's Eve	부활절	Easter	축제	festival

636
나는 크리스마스 3일 뒤 집에 간다.

I	drive	3	days	after	Christmas	to	home.
Ich	**fahre**	**3(drei)**	**Tage**	**nach**	**Weihnachten**	**nach**	**Hause.**
이히	파ʰ아레	드라이	타게	나흐	바ᵛ이나흐텐	나흐	하우제.
나는	운전하다	3	날들	~후	크리스마스	~로	집.

Silvester		**Ostern**		**Geburtstag**	
실베ᵛ스터		오스턴		거부엇츠탁	
12월 31일	New Year's Eve	부활절	Easter	생일	birthdaz

07. 명사를 변신시키는 전치사 728 "패턴"

637
당신은 아프세요?

are	you	sick?
Sind	**Sie**	**krank?**
진트	지	크랑크?
~이다	당신은	아픈?

gesund 게순트 건강한 healthy

glücklich 글뤼클리히 행복한 happy

traurig 트라우리히 슬픈 sad

638
네, 3초 전까지만 해도.

yes, until	before	3	seconds.
Ja, bis	**vor**	**3(drei)**	**Sekunden.**
야, 비스	포어	드라이	세쿤덴.
네, ~까지	~전	3	초들 ♋♋.

Minuten 미누텐 분들 ♋♋ 60" minutes

Stunden 슈툰덴 시간들 ♋♋   hours

Tagen 타겐 날들 ♋♋   days

639
네, 4초 전까지만 해도.

yes, until	before	4	seconds.
Ja, bis	**vor**	**4(vier)**	**Sekunden.**
야, 비스	포어	피어	세쿤덴.
네, ~까지	~전	4	초들 ♋♋.

Minuten 미누텐 분들 ♋♋ 60" minutes

Wochen 보ᵛ헨 주들 ♋♋   weeks

Monaten 모나텐 개월들 ♋♋   months

640
네, 5초 전까지만 해도.

yes, until	before	5	seconds.
Ja, bis	**vor**	**5(fünf)**	**Sekunden.**
야, 비스	포어	퓐프	세쿤덴.
네, ~까지	~전	5	초들 ♋♋.

Minuten 미누텐 분들 ♋♋ 60" minutes

Jahren 야아렌 년들 ♋♋   years

Stunden 슈툰덴 시간들 ♋♋   hours

당신은 한국 언제 가세요? 641

when	fly	you	to	Korea?
Wann	**fliegen**	**Sie**	**nach**	**Korea?**
반ᵛ	플리이겐	지	나흐	코레아?
언제	날다	당신은	~로	한국?

Deutschland		**Spanien**		**Italien**	
도이췰란트		슈파니엔		이탈리엔	
독일	Germany	스페인	Spain	이탈리아	Italy

나는 여름이 되기 3달 전에 한국에 갑니다. 642

I	fly	3 months	before	the	summer	to	Korea.
Ich	**fliege**	**3(drei) Monate**	**vor**	**dem**	**Sommer**	**nach**	**Korea.**
이히	플리이게	드라이 모나테	포ᶠ어	뎀	좀머	나흐	코레아.
나는	날다	3 달들	~전	그	여름	~로	한국

Deutschland		**Indien**		**Frankreich**	
도이췰란트		인디엔		프ᶠ랑크라이히	
독일	Germany	인도	India	프랑스	France

그는 여름이 되기 3주 전에 일본에 갑니다. 643

he	flies	3 weeks	before	the	summer	to	Japan.
Er	**fliegt**	**3(drei) Wochen**	**vor**	**dem**	**Sommer**	**nach**	**Japan.**
에어	플리익트	드라이 보ᵛ헨	포ᶠ어	뎀	좀머	나흐	야판.
그는	날다	3 주들	~전	그	여름	~로	일본.

Österreich		**Brasilien**		**Australien**	
왜스터라이히		브라질리엔		아우스트랄리엔	
오스트리아	Austria	브라질	Brazil	호주	Australia

그들은 여름이 되기 3일 전에 서울에 갑니다. 644

they	fly	3 days	before	the	summer	to	Seoul.
Sie	**fliegen**	**3(drei) Tage**	**vor**	**dem**	**Sommer**	**nach**	**Seoul.**
지	플리이겐	드라이 타게	포ᶠ어	뎀	좀머	나흐	세오울.
그들은	날다	3 일들	~전	그	여름	~로	서울.

Berlin		**Wien**		**London**	
베얼린	*Berlin*	비ᵛ인	*Vienna*	올런던	*London*
베를린	Berlin	빈	Vienna	런던	London

07. 명사를 변신시키는 전치사

728 "패턴"

너는 너의 동료들을 언제 만나니? 645

when	meet	you	your	colleagues?
Wann	**triffst**	**du**	**deine**	**Kollegen**?
반ᵛ	트리프ˢ트	두	다이내	콜래겐?
언제	만나다	너는	너의	동료들 ♂♂?

Mitarbeiter		Freunde		Familie	
밑아바이터		프로인데		파ᶠ밀리에	
직장 동료들 ♂♂	coworkers	친구들 ♂♂	friends	가족 ♂♂	family

나는 내 동료들을 12시에 만난다. 646

I	meet	my	colleagues	at	12	o'clock.
Ich	**treffe**	**meine**	**Kollegen**	**um**	**12(zwölf)**	**Uhr.**
이히	트레페	마이내	콜래겐	움	쯔뵐ᶠ프	우어.
나는	만나다	나의	동료들 ♂♂	~에	12	시.

Mitarbeiter		Lehrer		professoren	
밑아바이터		을래에러		프로페ᶠ쓰언	
직장 동료들 ♂♂	coworkers	선생님들 ♂♂	teacher	교수님들 ♂♂	professors

당신은 당신의 남편을 언제 만납니까? 647

when	meet	you	your husband?
Wann	**treffen**	**Sie**	**Ihren Mann**?
반ᵛ	트레펜	지	이어렌 만?
언제	만나다	당신은	당신의 남편 ♂.

Ihre Frau		Ihren Sohn		Ihre Tochter	
이어레 프ᶠ라우		이어렌 조온		이어레 토흐터	
당신의 아내 ♀	wife	당신의 아들 ♂	son	당신의 딸 ♀	daughter

저는 제 남편을 9시에 만나요. 648

I	meet	my husband	at	9	o'clock.
Ich	**treffe**	**meinen Mann**	**um**	**9(neun)**	**Uhr.**
이히	트레페	마이낸 만	움	노인(노인)	우어.
나는	만나다	나의 남편 ♂	~에	9	시.

meine Frau		meine Familie		meine Freundin	
마이내 프ᶠ라우		마이내 파ᶠ밀리에		마이내 프ᶠ로인딘	
나의 아내 ♀	wife	나의 가족 ♂♀	family	나의 여자친구(애인) ♀	girlfriend

649

당신은 언제 집에 가세요?

when	drive	you	to	home?
Wann	**fahren**	**Sie**	**nach**	**Hause**?
반ᵛ	파아렌	지	나흐	하우제?
언제	운전하다	당신은	~에	집?

Sokcho		**Busan**		**Suwon**	
속초	*Sokcho*	부산	*Busan*	수원	*Suwon*
속초	Sokcho	부산	Busan	수원	Suwon

650

저는 한 시간 후에 집에 갑니다.

I	drive	in	one	hour	to	home.
Ich	**fahre**	**in**	**einer**	**Stunde**	**nach**	**Hause**.
이히	파아레	인	아이너	슈툰데	나흐	하우제.
나는	운전하다	~안	한	시간	~로	집.

Sokcho		**Gangnam**		**Mapo**	
속초	*Sokcho*	강남	*Gangnam*	마포	*Mapo*
속초	Sokcho	강남	Gangnam	마포	Mapo

651

우리의 강의는 언제니?

when	have	we	the lecture?
Wann	**haben**	**wir**	**die Vorlesung**?
반ᵛ	하벤	비ᵛ어	디 포ᶫ얼래중?
언제	가지다	너는	그 강의 ?

den Unterricht		**den Kurs**		**das Training**	
덴 운터리히트	1+1=2 class	덴 쿠어스	course	다스 트레이닝	training
그 수업		그 과정		그 훈련	

652

우리는 2시간 후에 강의가 있다.

we	have	in	2	hours	the lecture.
Wir	**haben**	**in**	**2(zwei)**	**Stunden**	**die Vorlesung**.
비ᵛ어	하벤	인	쯔바ᵛ이	슈툰덴	디 포ᶫ얼래중.
우리는	가지다	~안	2	시간들	그 강의 .

den Unterricht		**das Theater**		**die Übung**	
덴 운터리히트	1+1=2 class	다스 테아터	theater	디 위붕	practice
그 수업		그 연극 / 극장		그 연습 / 실습	

07. 명사를 변신시키는 전치사   728 "패턴"

언제 너희는 학교에 있니?   653

when	are	you	in	the	school?
Wann	**seid**	**ihr**	**in**	**der**	**Schule**?
반ᵛ	자이트	이어	인	데어	슈울래?
언제	~이다	너희는	~안	그	학교?

Post
포스트
우체국
post office

Universität
우니베ᵛ어시태트
대학교
university

Bibliothek
비블리오텍
도서관
library

나는 20분 안에 학교에 있을 거야.   654

I	am	in	20	minutes	in	the	school.
Ich	**bin**	**in**	**20(zwanzig)**	**Minuten**	**in**	**der**	**Schule**.
이히	빈	인	쯔반ᵛ찌히	미누텐	인	데어	슈울래.
나는	~이다	~안	20	분들	~안	그	학교.

Klasse
클라쎄
교실
class

Apotheke
아포테케
약국
pharmacy

Bar
바아
술집
bar

언제 그는 회사에 있니?   655

when	is	he	in	the	work?
Wann	**ist**	**er**	**in**	**der**	**Arbeit**?
반ᵛ	이스트	에어	인	데어	아바이트?
언제	~이다	그는	~안	그	일?

Bank
방크
은행
bank

Kneipe
크나이페
맥줏집 / 호프
pub

Schule
슈울래
학교
school

TIP 독일어는 '의지'를 나타내는 문장에도 현재형이 쓰이기 때문에 여러 방면으로 해석이 가능합니다.

그는 30분 내로 회사에 도착할 거야.   656

he	is	in	30	minutes	in	the	work.
Er	**ist**	**in**	**30(dreißig)**	**Minuten**	**in**	**der**	**Arbeit**.
에어	이스트	인	드라이씨히	미누텐	인	데어	아바이트.
그는	~이다	~안	30	분들	~안	그	일.

Bank
방크
은행
bank

Firma
피어마
회사
company

Klasse
클라쎄
교실
class

우리나라는 여름이 언제부터니? 657

when	have	we	summer?
Wann	**haben**	**wir**	**Sommer?**
반ᵛ	하벤	비ᵛ어	좀머?
언제	가지다	우리는	여름 ?

Winter		**Frühling**		**Herbst**	
빈ᵛ터		프뤼을링		허ㅂ스트	
겨울	winter	봄	spring	가을	autumn

TIP Sommer, Winter 등 계절 이름은 항상 남성 명사입니다.

2달 뒤면 여름이야. 658

we	have	in	2	months	summer.
Wir	**haben**	**in**	**2(zwei)**	**Monaten**	**Sommer.**
비ᵛ어	하벤	인	쯔바ᵛ이	모나텐	좀머.
우리는	가지다	~안	2	달들	여름.

Winter		**Ferien**			**Urlaub**	
빈ᵛ터		페리엔			우얼라웁	
겨울	winter	방학	holidays		휴가	vacation

하계올림픽은 언제야? 659

when	have	we	summer Olympics?
Wann	**haben**	**wir**	**Sommerolympiade?**
반ᵛ	하벤	비ᵛ어	좀머올륌피아데?
언제	가지다	우리는	하계 올림픽 ?

Winterolympiade		**Weltmeisterschaft**	
빈ᵛ터올륌피아데		벨ᵛ트마이스터샤ㅍ트	
동계올림픽	Winter Olympics	세계 대회	World Cup

4년 후에 하계올림픽이 개최된다. 660

we	have	in	4	years	the	summer Olympics.
Wir	**haben**	**in**	**4(vier)**	**Jahren**	**die**	**Sommerolympiade.**
비ᵛ어	하벤	인	피어	야아렌	디	좀머올륌피아데.
우리는	가지다	~안	4	년들	그	하계 올림픽.

Winterolympiade		**Asienspiele**	
빈ᵛ터올륌피아데		아지엔슈피이일래	
동계올림픽	Winter Olympics	아시안게임	Asian Games

07. 명사를 변신시키는 전치사 728 "패턴"

언제가 가장 덥니? 661

when	is	at the	hottest?
Wann	**ist**	**am**	**heißesten?**
반V	이스트	암	하이쎄스텐?
언제	~이다	~에	가장 더운?

schönsten		**kältesten**		**hässlichsten**	
쇤스텐		캘테스텐		해쓸리히스텐	
가장 예쁜	prettiest	가장 추운	coldest	가장 못생긴	ugliest

8월이 가장 더워. 662

August	is	at the	hottest.
August	**ist**	**am**	**heißesten.**
아우구스트	이스트	암	하이쎄스텐.
8월	~이다	~에	가장 더운?

schönsten		**hübschesten**		**teuersten**	
쇤스텐		휩쉐스텐		토이어스텐	
가장 예쁜	prettiest	제일 멋진	prettiest	가장 비싼	most expensive

TIP März(3월), August(8월) 등 열두 달의 이름은 항상 남성 명사입니다.

언제부터 날씨가 쾌적해질까? 663

when	have	we	comfortable temperature?
Wann	**haben**	**wir**	**angenehme Temperatur?**
반V	하벤	비V어	안게네메 템파라투어?
언제	가지다	우리는	쾌적한 온도?

gutes Wetter		**viele Touristen**	
구테스 벹터		피일래 투어리스텐	
좋은 날씨	good weather	많은 관광객들	many tourists

3월에 우리는 쾌적한 기온이야. 664

in the	March	have	we	comfortable temperature.
Im	**März**	**haben**	**wir**	**angenehme Temperatur.**
임	매어쯔	하벤	비V어	안게네메 템파라투어.
~안	3월	가지다	우리는	쾌적한 온도.

gutes Wetter		**wenige Touristen**	
구테스 벹터		베V니게 투어리스텐	
좋은 날씨	good weather	적은 관광객들	few tourists

665

일은 언제 시작하니?

when	begins	the work?
Wann	**beginnt**	**die Arbeit**?
반ᵛ	베긴트	디 아바이트?
언제	시작하다	그 일 ?

das Wochenende	der Urlaub	der Januar
다스 보ᵛ헨엔데	데어 우얼라웁	데어 야누아
그 주말	그 휴가	그 1월
weekend	vacation	January

666

그 일은 금요일에 시작해.

the work	begins	at the	Friday.
Die Arbeit	**beginnt**	**am**	**Freitag.**
디 아바이트	베긴트	암	프ᶠ라이탁.
그 일	시작하다	~에	금요일.

Das Wochenende	Die Vorlesung	Der Unterricht
다스 보ᵛ헨엔데	디 포ᶠ얼래중	데어 운터리히트
그 주말	그 강의	그 수업
weekend	lecture	lesson

667

너는 언제 독일어 강좌를 듣니?

when	have	you	German course?
Wann	**hast**	**du**	**Deutschkurs**?
반ᵛ	하스트	두	도잇취쿠어스?
언제	가지다	너는	독일어 강좌 ?

Koreanischkurs	Englischkurs	Japanischkurs
코레아니쉬쿠어스	앵글리쉬쿠어스	야파니쉬쿠어스
한국어 강좌	영어 강좌	일본어 강좌

 Korean course
 English course
 Japanese course

668

나는 화요일에 독일어 강좌를 들어.

I	have	at the	Tuesday	German course.
Ich	**habe**	**am**	**Dienstag**	**Deutschkurs.**
이히	하베	암	디인스탁	도잇취쿠어스.
나는	가지다	~에	화요일	독일어 강좌?

Donnerstag	Mittwoch	Freitag
도너스탁	밑트보ᵛ흐	프ᶠ라이탁
목요일	수요일	금요일

 Thursday
 Wednesday
 Friday

07. 명사를 변신시키는 전치사　　728"패턴"

나는 오늘 2시간 동안 조깅을 할 거야.　669

I	jog	today	for	2 hours.
Ich	**jogge**	**heute**	**für**	**2(zwei) Stunden .**
이히	조게	호이테	퓌어	쯔바이 슈툰덴.
나는	조깅하다	오늘	~위해	2시간들.

morgen 모어겐 내일	 tomorrow	**immer** 임머 항상	always	**manchmal** 만히말 때때로	sometimes

TIP 직역을 하면 '나는 오늘 2시간 동안 조깅을 해'이지만 여기선 의지를 나타내기 때문에 '조깅을 할 거야'로 의역할 수 있습니다.
독일어는 '의지'를 나타내는 문장도 현재형으로 쓰이기 때문에 여러 방면으로 해석이 가능합니다.

그 강의는 1시간 반 동안 지속된다.　670

the lecture	lasts	for	1:30 (one and a half) hours.
Die Vorlesung	**dauert**	**für**	**1:30(einundeinhalb) Stunden .**
디 포얼래중	다우어트	퓌어	아인운아인할브 슈툰덴.
그 강의는	지속되다	~위해	1:30(하나 그리고 반) 시간들.

Der Unterricht 데어 운터리히트 그 수업	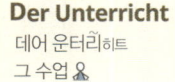 lesson	**Der Film** 데어 필름 그 영화	movie	**Der Flug** 데어 플룩 그 비행	flight

그는 지리를 3시간 동안 공부한다.　671

he	studies	geography	for	3 hours.
Er	**lernt**	**Geographie**	**für**	**3(drei) Stunden .**
에어	을래언트	게오그라피이	퓌어	드라이 슈툰덴.
그는	공부하다	지리	~위해	3 시간들.

Englisch 앵글리쉬 영어	English	**Biologie** 비올로기이 생물학	Biology	**Koreanisch** 코레아니쉬 한국어	Korean

나는 월요일에 6시간 동안 일할 거야.　672

I	work	for	6 hours	at the Monday.
Ich	**arbeite**	**für**	**6(sechs) Stunden**	**am Montag .**
이히	아바이테	퓌어	젝스 슈툰덴	암 l 몬탁.
나는	일하다	~위해	6 시간들	~에 l 월요일.

am Dienstag 암 l 디인스탁 ~에 l 화요일	at the Tuesday	**am Nachmittag** 암 l 나흐밑탁 ~에 l 점심	at the afternoon	**am Abend** 암 l 아벤트 ~에 l 저녁	at the evening

그 일은 6시 정도에 끝난다. 673

the work	is	about	18	o'clock	finished.
Die Arbeit	ist	gegen	18(achtzehn)	Uhr	fertig.
디 아바이트	이스트	게겐	아흐첸	우어	페어티히.
그 일은	~이다	~정도	18	시	끝난.

Der Kurs 데어 쿠어스 그 강좌 — course
Die Vorlesung 디 포얼레중 그 강의 — lecture
Der Unterricht 데어 운터리히트 그 수업 — lesson

그 일은 내일부터다. 674

the work	is	from	tomorrow.
Die Arbeit	ist	ab	morgen.
디 아바이트	이스트	압	모어겐.
그 일은	~이다	~부터	내일.

Der Kurs 데어 쿠어스 그 강좌 — course
Die Universität 디 우니베어시태트 그 대학교 — university
Der Test 데어 테스트 그 시험 — test

그 수업은 1시 정도에 시작한다. 675

the lesson	begins	about	1 o'clock.
Der Unterricht	beginnt	gegen	1(ein) Uhr.
데어 운터리히트	베긴트	게겐	아인 우어.
그 수업	시작하다	~정도	1 시.

Die Vorlesung 디 포얼레중 그 강의 — lecture
Der Film 데어 필음 그 영화 — movie
Die Vorstellung 디 포어슈텔룽 그 공연 — performance

그 수업은 내일 시작한다. 676

the lesson	begins	from	tomorrow.
Der Unterricht	beginnt	ab	morgen.
데어 운터리히트	베긴트	압	모어겐.
그 수업	시작하다	~부터	내일.

Die Vorlesung 디 포얼레중 그 강의 — lecture
Der Ausflug 데어 아우스플룩 그 짧은 여행 — excursion
Der Urlaub 데어 우얼라웁 그 휴가 — vacation

07. 명사를 변신시키는 전치사   728 "패턴"

휴가는 언제부터 언제까지입니까?   677

from	when	until	when	is	the vacation?
Von	**wann**	**bis**	**wann**	**ist**	**der Urlaub?**
폰	반ˇ	비스	반ˇ	이스트	데어 우얼라웁?
~부터	언제	~까지	언제	~이다	그 휴가 ♂?

die Reise		**die Tour**		**die Vorstellung**	
디 라이제	trip	디 투어	tour	디 포어슈텔룽	performance
그 여행 ♀		그 관광 여행 ♀		그 공연 ♀	

휴가는 월요일부터 금요일까지입니다.   678

the vacation	is	from	Monday	until	Friday.
Der Urlaub	**ist**	**von**	**Montag**	**bis**	**Freitag.**
데어 우얼라웁	이스트	폰	몬탁	비스	프라이탁.
그 휴가 ♂는	~이다	~부터	월요일	~까지	금요일.

Die Reise		**Die Universität**		**Der Unterricht**	
디 라이제	trip	디 우니베ˇ어시태트	university	데어 운터리히트	lesson
그 여행 ♀		그 대학 ♀		그 수업 ♂	

TIP 여기서 대학교는 '대학교 수업'을 말합니다.

그 학생은 언제부터 언제까지 공부합니까?   679

from	when	until	when	studies	the student?
Von	**wann**	**bis**	**wann**	**lernt**	**der Schüler?**
폰	반ˇ	비스	반ˇ	을래언ㅌ	데어 쉴러?
~부터	언제	~까지	언제	공부하다	그 학생 ♂은?

der Student		**der Junge**		**das Kind**	
데어 슈투덴트	college student	데어 융에	boy	다스 킨트	child
그 대학생 ♂		그 소년 ♂		그 아이 ♂	

그 학생은 3시부터 6시까지 공부합니다.   680

the student	studies	from	3	until	6
Der Schüler	**lernt**	**von**	**3(drei)**	**bis**	**6(sechs).**
데어 쉴러	을래언ㅌ	폰	드라이	비스	젝스.
그 학생 ♂은	공부하다	~부터	3	~까지	6.

Der Student		**das Mädchen**		**die Schülerin**	
데어 슈투덴트	college student	다스 매드히엔	girl	디 쉴러린	student
그 대학생 ♂		그 소녀 ♀		그 여자 학생 ♀	

681

그 사료는 고양이를 위한 겁니까?

is	the	food	for	the cat?
Ist	das	Futter	für	die Katze?
이스트	다스	풑터	퓌어	디 캇쩨?
~이다	그	먹이	~위해	그 고양이 ?

den Hund		den Elefanten		das Pferd	
덴 훈트		덴 엘래판텐		다스 프페어드	
그 개		그 코끼리		그 말	

682

네, 이 사료는 고양이를 위한 겁니다.

yes,	the	food	is	for	the cat.
Ja,	das	Futter	ist	für	die Katze.
야,	다스	풑터	이스트	퓌어	디 캇쩨.
응,	그	먹이	~이다	~위해	그 고양이.

den Hund		die Katzen		die Hunde	
덴 훈트		디 캇쩬		디 훈데	
그 개		그 고양이들		그 개들	

683

그 선물은 너의 남자친구를 위한 거니?

is	the	present	for	your boyfriend?
Ist	das	Geschenk	für	deinen Freund?
이스트	다스	게쉥크	퓌어	다이낸 프로인트?
~이다	그	선물은	~위해	너의 남자친구(애인)?

deine Freundin		deinen Lehrer		deine Lehrerin	
다이내 프로인딘		다이낸 을래에러		다이내 을래에러린	
너의 여자친구(애인)		너의 선생님		너의 여자 선생님	

684

아니, 이 선물은 내 남자친구를 위한 것이 아니야.

no,	the	present	is	not	for	my boyfriend.
Nein,	das	Geschenk	ist	nicht	für	meinen Freund.
나인.	다스	게쉥크	이스트	니히트	퓌어	마이낸 프로인트.
아니,	그	선물은	~이다	부정	~의해	나의 남자친구(애인).

meine Freundin		meinen Cousin		meine Cousine	
마이내 프로인딘		마이낸 커정		마이내 쿠지네	
나의 여자친구(애인)		나의 사촌		나의 여자 사촌	

07. 명사를 변신시키는 전치사   728 "패턴"

이 CD는 내 여자 형제를 위한 거야.   685

this	cd	is	for	my	sister.
Dieses	CD	ist	für	meine	Schwester.
디이제스	체데	이스트	퓌어	마이내	슈베'스터.
이	CD를는	~이다	~위해	나의	여자 형제.

| Handy
핸디
핸드폰을 | cell phone | Auto
아우토
자동차을 | car | Fahrrad
파'아라트
자전거을 | bicycle |

나의 어머니는 나를 위해 CD를 사 주실 거야.   686

my	mother	buys	a	cd	for	me.
Meine	Mutter	kauft	ein	CD	für	mich.
마이내	뭍터	카우프트	아인	체데	퓌어	미히.
나의	어머니는	사다	한	CD를	~위해	나를.

| Handy
핸디
핸드폰을 | cell phone | Geschenk
게쉥크
선물을 | gift | Handtuch
한트투흐
손수건을 | handkerchief |

부모님이 아이들에게 CD를 사 주실 거야.   687

the	parents	buy	the	children	cds.
Die	Eltern	kaufen	den	Kindern	CDs.
디	엘턴	카우펜	덴	킨던	체데스.
그	부모님들	사다	그	아이들	CD들을을.

| Handys
핸디스
핸드폰들을을 | cell phones | Geschenke
게쉥케
선물들을 | gifts | Handtücher
한트튀히어
손수건들을 | handkerchiefs |

왜 부모님은 아이들에게 CD를 사 주는 거지?   688

why	buy	the	parents	the	children	cds?
Warum	kaufen	die	Eltern	den	Kindern	CDs?
바'룸	카우펜	디	엘턴	덴	킨던	체데스?
왜	사다	그	부모님들	그	아이들	CD들을을?

| Handys
핸디스
핸드폰들을을 | cell phones | Bücher
뷔허
책들을 | books | Tücher
튀허
수건들을 | towels |

386

689
빌 게이츠에 대한 책이니?

is	the book	about	Bill Gates?
Ist	**das Buch**	**über**	**Bill Gates?**
이스트	다스 부흐	위버	빌 게이츠?
~이다	그 책은	~에 대한	빌 게이츠?

der Artikel		der Text		der Film	
데어 아티켈	article	데어 텍스트	text	데어 필음	movie
그 기사 / 항목		그 내용		그 영화	

690
응, 빌 게이츠에 대한 책이야.

yes,	the book	is	about	Bill Gates.
Ja,	**das Buch**	**ist**	**über**	**Bill Gates.**
야,	다스 부흐	이스트	위버	빌 게이츠.
응,	그 책은	~이다	~에 대한	빌 게이츠.

der Artikel		die Geschichte		das Magazin	
데어 아티켈	article	디 게쉬히테	story	다스 마가친	magazine
그 기사 / 항목		그 이야기 / 역사		그 잡지	

691
백설공주에 대한 책이니?

is	the	book	about	snow white?
Ist	**das**	**Buch**	**über**	**Schneewittchen?**
이스트	다스	부흐	위버	슈내빗ᴵⱽ히엔?
~이다	그	책은	~에 대한	백설공주?

Rapunzel	Hänsel und Gretel	Aschenputtel
라푼젤	핸젤 운트 그레텔	아쉔풋텔
라푼젤	헨젤 그리고 그레텔	신데렐라

692
응, 백설공주에 대한 책이야.

yes, the	book	is	about	snow white.
Ja, das	**Buch**	**ist**	**über**	**Schneewittchen.**
야, 다스	부흐	이스트	위버	슈내빗ᴵⱽ히엔.
응, 그	책은	~이다	~대 대한	백설공주.

Rapunzel	Dornröschen	Heungbu und Nolbu
라푼젤	도언뢰스히엔	흥부 운트 놀부
라푼젤	잠자는 숲속의 공주	흥부와 놀부

07. 명사를 변신시키는 전치사　　728 "패턴"

너는 학교에 안 가니?　　693

go	you	not	in	the	school?
Gehst	**du**	**nicht**	**in**	**die**	**Schule?**
게에스트	두	니히트	인	디	슈울래?
가다	너는	부정	~안	그	학교?

Kirche 키으히에 / 교회 church

Bank 방크 / 은행 bank

Post 포스트 / 우체국 post office

비 때문에 집에 있어.　　694

because of	rain	stay	I	at	home.
Wegen	**Regen**	**bleibe**	**ich**	**zu**	**Hause.**
베V겐	레겐	블라이베	이히	쭈	하우제.
왜냐하면 ~의	비	머무르다	나는	~로	집.

Schnee 슈내에 / 눈 snow

Wind 빈V트 / 바람 wind

Sonne 존내 / 태양 sun

너 지금 학교니?　　695

are	you	in	the	school?
Bist	**du**	**in**	**der**	**Schule?**
비스트	두	인	데어	슈울래?
~이다	너는	~안	그	학교?

Kirche 키으히에 / 교회 church

Polizeistation 폴리짜이슈타찌온 / 경찰서 Police station

Universität 우니베V어시태트 / 대학교 university

아니, 나는 비 때문에 집에 있어.　　696

no, I	stay	at	home	because of	rain.
Nein, ich	**bleibe**	**zu**	**Hause**	**wegen**	**Regen.**
나인. 이히	블라이베	쭈	하우제	베V겐	레겐.
아니. 나는	머무르다	~로	집	왜냐하면 ~의	비.

Schnee 슈내에 / 눈 snow

Wolke 볼V케 / 구름 cloud

Wetter 벧V터 / 날씨 weather

그 고양이의 꼬리는 길다. **697**

the tail	of	the cat	is	long.
Der Schwanz	**von**	**der Katze**	**ist**	**lang.**
데어 슈반ᵛ쯔	폰	데어 캇쩨	이스트	을랑.
그 꼬리	~의	그 고양이	~이다	긴.

süß		**dünn**		**niedlich**	
쉬쓰		뒨		니이들리히	
귀여운	sweet	얇은 / 마른	thin	귀여운	cute

돼지들의 꼬리는 짧다. **698**

the tail	of	pigs	is	short.
Der Schwanz	**von**	**Schweinen**	**ist**	**kurz.**
데어 슈반ᵛ쯔	폰	슈바ᵛ이낸	이스트	쿠어쯔.
그 꼬리	~의	돼지들	~이다	짧은.

winzig		**anders**		**niedlich**	
빈ᵛ찌히		안더스		니이들리히	
아주 작은	tiny	다른	different	귀여운	cute

내 책은 두껍다. **699**

the book	of	me	is	thick.
Das Buch	**von**	**mir**	**ist**	**dick.**
다스 부흐	폰	미어	이스트	딕크.
그 책은	~의	나에게	~이다	두꺼운.

schwer		**leicht**		**dünn**	
슈베ᵛ어		올라이히트		뒨	
무거운 / 어려운	heavy	가벼운 / 쉬운	light	얇은 / 마른	thin

아시아인들의 머리카락은 어둡다. **700**

the hairs	of	Asians	are	dark.
Die Haare	**von**	**Asiaten**	**sind**	**dunkel.**
디 하아레	폰	아지아텐	진트	둔켈.
그 머리카락들	~의	아시아인들	~이다	어두운.

gesund		**lang**		**kurz**	
게순트		을랑		쿠어쯔	
건강한	healthy	긴	long	짧은	short

07. 명사를 변신시키는 전치사

728 "패턴"

701
그 고양이는 개와 놀고 있다.

the cat	plays	with	the	dog.
Die Katze	**spielt**	**mit**	**dem**	**Hund.**
디 캇쩨	슈피일트	밑	뎀	훈트.
그 고양이는	놀다	~와	그	개.

Schwein		**Kind**		**Baby**	
슈바V인		킨트		베이비	
돼지	pig	아이	child	아기	baby

702
그 고양이는 사람들과 있을 때 더 행복하다.

the cat	is	happier	with	humans.
Die Katze	**ist**	**glücklicher**	**mit**	**Menschen.**
디 캇쩨	이스트	글뤽클리히여	밑	맨쉔.
그 고양이는	~이다	더 기쁜	~와	인간들.

klüger		**sauberer**		**lustiger**	
클뤼거		자우버러		울루스티거	
더 똑똑한	smarter	더 깨끗한	cleaner	더 재밌는	funnier

703
나는 항상 핸드폰을 들고 외출을 한다.

I	go	always	with	my cell	out.
Ich	**gehe**	**immer**	**mit**	**meinem Handy**	**hinaus.**
이히	게에	임머	밑	마이냄 핸디	힌아우스.
나는	가다	항상	~와	나의 핸드폰	분리전철.

meiner Tasche		**meinem Buch**		**meinem Hut**	
마이너 타쉐		마이냄 부흐		마이냄 훗트	
나의 가방	bag	나의 책	book	나의 모자	hat

704
그는 매일 개와 산책을 한다.

he	strolls	everyday	with	his dog.
Er	**spaziert**	**täglich**	**mit**	**seinem Hund.**
에어	슈파찌어트	태글리히	밑	자이냄 훈트.
그는	산책하다	매일	~와	그의 개.

seiner Freundin		**seinem Pferd**		**seiner Frau**	
자이너 프로인딘		자이냄 프페어트		자이너 프라우	
그의 여자친구(애인)	girlfriend	그의 말	horse	그의 부인	wife

나는 내 누나(언니)와 같이 있다. 705

I	am	with	my older sister.
Ich	**bin**	**mit**	**meiner älteren Schwester.**
이히	빈	밑	마이너 앨터렌 슈베ᵛ스터.
나는	~이다	~와	나의 나이가 더 많은 여자 형제.

meinem älteren Bruder
마이냄 앨터렌 브루더
나의 나이가 더 많은 남자 형제.

meiner älteren Cousine
마이너 앨터렌 쿠지이네
나의 나이가 더 많은 겨자 사촌.

나는 차를 타고 집에 간다. 706

I	drive	to	home	with	the	car.
Ich	**fahre**	**nach**	**Hause**	**mit**	**dem**	**Auto.**
이히	파ᶠ아레	나흐	하우제	밑	뎀	아우토.
나는	운전하다	~로	집	~와	그	차.

Fahrrad
파ᶠ아라트
자전거 bicycle

Bus
부스
버스 bus

Motorrad
모토어라트
오토바이 motorcycle

그는 아내와 얘기하고 있다. 707

he	talks	with	his	wife.
Er	**redet**	**mit**	**seiner**	**Frau.**
에어	레데트	밑	자이너	프ᶠ라우.
그는	얘기하다	~와	그의	아내.

Freundin
프ᶠ로인딘
여자친구(애인) girlfriend

Schwester
슈베ᵛ스터
여자 형제 sister

Kollegin
콜래긴
여자 동료 colleague

그녀는 남자친구와 같이 온다. 708

she	comes	with	her	boyfriend.
Sie	**kommt**	**mit**	**ihrem**	**Freund.**
지	콤트	밑	이어렘	프ᶠ로인트.
그녀는	오다	~와	그녀의	남자친구(애인).

Onkel
옹켈
삼촌  uncle

Sohn
조온
아들 son

Kind
킨트
아이 child

07. 명사를 변신시키는 전치사   728 "패턴"

너는 나 없이 박물관에 있니? 709

are	you	in the	museum	without	me?
Bist	**du**	**im**	**Museum**	**ohne**	**mich?**
비스트	두	임	무제움	오내	미히?
~이다	너는	~안	박물관	~없이	나를?

Konzert
콘쩨어트
공연
concert

Kunstmuseum
쿤스트무제움
미술관
art museum

Fitnessstudio
피트니스슈튜디오
체육관
gym

그녀는 너 없이 한국에 있니? 710

is	she	in	Korea	without	you?
Ist	**sie**	**in**	**Korea**	**ohne**	**dich?**
이스트	지	인	코레아	오내	디히?
~이다	그녀는	~안	한국	~없이	너를?

Japan
야판
일본
Japan

Deutschland
도이췰란트
독일
Germany

Europa
오이로파
유럽
Europe

나는 토마토가 없는 햄버거를 사랑해. 711

I	love	hamburgers		without	tomatoes.
Ich	**liebe**	**Hamburger**		**ohne**	**Tomaten.**
이히	을리이베	함부어거		오내	토마텐.
나는	사랑하다	햄버거들		~없이	토마토들.

Zwiebeln
쯔비V벨ㄴ
양파들
onions

Gemüse
게뮤제
야채
vegetable

Fleisch
플라이쉬
고기
meat

나는 올리브가 없는 피자가 좋아. 712

I	like	pizza	without	olives.
Ich	**mag**	**Pizza**	**ohne**	**Oliven.**
이히	막	핏짜	오내	올리펜.
나는	좋아하다	피자	~없이	올리브들.

Paprika
파프리카
파프리카
paprika

Käse
캐제
치즈
cheese

Tomaten
토마텐
토마토들
tomatoes

713

너는 나 없이 살 수 있니?

can	you	without	me	live?
Kannst	**du**	**ohne**	**mich**	**leben?**
칸스트	두	오내	미히	을래벤?
할 수 있다	너는	~없이	나를	살다?

Alkohol 알코홀 술		**Familie** 파밀리에 가족		**Freunde** 프로인데 친구들	

714

나는 독일에 친구들 없이 가.

I	fly	to	Germany	without	friends.
Ich	**fliege**	**nach**	**Deutschland**	**ohne**	**Freunde.**
이히	플리이게	나흐	도이췰란트	오내	프로인데.
나는	날다	~로	독일	~없이	친구들

Korea 코레아 한국		**Jeju-do** 제주도 제주도		**Ausland** 아우슬란트 외국	

715

나는 미세먼지 없는 한국이 좋다.

I	like	Korea	without	fine dust.
Ich	**mag**	**Korea**	**ohne**	**Feinstaub.**
이히	막	코레아	오내	파인슈타웁.
나는	좋아하다	한국	~없이	미세먼지.

Verkehrsstau 페어캐어에스슈타우 교통체증		**Sonne** 존내 태양		**Autos** 아우토스 차들	

716

담배 없는 인생은 재미없다.

without	cigarette	is	the	life	not	funny.
Ohne	**Zigarette**	**ist**	**das**	**Leben**	**nicht**	**lustig.**
오내	찌가렡테	이스트	다스	을래벤	니히트	을루스티히.
~없이	담배	~이다	그	삶	부정	재미있는.

Alkohol 알코홀 술		**Urlaub** 우얼라웁 휴가		**Familie** 파밀리에 가족	

07. 명사를 변신시키는 전치사

728 "패턴"

학교 수업은 언제니?

717

when	is	the lesson?
Wann	**ist**	**der Unterricht**?
반ᵛ	이스트	데어 운터리히트?
언제	~이다	그 수업은?

| **die Vorlesung**
디 포ᶠ얼래숭
그 강의 |
lecture | **die Schule**
디 슈울래
그 학교 |
school | **der Flug**
데어 플룩
그 비행 |
flight |

TIP 여기서 '학교'는 '학교 수업'을 나타냅니다. 의역하면 '학교 수업은 언제니?'라는 뜻이 됩니다.

수업은 1시 반이야.

718

the lesson	is	at	1:30
Der Unterricht	**ist**	**um**	**1:30(halb zwei)**.
데어 운터리히트	이스트	움	할브 쯔바ᵛ이.
그 수업은	~이다	~에	1:30(1/2 전 2).

| **Die Vorlesung**
디 포ᶠ얼래숭
그 강의 |
lecture | **Der Film**
데어 필ᶠ음
그 영화 |
movie | **Das Mittagessen**
다스 밑탁에쎈
그 점심 식사 |
lunch |

수업은 1시 15분이야.

719

the lesson	is	at	1:15(quarter after one)
Der Unterricht	**ist**	**um**	**1:15(Viertel nach eins)**.
데어 운터리히트	이스트	움	피ᶠ어텔 나흐 아인스.
그 수업은	~이다	~에	1:15(1/4 후 1).

| **Die Vorlesung**
디 포ᶠ얼래숭
그 강의 |
lecture | **Der Brunch**
데어 브런취
그 브런치 |
brunch | **Die Pause**
디 파우제
그 휴식시간 |
break |

수업은 1시 45분이야.

720

the lesson	is	at	1:45(quarter before two)
Der Unterricht	**ist**	**um**	**1:45(Viertel vor zwei)**.
데어 운터리히트	이스트	움	피ᶠ어텔 포ᶠ어 쯔바ᵛ이.
그 수업은	~이다	~에	1:45(1/4 전 2).

| **Die Vorlesung**
디 포ᶠ얼래숭
그 강의 |
lecture | **Der Termin**
데어 테어민
그 시간 약속 |
appointment | **Der Test**
데어 테스트
그 시험 |
test |

그는 언제 자니? 721

when	sleeps	he?
Wann	**schläft**	**er?**
반ᵛ	슐래프트	에어?
언제	자다	그는?

dein Vater
다인 파터
너의 아버지 father

dein Sohn
다인 조온
너의 아들 son

dein Bruder
다인 브루더
너의 남자 형제 brother

722

my father	sleeps	at	11	o'clock	in the night.
Mein Vater	**schläft**	**um**	**11**	**Uhr**	**nachts.**
마인 파터	슐래프트	움	엘프	우어	나흐츠.
나의 아버지	자다	~에	11	시	밤.

Meine Mutter
마이네 무터
나의 어머니 mother

Meine Familie
마이네 파밀리에
나의 가족 family

Meine Freundin
마이네 프로인딘
나의 여자친구(애인) girlfriend

나의 형(오빠)은 저녁 8시에 자. 723

my older brother	sleeps	at	8	o'clock	in the evening.
Mein älterer Bruder	**schläft**	**um**	**8**	**Uhr**	**abends.**
마인 앨터레에어흐 브루더	슐래프트	움	아흐트	우어	아벤츠.
나의 나이가 더 많은 남자 형제	자다	~에	8	시	저녁.

Meine ältere Schwester
마이네 앨테레 슈베ᵛ스터
나의 나이가 더 많은 여자 형제 older sister

Mein älterer Cousin
마인 앨테레 커징
나의 나이가 더 많은 사촌 older cousin

나의 남동생은 오후 4시에 자. 724

my younger brother	sleeps	at	4	o'clock	in the afternoon.
Mein jüngerer Bruder	**schläft**	**um**	**4**	**Uhr**	**nachmittags.**
마인 윙어러 브루더	슐래프트	움	피어	우어	나흐밑탁스.
나의 더 어린 남자 형제	자다	~에	4	시	오후.

Meine jüngere Schwester
마이네 윙어레 슈베ᵛ스터
나의 더 어린 여자 형제 younger sister

Meine jüngere Cousine
마이네 윙어레 쿠지네
나의 더 어린 여자 사촌 younger cousin

07. 명사를 변신시키는 전치사 728 "패턴"

그녀는 언제 일어나니? 725

when	wakes	she	up?
Wann	**steht**	**sie**	**auf?**
반ᵛ	슈테에트	지	아우프?
언제	일어나다	그녀는	분리전철?

deine Mutter	deine Tochter	deine Familie
다이내 뭍터	다이내 토흐터	다이내 파밀리에
너의 어머니	너의 딸	너의 가족
mother	daughter	family

나의 어머니는 새벽 3시에 일어나신다. 726

my mother	wakes	at	3	o'clock	in the night	up.
Meine Mutter	**steht**	**um**	**3**	**Uhr**	**nachts**	**auf.**
마이내 뭍터	슈테에트	움	드라이	우어	나흐츠	아우프.
나의 어머니는	일어나다	~에	3	시	밤	분리전철.

Meine Großmutter	Meine Freundin	Meine Gefährtin
마이내 그로으쓰뭍터	마이내 프로인딘	마이내 게패어틴
나의 할머니	나의 여자친구(애인)	나의 여자 동반자
grandmother	girlfriend	companion

나의 아버지는 아침 8시에 일어나신다. 727

my father	wakes	at	8	o'clock	in the morning	up.
Mein Vater	**steht**	**um**	**8**	**Uhr**	**morgens**	**auf.**
마인 파터	슈테에트	움	아흐트	우어	모어겐스	아우프.
나의 아버지는	일어나다	~에	8	시	아침	분리전철.

Mein Großvater	Mein Freund	Mein Besucher
마인 그로으쓰파터	마인 프로인트	마인 베주허
나의 할아버지	나의 남자친구(애인)	나의 방문객
grandfather	boyfriend	visitor

나의 아들은 정오에 일어난다. 728

my son	wakes	at	12	o'clock	noon	up.
Mein Sohn	**steht**	**um**	**12**	**Uhr**	**mittags**	**auf.**
마인 조온	슈테에트	움	쯔뵐프	우어	밑탁스	아우프.
나의 아들은	일어나다	~에	12	시	정오	분리전철.

Meine Tochter	Mein Hund	Mein Haustier
마이내 토흐터	마인 훈트	마인 하우스티어
나의 딸	나의 개	나의 애완동물
daughter	dog	pet

07. 명사를 변신시키는 전치사

795 "문장"

---

659 행운을 빌어요!

Much	luck! X
Viel	**Glück!**
피일	글뤼크!
많은	운.

---

660 즐겁게 지내길!

Much	fun! X
Viel	**Spaß!**
피일	슈파씨!
많은	즐거움!

---

661 좋은 하루 보내시길.

A	pretty	day. X
Einen	**schönen**	**Tag.**
아이낸	쇄낸	탁.
하나의	아름다운	날.

---

662 기운 내요!

Head	up! △
Kopf	**hoch!**
콥프	호흐!
머리	위로!

---

663 만나서 반가웠어요.

Pretty,	you	met	to have! X
Schön,	**Sie**	**kennengelernt**	**zu haben!**
쇤,	지	켄낸겔래언트	쭈 하벤!
예쁜,	당신을	알게 되었다	가지고 있다!

---

664 다시 만나서 기뻐요.

Delight	me,	you	meet again. X
Freut	**mich,**	**Sie**	**wiederzusehen.**
프로이트	미히,	지	비더쭈제에엔.
기뻐하다	나를,	당신을	다시 보게 되다.

---

665 만나서 반갑습니다.

Delight	me,	you	meet. X
Freut	**mich,**	**Sie**	**kennenzulernen.**
프로이트	미히,	지	캔낸쭈을래어낸.
기뻐하다	나를,	당신을	알게 되다.

---

666 먼저 하세요.

After	you. O
Nach	**Ihnen.**
나흐	이낸.
~후에	당신.

667 말도 안 돼!

Up	*no*	*case.* X
Auf	**keinen**	**Fall.**
아우프	카이낸	팔.
위에	부정	사정.

668 어림없는 소리!

All	*and*	*all*	*not.* X
Ganz	**und**	**gar**	**nicht.**
간쯔	운트	가	니히트.
매우	그리고	온전히	부정.

669 메뉴판 주세요.

Menu	*please.* O
Speisekarte	**bitte.**
슈파이제카아테	빝테.
메뉴	부탁합니다.

670 주문할게요.

Order	*please.* O
Bestellung	**bitte.**
베슈텔룽	빝테.
주문	부탁합ㄴ다.

671 계산서 주세요.

Bill,	*please.* O
Rechnung,	**bitte.**
레히눙,	빝테.
영수증,	부탁합니다.

672 알만해.

No	*wonder.* O
Kein	**Wunder.**
카인	분ᵛ더.
아니다	놀라움.

673 그러지 말고 좀!

Oh~	*Come on!* O
Oh~	**Komm schon!**
오~	콤 숀!
오~	와라!

674 세상에!

Oh my god! O
Oh mein Gott!
오 마인 곳트!
오 나의 신!

07. 명사를 변신시키는 전치사　　795 "문장"

675 이거 왜 이래! 너무하잖아!
Oh, *Come on!* O
Ach, **komm schon!**
아흐, 콤 숀!
어, 와라!

676 이런 (아이고)!
Oops! O
Hoppla!
홉플라!
어머나!

677 젠장!
Damn it! O
Verdammt!
페ʳ어담트!
젠장!

678 이런…
What *to…* X
Was **zum…**
바ʳ스 쭘…
무엇 ～로…

679 아야!
Ouch! O
Autsch!
아웃취!
아야!

680 잘 된 일이네.
Pretty *for* *you.* O
Schön **für** **dich.**
쇤 퓌ʳ어 디히.
아름다운 ～위해 너를.

681 축하합니다!
Warmly *happy wish!* X
Herzlichen **Glückwunsch!**
헤어플리히엔 글륔분V쉬!
진정한 기쁜 축하!

682 생일 축하해요!
All *good* *to* *birthday!* X
Alles **Gute** **zum** **Geburtstag!**
알래스 구테 쭘 게부엇스탁!
모든 것 좋은 것 ～에 생일!

683
건배!

Cheers! O
Prost!
프로스트!
건배!

684
원 샷!

Up | *ex!* X
Auf | **ex!**
아우프 | 익스!
~에 | ~전!

685
커피 아니면 차?

Coffee | *or* | *tea?* O
Kaffee | **oder** | **Tee?**
카페 | 오더 | 테에?
커피 | 또는 | 티?

686
정말?

Really? O | *Oh yes?* O
Wirklich? | **Ach ja?**
비ˇ어클리히? | 아흐 야?
현실의? | 아 그래?

687
나는?

And | *I?* O
Und | **ich?**
운트 | 이히?
그리고 | 나?

688
그러고 나서는요?

And | *then?* O
Und | **dann?**
운트 | 단?
그리고 | 그다음에?

689
이런 식으로 하면 돼?

Like | *this?* O
Etwa | **so?**
에트바ˇ | 소?
대략 | 이렇게?

690
예를 들면 어떤 거?

How | *about?* △
Wie | **etwa?**
비ˇ | 에트바ˇ?
어떻게 | 대략?

401

07. 명사를 변신시키는 전치사

795 "문장"

---

691 어떤 면에서 그렇죠?

In what way? O
Inwiefern?
인비ᵛ페언?
어떤 정도로?

---

692 더 필요한 것 있어요?

Still | *something?* O
Noch | **etwas?**
노흐 | 에트바ᵛ스?
또 | 어떤 것?

---

693 그냥 그래.

So so. O
So lala.
솔 랄라.
그저 그런.

---

694 최악이야.

The worst. O
Der Schlimmste.
데어 슐림스테.
가장 나쁜.

---

695 잘했어.

Good | *did.* X
Gut | **gemacht.**
구트 | 게마ᵛ흐트.
좋은 | 했다.

---

696 제대로 골랐네.

Good | *choice.* O
Gute | **Wahl.**
구테 | 바ᵛ알.
좋은 | 선택.

---

697 저것 때문이에요.

Because of that. O
Deswegen.
데스베ᵛ겐.
그렇기 때문에.

---

698 뭔가 빠졌어요.
Something | *missing.* △
Etwas | **fehlt.**
에트바ᵛ스 | 페ᵛ엘트.
어떤 것 | 빠지다.

699
아무도 몰라요.

Nobody | *knows.* ○
Niemand | **weiß.**
니이만트 | 바ᵛ이쓰.
0명은 | 알다.

700
첫째로…

As | *first…* △
Als | **erstes…**
알스 | 에어스테스…
~으로 | 첫 번째…

701
한편으론…

Otherwise… ○
Andererseits…
안더러자이츠…
다른 한편으로는…

702
다음에 하든지 하자.

Maybe later. ○
Vielleicht später.
필라이히트 슈패터.
아마 나중에.

703
약간.

Just | *a little .* ○
Nur | **ein bisschen.**
누어 | 아인 비쓰히엔.
오직 | 조금.

704
비슷해요.

Almost. ○
Fast.
파ᵛ스트.
거의.

705
내가 아는 한.

As far as | *I* | *know.* ○
Soweit | **ich** | **weiß.**
소바ᵛ이트 | 이히 | 바ᵛ이쓰.
~하는 한 | 나 | 안다.

706
최대한 빨리.

So | *soon* | *how* | *possible.* ✕
So | **bald** | **wie** | **möglich.**
소 | 발트 | 비ᵛ | 뫼글리히.
그렇게 | 곧 | 어떻게 | 가능한.

07. 명사를 변신시키는 전치사 795 "문장"

707 여기.
Here. O
Hier.
히어.
여기.

708 바로 저기야.
Right there. O
Genau da.
게나우 다.
정확히 거기.

709 안쪽.
Inside. O
Innen.
인낸.
안에.

710 바깥쪽.
Outside. O
Außen.
아우쎈.
밖에.

711 국내의.
Domestic O
National.
나치오날.
국내의.

712 국제적인.
International O
International.
인터나치오날.
국제적인.

713 외국의.
Foreign O
Ausländisch.
아우스랜디쉬.
외국의.

714 마주 보고.
Eye   *in*   *eye.* X
Auge   **in**   **Auge.**
아우게   인   아우게.
눈   ~안에   눈.

715
한 번 더.

Still
Noch
노흐
더

one time. X
einmal.
아인말.
한 번.

716
충분해.

Enough. O
Genügend.
게뉘겐트.
충분한.

717
여러 번.

Many times. O
Vielmals.
필말스.
여러 번.

718
두 시간마다.

Every
Alle
알래
모든

2 hours. O
2 Stunden.
쯔바이 슈툰덴.
2시간들.

719
매시 정각.

Every
Jede
예데
모든

full
volle
폴래
꽉 찬

hour. O
Stunde.
슈툰데.
시간.

720
너 대신.

Instead
Statt
슈탓트
~대신

you. △
dir.
디어.
너에게.

721
그래도
그렇지.

Even. △
Trotzdem.
트롯쯔뎀.
그럼에도 불구하고.

722
혹시
모르니까.

Just
Nur
누어
오직

for
für
퓌어
~위해

the case. △
den Fall.
덴 팔.
그 사건.

405

07. 명사를 변신시키는 전치사

795 "문장"

---

723 원한다면.

If | *you will.* △
Wenn | **du willst.**
벤ᵛ | 두 빌ᵛ스트.
만약 | 네가 하고 싶다.

---

724 잠시 주목 부탁합니다!

Attention, | *please.* ○
Aufmerksamkeit, | **bitte.**
아우프f매어크잠카이트, | 빝테.
주목, | 부탁합니다.

---

725 조심해! (위험해)

Danger! ○
Achtung!
아흐퉁!
조심!

---

726 안녕하세요. (안녕)

Hello. | *Hello?* ○
Hallo. | **Hallo?**
할로. | 할로?
안녕. | 안녕?

---

727 안녕하세요. (오후)

Good | *day.* △
Guten | **Tag.**
구텐 | 탁.
좋은 | 날.

---

728 안녕하세요. (오전)

Good | *morning.* ○
Guten | **Morgen.**
구텐 | 모어겐.
좋은 | 아침.

---

729 안녕하세요. (저녁)

Good | *evening.* ○
Guten | **Abend.**
구텐 | 아벤트.
좋은 | 저녁.

---

730 잘 자.

Good | *night.* ○
Gute | **Nacht.**
구테 | 나흐트.
좋은 | 밤.

731 다음에 만나요.

Until **Bis** 비스 ~까지
later. O **später.** 슈패터. 나중에.

732 잘 가!

Bye! O **Tschüss!** 취쓰! 안녕!

733 곧 만나요.

Until **Bis** 비스 ~까지
soon. O **bald.** 발트. 곧.

734 너도.

You **Du** 두 너
too. O **auch.** 아우흐. 또한.

735 환영합니다.

Warmly **Herzlich** 헤어쯜리히 진정히
welcome. O **willkommen.** 빌v콤맨. 환영 받는.

736 천만에요.

Please **Bitte** 빝테 부탁합니다
pretty. X **schön.** 쇤 아름답게.

737 고맙습니다.

Thank **Danke** 당케 감사하다
pretty. △ **schön!** 쇤 예쁜.

738 미안해요.

Sorry. O **Entschuldigung.** 엔트쥴디궁. 실례.

07. 명사를 변신시키는 전치사

795 "문장"

739
저기요.
(종업원을
부를 때)

Excuse. O
Entschuldigung.
엔트츌디궁.
저기요.

740
실례합니다.

Excuse   *you!* X
Entschuldigen   **Sie!**
엔트츌디겐   지!
실례합니다   당신은!

741
제 잘못
이에요.

My mistake. O
Mein Fehler.
마인 페엘러.
나의 실수.

742
별말씀을요.

Please   *very.* X
Bitte   **sehr.**
빝테   제어.
부탁합니다   매우.

743
랄랄라.

Yoo-Hoo. O
Juhu.
유후.
유후.

744
물론이죠.

Sure. O
Sicher.
지히여.
확실한.

745
알겠어요.
(그럴게요)

Okay. O
Okay.
오케이.
괜찮은.

746
네?
(전화할 때)

Yes?   *Hello?* O
Ja?   **Hallo?**
야?   할로?
응?   안녕?

| 747 괜찮아요. |  | *All* **Alles** 알래스 모든 것은 | *in* **in** 인 ~안에 | *order.* △ **Ordnung.** 오어드눙. 정돈. |

| 748 괜찮아요. |  | *No* **Nein** 나인 아니 | *thanks.* △ **Danke.** 당케. 고맙다. |

| 749 아니에요. |  | *No.* O **Nein.** 나인. 아니. |

| 750 안 돼. |  | *No.* O **Nein.** 나인. 아니. |

| 751 저도 그래요. |  | *I* **Ich** 이히 나 | *too.* O **auch.** 아우흐. 역시. |

| 752 커피 그리고 빵. |  | *Coffee* **Kaffee** 카페 커피 | *and* **und** 운트 그리고 | *bread.* O **Brot.** 브로트. 빵. |

| 753 부탁합니다. |  | *Please.* O **Bitte.** 빝테. 부탁합니다. |

| 754 저걸로 주세요. |  | *That* **Das** 다스 그것 | *there* **da** 다 거기 | *please.* O **bitte.** 빝테. 부탁합니다. |

409

07. 명사를 변신시키는 전치사

795 "문장"

755 다시 말씀해 주실래요?

How | *please?* △
Wie | **bitte?**
비ˇ | 빝테?
어떻게 | 부탁합니다?

756 우와.

Wow. ○
Wow.
와우.
와우.

757 너무 좋아!

Oh, | *yes~* ○
Ach, | **ja~**
아흐, | 야~
아, | 어~

758 맞아요. (바로 그거예요.)

Yes! ○
Jawohl!
야보ˇ올!
그렇습니다!

759 맞아요.

Yes. ○
Ja.
야.
응.

760 아, 안 돼…

Oh, | *no...* ○
Ach, | **nein...**
아흐, | 나인…
어, | 아니…

761 그럴 리가요.

No | *kidding.* ○
Kein | **Scherz.**
카인 | 쉐어쯔.
아니다 | 농담.

762 그래서?

So? ○
So?
소?
그래서?

763
좋아.
Good. O
Gut.
구트.
좋은.

764
매우 좋아.
Very good. O
Sehr gut.
제어 구트.
아주 좋은.

765
최고야.
The best. O
Der Beste.
데어 베스테.
가장 좋은.

766
완벽해.
Perfect. O
Perfekt.
페어페크트.
완벽한.

767
좋지 않아.
Not good. O
Nicht gut.
니히트 구트.
부정 좋은.

768
나쁘지 않아.
Not bad. O
Nicht schlecht.
니히트 슐래히트.
부정 나쁜.

769
너무
안 좋아.
too bad. O
Zu schlecht.
쭈 슐래히트.
너무 나쁜.

770
마침내.
Finally. O
Schließlich.
슐리쓸리히.
결국엔.

411

07. 명사를 변신시키는 전치사   795 "문장"

771 운이 좋다.

Happy. ○
Glücklich.
글뤽클리히.
기쁜.

772 아마도요.

Maybe. ○
Vielleicht.
필'라이히트.
아마.

773 아닐걸요.

Maybe   *not.* ○
Vielleicht   **nicht.**
필'라이히트   니히트.
아마 나중에   부정.

774 그럴 수도 있고 아닐 수도 있지.

Maybe   *maybe*   *not.* ○
Vielleicht,   **vielleicht**   **nicht.**
필'라이히트   필'라이히트   니히트.
아마   아마   부정.

775 더 주세요.

More,   *please.* ○
Mehr,   **bitte.**
매어,   빝테.
더.   부탁합니다.

776 빠르게.
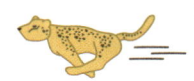

Fast. ○
Schnell.
슈넬.
빠르게.

777 서둘러서.

Quickly. ○
Schnell.
슈넬.
빠르게.

778 느리게.

Slowly. ○
Langsam.
을랑잠.
느리게.

779 곧장.		*Directly.* O **Sofort.** 소포'어트. 당장.

780 혼자.		*Alone.* O **Allein.** 알라인. 혼자.

781 함께.		*Together.* O **Gemeinsam.** 게마인잠. 함께.

782 이쪽이에요.		*Here along.* X **Hier entlang.** 히어 엔틀랑. 여기 따라.

783 한 번.		*Once.* O **Einmal.** 아인말. 한 번.

784 다시.		*Again.* O **Wieder.** 비'이더. 다시.

785 다음(손님)!		*Next!* O **Nächste!** 내히스테! 다음!

786 때때로.		*Sometimes.* O **Manchmal.** 만히말. 가끔.

07. 명사를 변신시키는 전치사   795 "문장"

787
자주.

Often. ○
Häufig.
호이피ㅎ히.
자주.

788
항상.

Always. ○
Immer.
임머.
항상.

789
열린.

Opened. ○
Geöffnet.
게외프ㅎ내트.
열린.

790
닫힌.

Closed. ○
Geschlossen.
게슐로쎈.
닫힌.

791
새로운.

New. ○
Neu.
노이.
새로운.

792
신선한가요?

Fresh? ○
Frisch?
프ㄹ리쉬?
신선한?

793
끝났어요?

Finished? ○
Fertig?
페ㅎ어티히?
끝난?

794
두 번.

Two times. ○
Zweimal.
쯔바ᵛ이말.
두 번.

414

795
세 번.

3 times. O
Dreimal.
드라이말.
세 번.